KB135378

의암 류인석의

교육철학

毅菴 柳麟錫 教育哲學

의암 류인석의
교육철학

毅菴 柳麟錫 教育哲學

하윤서 · 정춘후 지음

[의암집]

[양손에 문무(文武)를 든 의암상]

의암(毅菴) 류인석(柳麟錫, 1842-1915)은 유학자로서 유림의병과 애국계몽 세력의 연합체인 십삼도의군(十三道義軍) 도총재(都總裁)에 추대되어 일제에 맞서 의병정신을 지킨 위인이다, 또한 병탄이 있자 일본에 선전포고하며 세계 각국에 병탄 무효선언을 한 민족지도자이다. 이 글은 민족자존을 지키기 위해 다양한 애국 활동을 펼쳤던 그의 교육철학을 궁구하여 재인한 것이다. 그의 교육철학은 존화양이의 춘추대의로 일관되어 있다. 그가 말하기를 "중화는 그 땅이나 그 종족을 말하는 것이 아니고 그 道를 말하는 것이다. 그러므로 중국에 이적(夷狄)의 道가 있으면 이적이라고 하는 것이다"[1]라고 하여 그가 춘추의리를 강조하면서 의병운동을 전개한 것은 중국처럼 되자는 것이 아니라 인도정신을 표현한 것이다. 그의 교육철학은 경험으로 통찰한 학문에 근거하여 위기에 대응할 때 仁義로써 펼치는 사상적 실현이었다. 또한, 그는 자신만 사랑하고 인류애가 없으면, 그것은 사심이므로 진정한 사랑이 아니라고 하였다. 이는 자기애를 인류애로 발전하여야 하며, 인류애에 근거하여 자신을 사랑해야 한다는 것이다. 즉, 의암의 교육철학은 인본주의적이며 공동체적 가치를 중시한 것이다.

---

1) 『毅菴集』 卷33, 雜著, 下卷, 경인출판사, 1973, 68쪽. 但中華云者 非以其地 以其族而已 以其道也 故中國有夷道則夷之.

기원전 6세기 말의 고대 그리스 사상가인 헤라클레이토스가 주장한 로고스는 서로 반대되는 것에서 근본적인 관계를 논하는데 건강과 질병, 선과 악, 뜨거움과 차가움 등 서로 반대되는 것들도 단일한 선상에 있다는 주장이다. 그래서 만물은 한 방향의 변화와 그에 대응하는 다른 방향의 변화가 균형을 이루면서 그 가운데 정합적인 체계가 실존한다. 즉, 만물 사이의 연관은 떨어져 있는 것도 실제로는 함께 있는 것이다. 일제강점기는 우리나라 사람에게 그 상처가 너무 거대하여 차마 잊히지 않아 장기기억에 저장되었다. 그런 가운데 근간 우리나라는 국민의 단합된 의지와 노력의 결과로 경제선진국에 진입하였다. 이 시점에서 우리는 일제강점기의 역사와 근간의 경제성장을 분리하여 인식하지 않아야 한다. 보릿고개를 지나온 우리나라 사람은 근간에 비만을 걱정할 만큼 성장하였지만, 사람들이 느끼는 비만 걱정은 일제강점기에 겪었던 배고픔의 반영일 수 있다. 오롯이 중요한 것은 배고팠던 기억을 잊지 않고 대비하는 것이다. 모든 사람이 이런 정신을 단기간에 정립하기는 무리가 있을 수 있다. 이에 논자는 '환경 속의 인간 관점' 측면에서 교육의 영역 범주와 확대에 대한 종합적인 필요를 느끼며 외부의 상태를 파악하여 그 내부를 사유하는 방식의 교육에 교육철학이 일조할 것이라고 여긴다. 그러므로 변화들 사이에서 균형을 이루어 정합적인 체계가 실존하도록 교육철학이 조력해야 할 것이다.

제1장

들어가는 말:
의암 류인석의 교육철학 재인(再認)

이 글은 의암(毅菴) 류인석(柳麟錫, 1842-1915)[1]의 교육철학을 궁구한 것이다. 이는 역사 속 위인의 비가시적인 영역을 탐구함으로써 다원성과 통일성이 맞닿아 있는 시간의 연속선상에서 교육철학에 관한 가시적 준거에 일조하려는 것이다. 즉, 이 글은 의암의 교육철학을 재인한 것이다. 심리학에서 주로 사용하는 재인이라는 용어는 과거에 경험한 대상을 다시 지각(知覺)할 때, 과거에 경험했다는 인식으로 인하여 친근한 감정을 수반하는 심리 작용을 뜻하는데 시간상 거리가 있는 둘 이상의 표상(表象)이 동일한 개념으로 사용되었다. 그런데 이 글에서는 재인이라는 용어를 다음과 같은 의미로 확장하여 사용하였다. 첫째, 과거에 경험한 대상을 지금 여기에서 재지각할 때 익숙한 느낌을 수반하므로 친근감으로 작용한다(기존의 개념 수용). 둘째, 두 가지 이상의 시간상 거리가 있는 표상이 동일할 수도 있고, 이미 이루어진 과거의 경험이 지금 여기에서 대상을 파악하는 데 영향을 미치므로 유사하거나 새로운 지각으로 나타날 수도 있다. 즉, 동일하지 않을 수도 있다. 이때 재인의 양상에

---

1) 고흥 류씨 문중에서는 류(柳)씨 성의 표기와 관련하여 '류'나 '유'는 오래전부터 구별돼 사용되었으며, 그들의 문중에서는 '류'로 표기하겠다고 하였다. 따라서 이 글은 문중의 결정에 따라 '류인석'으로 표기한다. 단, 선행연구에서 사용한 표기와 주석은 예외로 한다.

는 통일된 속성이 없고, 다양하게 나타나거나 혹은 숨어 있을 수도 있다. 왜냐하면 인간에게는 개인차가 존재하기 때문이다. 오래전 헤라클레이토스(Heraclitus of Ephesus, B.C.540?-B.C.480?)는 '우리는 같은 강물에 발을 두 번 담글 수 없다'라는 말로 인간과 물을 포함한 만물은 시간의 흐름에 따라 계속 변한다고 하면서 다원성과 통일성의 긴밀한 관계를 주창하였다. 인간이 동일한 대상을 재인할 때 동일 혹은 유사하거나 새로운 지각으로 구현되는 찰나에 그 지각이 기능하는 양상이 되도록 교육철학이 중요한 역할을 할 것이다.

의암에 관하여 선행연구에서 "그의 거의(擧義)는 국권을 보호하려는 민족자존 의식의 발로로서 독립사상의 기조를 이루는 데 일조하였지만, 그의 사상은 보수성을 탈피하지 못한 시대 역행적이었다"[2]라는 평가가 있다. 이런 그에 관한 긍정과 부정의 이중적 평가는 의병의 사상적 기조였던 위정척사사상에 대한 특정 학계 간 시각차라고 할 수 있다. 그리고 위정척사사상과 그 의병 활동이 "반외세의 성격은 강했지만, 양반지배체제를 그대로 유지하려는 방편이었으며, 우리 민족사회를 근대적 방향으로 바꾸려는 의도는 전혀 없는 이데올로기이므로 민족운동으로 보기 곤란하다"[3]라는 견해가 있다. 이와 비슷하게 근대화론의 입장에서 '하위신분층의 구체제 개혁 요구를 외면하고 오히려 구체제를 강화하는 대응책을 구상하였다는 면에서 근대 민족주의의 범주에는 들어올 수 없고 전근대 민족주의의 범주에 넣을 수 있다'[4]라는 관점도 있다. 이에 대해 "의병 내부를 단지 양반·평민이라는 이분법으로 막연하게 구분하거나, 봉건이라고 의병사상을 보는 것은 당시의 실상과 정신에 모든 잘못을

---

2) 李東宇, 「義兵將 柳麟錫의 義兵運動考」, 『成大史林』 2권, 성균관대학교사학회, 1977, 9쪽.

3) 강만길, 「한국민족운동사에 대한 기본 시각」, 『한길역사강조』, 한길사, 1987, 45쪽.

4) 신용하, 『韓國近代民族主義의 形成과 展開』, 서울대학교출판부, 1987, 28쪽.

전가하려는 것"5)이라는 반론이 있다. 또 "한국 근대 민족주의의 원류로 국내외적 정치 상황의 변화에 적응하면서 국가의 보위와 민족의 자존을 지향했던 진정한 민족 자주의 사상과 운동이었다"6)라는 평가가 있다. 또 위정척사파의 "존화양이론(尊華攘夷論)은 서구 제국주의 열강의 침입에는 민족과 민족문화의 보호 논리였으며 1895년 일제 침략 후에는 항일투쟁의 사상적 지주였다"7)는 동조의 입장이 있다. 이와 같은 논의를 뒷받침하는 견해에서는 그 근거로 "위정척사사상은 효종 때 북벌론 이후 기조 사상으로 정착되어 구한말까지 조선조 사상의 주류로 계승"8)되었던 것, "일제 침략기에 외침이라는 역사적 조건이 민족운동의 주류"9)라는 것 등을 든다.

이 외에 "유생 층은 민중 층을 반외세 이념 아래에 결집했고, 전쟁 진행 과정에서 봉건적 신분관을 극복하는 경향이 있다"10)라고 하여 위정척사사상이 발전적으로 변해 갔으며, 또한 "주자학적 민족주의와 근대적 민족주의가 공존한다"11)라는 중립적 평가도 있다. 이러한 시각차는 위정척사가 가진 신분제에 대한 견해12)보다는 그

---

5) 박성주, 「한국민족운동사연구회 창립 5주년 기념학술회의록」 종합토론, 『한국민족운동사연구』 5, 한국민족운동사연구회 편, 지식산업사, 1991.4., 177쪽.

6) 이택휘, 「Ⅲ. 위정척사운동」, 『한국사』 38, 국사편찬위원회, 1999, 257-259쪽 참조.

7) 윤병석, 「昭陽新編에 나타난 春秋義理」, 『한국사와 역사의식』, 인하대학교출판부, 1989, 60쪽 참조.

8) 趙東杰, 『한말의 의병전쟁』, 독립기념관 한국독립운동사연구소, 1989, 20쪽.

9) 조동걸, 「항일의병전쟁 Ⅳ」, 『한국사』 43, 국사편찬위원회, 1999, 514-515쪽 참조.

10) 김도형, 「한말 의병전쟁의 사상적 성격」, 『한국민족운동사연구』 5, 한국민족운동사연구회 편, 지식산업사, 1991, 114-115쪽 참조.

11) 김용덕, 「주자학적 민족주의론」, 『한국사의 반성』, 역사학회 편, 신구문화사, 1990.

12) 유인석, 『국역 의암집』 1, 의암학회, 2006, 435쪽. 병 내부의 신분적 갈등의 대표적 예로 의암의 제천 의진에서 평민 포수 출신 金伯善의 처형 문제를 거론하는데, 具玩會는 『한말의 제천의병』, 집문당, 1997, 120-130쪽에서 기존에 근거로 제시하던 宋相燾의 『騎驢隨筆』뿐만 아니라 이정규의 『從義錄』 및 애국동지원호회의 『한국독립운동사』 등의 당시 상황 기록들과 대조하며 대장에게 칼을 빼든 김백선의 노골적인 항명 파동으로 군기 문란의 극에 달한 상황에서 의암이 자식보다 중히 여겼던 김을 처형하였다는 내용을 서술하고 있다. 김백선의 처형은 양반과 상민의 신분적 갈등 면이라기보다 칼을 들고 '대장을 죽이고 자신도 자결하겠다'라는 극

들이 거의의 사상으로 제기한 존화양이(尊華攘夷)의 '중화(中華)'에 대한 해석 때문이라고 할 것이다. 중화를 글자 그대로 중국(中國)으로 해석하면 "주체성의 기준을 중국에 두고 조선에 두지 않았으므로 민족주의의 한 유형으로 볼 수 있는가에 근본적 의문"이 생긴다.13) 그러면서도 "그들은 일본과 서양에 대해서는 확고한 민족주의적 사상과 운동을 전개하였다"14)라고 한다. 이에 논자는 이 글에서 여러 논의를 외면하지 않으면서 "의암의 사상과 의병 교육은 '존화양이'의 춘추대의로 일관되었고 그것은 오로지 국권 수호와 애국교육이었다"라는 것을 강조하였다.

우리 근대사의 큰 조류였던 의병에 대한 객관적이며, 논리적인 평가에 관하여 깊이 있는 논의와 자존을 유지하는 것이 필요하다. 왜냐하면, 오늘날 우리 민족의 정체성 확립과 관련된 문제의 하나로 이어질 수 있고, 그의 애국사상의 실현이 왜곡되어서는 안 되기 때문이다. 논자는 의암의 애국 운동이 '국가가 위험에 처했을 때 국권 회복을 위한 목적으로 나라 사랑을 실현하기 위한 일련의 활동'이라고 정의하고, 그의 애국사상 원동력은 유학적 기조를 흔들림 없이 유지하고 실현하는 데 있다고 여긴다. 왜냐하면, 당시 시대는 일제 강점으로 인한 국권 피탈의 상황이었는데 이에 보수성을 탈피하고 동행하려면 국권 회복 운동을 주도한 위대한 사실에 관하여 역행하는 것이기 때문이다. 또한, 역사 속 위인에 관한 후세의 평가에 개

단적 항명에 대한 처벌로서 어느 군대에서든 용납할 수 없는 것이다. 그 후 의암은 이 일에 대해 1897년 7월 10일 자 요동에 머물면서 安汝聲(鍾應)에게 보낸 편지에서 "김백선 댁에서도 잘 보낸답니까? 비록 죄에 까닭이 있다 하여도 공이 참으로 크기에 뛰어난 사람을 위하여 흘리는 눈물이 지금도 마르지 않고 있습니다. 또 그의 노부모와 어린 자녀를 마음속으로 생각하면 그 안타까움을 잊을 수가 없습니다." 金伯善家亦善保云耶 雖有罪故 功實爲大 泣護之淚 至今不乾 又爲其老父母幼子女 常不忘情也.

13) 신용하, 『韓國近代民族主義의 形成과 展開』, 서울대학교출판부, 1987, 28쪽.
14) 신용하, 『韓國近代民族主義의 形成과 展開』, 서울대학교출판부, 1987, 28쪽.

인차가 있을 수 있다는 것을 인정하지만, 국권 피탈의 상황에서 민족자존을 지키기 위한 역사 속 위인에 관한 평가는 학계의 시각 차이와 입장 그리고 이분법적 범주화보다는 국권 회복을 위한 애국심과 仁義의 실현 자체를 중시하여야 한다고 여기기 때문이다. 그리고 존화의 근본정신인 義는 '천리의 보편성, 인간 심리의 주체성, 현실적 정당성'을 뜻한다. 이는 그의 의병 활동이 배타적 성격이 아닌 천리이며, 현실적인 주체적 정당성의 확보라는 것을 알 수 있다.

의암은 일제 침략이 본격화된 시기에 국내외에서 의병 활동을 선도하며, 유림 의병과 애국계몽 세력의 연합체인 십삼도의군을 결성하여 도총재에 추대되었다. 그는 병탄이 있자 일본에 선전포고하며, 성명회(聲明會)를 통해 '대한일반인민총대'의 자격으로 세계 각국에 병탄 무효와 독립선언을 한 우리나라의 대표적인 애국 지도자이다. 그에 관한 선행연구의 공통점은 그의 삶을 종단적으로 탐구한 사실 중심 연구이다. 그런데 이 글은 그의 활동을 포괄하여 '교육철학의 전개'라고 보고, 그중 인간의 생애에 영향을 미치는 여러 요인 중 내적 요인인 교육철학에 관한 논의를 하였다. 그의 교육사상을 체계적으로 파악하기 위하여 『우주문답(宇宙問答)』・『의암집(毅菴集)』15)・『소의

---

15) 한국정신문화연구원, 『한국민족문화대백과사전』, 1991. 조선 후기부터 일제강점기까지 생존한 학자・의병장. 의암의 시・서(書)・기・격문 등을 수록한 시문집이다. 권1-3에 시, 권4에 소(疏)・정사(情辭), 권5의 26에 서(書), 권27-40에 잡저(雜著), 권41-42에 서(序)・기(記), 권43에 기・제발(題跋), 권44에 제발・명(銘)・찬(贊)・송(頌), 권45에 격문(檄文)・상량문(上樑文)・고축(告祝), 권46에 제문(祭文)・애사(哀詞), 권47에 비명(碑銘)・묘갈명(墓碣銘), 권48에 묘갈명・묘표(墓表)・묘지(墓誌), 권49에 행장(行狀), 권50에 어록(語錄)・전(傳), 권51에 『우주문답』권52-54에 『도모편』이 수록되어 있으며, 목록 1책이 따로 첨가되어 있다. 서(書)에는 시사와 경전에 대한 논변이 많으며, 특히 기울어져 가는 나라의 운명을 바라보고만 있을 수 없으니 모두 힘을 합쳐 나라에 충성하자는 의암의 간곡한 심정을 엿보게 하는 편지가 많고, 잡저 가운데 『칠실분담(漆室憤談)』에서는 어떤 사람의 질문에 대답하는 형식으로 자기의 뜻을 이루지 못한 것을 한탄하였다. 또한, 왜국은 대대로의 원수이므로 생명이 붙어 있는 날까지 그들과 싸워야 한다고 자신의 소신을 밝히고, 나라가 되어가는 꼴을 바라보자니 통곡을 금할 수 없다고 술회하고 있다.; 『毅菴集』의 인용에 관하여 본 글에서는 주로 경인문화사가 출판한 시문집과 한국학 종합 DB(毅菴集)를 보조적으로 사용하였다. 또한, 정신문화원의 해석을 주로 사용하였다. http://db.mkstudy.com/mksdb/e/korean-literary-collection/book

신편(昭義新編)』[16) 전편을 집필 자료로 사용하였다. 그리고 『용연김 정규일기(龍淵金鼎奎日記)』, 『호서의병사적(湖西義兵事蹟)』 등 그의 의병 활동을 기록한 문헌 및 『황성신문(皇城新聞)』, 『대동신보(大東 新報)』 등의 신문 자료, 독립운동사편찬위원회의 『독립운동사자료집 (獨立運動史資料集)』, 국사편찬위원회 편 『한국독립운동사자료집(韓 國獨立運動史資料集)』 등의 의암 관계 기록과 문헌을 활용하여 집 필하였다. 그리고 그에 관한 연구논문 중 논자가 주장하고자 하는 바와 동일하거나 유사한 내용과 주석을 원용하였다.[17) 또한, 이 글 에서는 유인석, 『국역 의암집』 1-6집, 의암학회, 2006-2010을 일차 적 연구 자료로 사용하므로, 특별한 설명이 없으면 이 글의 연도는 모두 음력 표기이다.

사람의 본성이 선하다 할지라도 사회의 이면에는 악이 존재한다. 맹자는 도덕도 진화하기 때문에 악행의 원인을 없애려면 교육을 통

---

16) 한국정신문화연구원, 『한국민족문화대백과사전』, 1991. 1902년 의암과 창의 문도들의 격문 등 의병 관계자료를 수록한 자료집·의병록. 의암은 을미의병운동 실패 후 문도들을 거느리고 황 해도·평안도를 거쳐 압록강을 넘어 서간도의 유하(柳河)·통화현(通化縣) 등에 머물면서 왜 적을 제거할 것을 도모하고 있었다. 이때 의암을 따라간 김화식이 제천 의거 이후의 항일투쟁 과 북상행군(北上行軍)의 역경 속에서 '왜적을 물리쳐 국모의 원수를 갚고 오랑캐를 쳐서 중화 를 지키고자 하였다. 이는 위정척사의 이념을 끝까지 관철하려는 명분과 의리로서 세상에 널 리 알리려는 목적이 있다. 책은 『소의신편』과 『소의속편』으로 구성되었으며, 그의 글은 내편 (內編), 문인의 글은 외편(外編)으로 구분하고 있다. 신편의 권1-4와 속편의 권1은 내편이고, 신편의 권5-8과 속편의 권2는 외편이다.

17) 李鍾尙, 「毅菴 柳麟錫의 哲學思想 硏究」, 成均館大學校 大學院 博士學位論文, 2002; 심옥주, 「尹熙順의 民族運動」에 관한 硏究」, 부산대학교 대학원 박사학위논문, 2011; 장공우, 「의암 유 인석의 항일운동연구」, 단국대학교 교육대학원 석사학위논문, 1990; 鄭春煕, 「毅菴 柳麟錫의 儒學思想과 實踐 硏究」, 강원대학교 일반대학원 박사학위논문, 2021; 유인석, 『나라사랑』 106 집, 외솔회, 2003, 296-309쪽; 유인석, 『우주문답』, 나라사랑 106집, 2003, 222-232쪽; 유인석, 『국역 의암집』 1-6집, 의암학회, 2006-2010; 구완회, 「연해주 시기 유인석의 의병 노선과 '관 일약(貫一約)'」, 『대구사학』 제126집, 대구사학회, 2017, 173-213쪽; 柳漢喆, 「柳麟錫의 義兵 根據地論」, 『毅菴柳麟錫硏究論文選集 Ⅳ』, 毅菴學會, 2016, 135-145쪽; 정수철, 「율곡의 친친 (親親)사상 실천 연구」, 『철학·사상·문화』, 동국대학교 동서사상연구소, 2020; 하윤서, 「신 사임당의 가족복지관(家族福祉觀) 연구」, 강원대학교 일반대학원 박사학위논문, 2019; 하윤 서, 「남궁억(南宮檍) 교육사상에 대한 유학적 함의 연구」, 『퇴계학논집』 25호, 영남퇴계학연 구원, 2019; 김성인, 「공자의 교육철학과 그 실현에 관한 연구」, 강원대학교 일반대학원 박사 학위논문, 2017 등이다.

의암 류인석의 교육철학

해야 한다고 하였다. 그리고 악의 원인에 관해 두 가지로 말하기를 첫째, 주위 환경에 의해 악으로 빠져드는 것이고, 둘째는 스스로 도덕적 행위를 피하는 것[18]이라고 하였다. 공동체 삶에서 악은 장애가 되므로 교육을 통해 개선하여야 하는데 그것은 "수양과 교육을 통해 체화함으로써 완성된다. 그것이 善이면 善을 유지하기 위해, 惡이면 善이 되도록 개선하는 것이 수양이다. 수양하는 이유는 명덕을 세상에 밝히는 데 있으며, 그 방법으로 『대학』에서는 수신제가치국평천하(修身齊家治國平天下)라는 8조목으로 단계별 방법을 제시하였다."[19] 유학은 '위기지학(爲己之學)'을 근본으로 하며 인간 자아의 본질을 '성리(性理)'로 파악하며 모두에게 있는 인간 본성을 자기의 자아실현을 통해 타인과의 조화를 지향한다. 남의 자주성을 침해하지 않으면서 자기의 자주성을 자기가 갖는다. 그래서 불의와 무도에 대하여는 대항하는 것이다. 의리를 중시하는 의암은 내적으로 사회정의를 주장하지만, 외침에 대해서는 민족을 수호하고 충열(忠烈)정신을 발휘하였다. 그러므로 그의 의리(義理)는 자주성을 인정하는 토대 위에 불의에는 저항하는 義의 실현이다. 즉, 이 글은 의암의 유학적 교육철학을 고찰한 것으로서 다시 '사상에 관한 실현'을 강조하여 나라 사랑에 관한 회고의 의미가 있다. 또한, 역사 속 위인의 교육철학을 재인하는 것은 현대 교육철학을 더 공고히 하고 발전시키는 데 일조할 것이다.

---

18) 張承漢, 『中國社會思想史』, 三民書局印行, 1986, 57쪽.

19) 하윤서, 「남궁억(南宮檍) 교육사상에 대한 유학적 함의 연구」, 『퇴계학논집』 25호, 영남퇴계학연구원, 2019, 12쪽.

[거북벼루] 의암이 1914년 말년에 사용하던 벼루

                                        의암 류인석의 교육철학

제2장

의암의 생애사

본 장에서는 인물 궁구를 위하여 그의 가계적 배경을 포함한 생애사에 관하여 논하였다. 이를 위해 유인석, 『국역 의암집』 1, 의암학회, 2006에 수록된 年譜와 『국역 의암집』, 제천문화원, 2009를 근거로 하여 재정리한 것이다. 그리고 의암학회, 『의암 유인석: 백절불굴의 항일투쟁』, 도서출판 산책, 2009의 제1장, 제2장을 중심으로 毅菴學會에서 발간한 『毅菴柳麟錫硏究論文選集』 2, 毅菴學會, 2004를 참조하여 논하였다. 의암은 일제의 병탄에 맞서 다양한 영역에서 애국 활동을 한 위인이다. 그의 아명(兒名)은 재신(再新)인데 한때 승린(承獜)으로 고쳤다가 다시 본명으로 바꿨다. 본관은 고흥(高興), 호(號)는 니봉(尼峰)이었으나 후에 의암(毅菴)으로 고쳤다. 그는 1842년(헌종 8년) 류중곤(柳重坤)과 고령 신씨(高靈申氏)의 삼남삼녀 중 둘째로 태어났다. 그가 출생한 강원도 춘천시 남면 가정리는 사방으로 높은 산이 둘러 있고, 홍천강의 서북쪽에 있는 넓은 평야지대로 농업을 생업으로 삼는 마을이다.

갑진(1844년), 의암은 3세가 되어 처음 글씨를 배웠다. 어머니 젖을 먹을 때부터 늘 글자를 젖가슴 사이에 썼다고 하니, 글씨를 배운 것은 마땅히 이해부터 시작한 것으로 보아야 할 것이다. 아이 적에 변소에 가면 늘 재(灰)에 그어 글자를 쓰느라고 오랫동안 나오지 않앉다. 그는 4세에 이미 효성이 깊어 모부인 신씨가 종일 실을 뽑고 베를 짜느라 허기져 보이면, 곰곰이 살펴보다가 반드시 콩을 구워 올리기를 날마다 하였다.;[1] 그의 나이 6세에 어른들이 평하기를 그가 어질며 준수하여 성취함을 이루 다 헤아리지 못하겠다고 하였다. 어느 날 부모가 병환이 있어서 물고기를 먹고 싶다고 하자 그는 강가에 가서 급하게 물고기를 잡고자 하였으나 얻을 수 없었다. 마침 어부가 보고 그 이유를 묻고 기특하게 여겨 메기 한 마리를 주니, 의암은 이를 들고 돌아와 부모께 공양하였다. 오랜 시간이 흐른 뒤 그 어부가 의암의 문 앞을 지나가자 돈 한 꿰미를 들고 나가 갚으려 하였다. 이에 어부는, '나는 네 효성을 기특하게 여겼지 어찌 보답을 바랐겠느냐?' 하며 거절하였다고 한다.[2] 그 후로 틈틈이 독서를 하면서도 고기를 낚았는데 그것을 제물(祭物)에 쓰기도 하고 부모에게 공양하기를 정성스럽게 하였다.

무신(1848년), 의암의 나이 7세 때 살았던 "왕동(旺洞) 뒷산에 도적이 숨어 지내서 마을 사람들이 겁을 낸다는 소문이 났다. 의암은 이 소문을 듣고 분연히 문을 나서서 눈을 크게 뜨고 주먹을 쥐고 산으로 향하였다. 천천히 걸어 위엄을 보여 도적들이 떨며 떠나가게 하려는 것이었다. 여기서 평소 품성이 영웅호걸다움을 알 수 있다. 또한, 겨울철에 들을 가다가 길 곁의 논에 버려진 가시나무가 진흙 속에 있는 것을 보고 막 지나갔다가 다시 돌아와서 신을 벗고 들어가 뽑아버린 뒤에 가던 길을 갔는데, 이것은 다가오는 봄철에 쟁기

---

1) 유인석,『국역 의암집』1, 의암학회, 2006, 445쪽 참조. 而飮乳時 每書字於乳間云 則學書當自是 年始 兒時 每如廁劃灰書字 久而不出 性誠孝. 母夫人申氏 永日續織每有飢意 輒黙祭之 必求大豆 煨熟以進 日以爲常.

2) 유인석,『국역 의암집』1, 의암학회, 2006, 446쪽 참조. 長者言其仁愛俊偉 將就有不可量. 親有患 候思魚 赴江干彷徨 急遽欲漁未能 適有漁翁 問而奇之遺一鮎 荷歸得供 久後漁翁過門 先生携一緡 錢欲償之 漁翁曰 我奇汝孝豈望報乎.

　　　　　　　　　　　　　　　　　의암 류인석의 교육철학

질하는 사람이 다리를 다칠까 염려했기 때문이었다. 함께 가던 어른이 타인을 아끼는 의암의 마음이 세밀하며 멀리까지 함을 기특해하였다.;3) 기유(1849년), 의암의 나이 8세에는 『소학(小學)』을 읽다가 사부모(事父母) 장(章)에 이르러 읽기를 그치고 말하기를 '닭이 처음 울 즈음에 천하는 볼만함이 있습니다. 닭이 한 번 울자 사람마다 세수하며 양치질하고 옷을 입고 부모가 계신 처소에 가지 않는 자가 없으니, 스쳐 가는 바람 소리가 천지 속에 가득하게 됩니다'4)라고 하였다. 이 말을 들은 사람들은 그의 생각에 비범하다며 놀라워하였다. 다음 페이지의 그림은 그의 가계도이다.

의암의 나이 14세 을묘(1855년)에 우계에 사는 족숙(族叔)인 류중선(柳重善)과 덕수 이씨(德水李氏)의 양자로 입양된 후 양가(養家)에서 성장하게 되었으며, 이를 계기로 위정척사상의 원류인 화서(華西) 이항로(李恒老, 1792-1868)의 문하에 들어가게 된다. 양가의 증조부인 참판(叄判) 류종오(栗里, 1777-1868)는 일찍부터 화서와 친분이 있었는데, 1855년 의암을 화서 문하에 입문하게 하였다. 화서는 21세 때 특정한 스승을 모시지 않고 10여 년 동안 성리학 연구에 몰두한 결과 주희·송시열 등의 존화양이론을 익혀 독자적인 심전주리론을 체계화하였다. 의암의 양가 증조부 류영오(柳榮五)는 일찍이 고관대작을 지냈는데 당시 여러 가지 시폐(時弊)에 관한 상소문 문제로 벼슬에서 물러났다. 그리고 집안 식구와 낙향하여 아동교육에 정진하였다. 의암의 시조는 신라의 호족으로 신라 말 정치가 혼란해지자 전라남도 고흥으로 이주하여 고흥의 호장(戶長)이 되었다. 의암의

---

3) 유인석, 『국역 의암집』 1, 의암학회, 2006, 446-447쪽 참조. 幼時所居旺洞後山 聞盜隱據村人畏惻 先生 奮然 出門 張目握拳向山 徐步示威欲使盜驚惻去 此可知素稟英傑, 寒節行野 見途傍水田 有鍊委泥 纏過復廻跣入扶去然後行 爲慮明春耕入傷足故也 同行 長者 奇其愛人心周遠.

4) 유인석, 『국역 의암집』 1, 의암학회, 2006, 447쪽 참조. 讀小學至子事父母章 停讀思量 以告于師 曰 此時鶴初鳴際 天下有可觀 鶴一聲出 無人不盥漱 着衣適父母之所 之聲盈於天地間也.

[표 1] 毅菴의 가계도

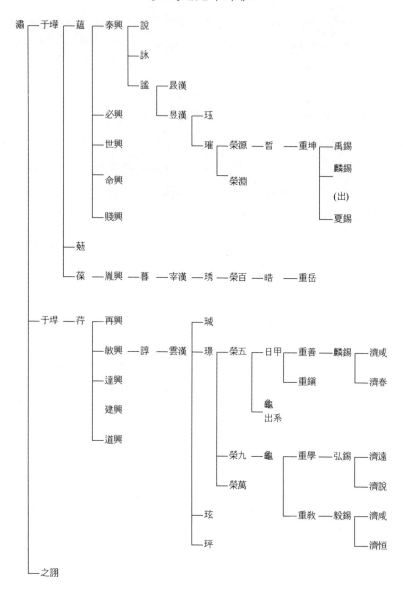

가계도에 나타난 바와 같이 그의 가계에는 애국 활동을 주도하고 학문에 매진한 흐름이 있다. 평소 류영오와 친교를 맺고 있던 화서는 류인석의 인품을 칭찬하며 의암이라는 호를 지어주었다. 증조부와 화서를 만나러 온 수많은 학자를 통해 자연스럽게 학문을 할 수 있는 환경이 조성되어 그의 학문은 일취월장하게 되었다.

의암은 15세 병진(1856년)에 부인(夫人) 민씨(閔氏)와 혼례를 하였다. 민씨는 계통이 여흥(驪興)인데, 군수 종호(宗鎬)의 딸이고, 단암공(丹巖公) 진원(鎭遠)의 후손이다. 그는 혼례를 올린 후에도 학업에 열중하였는데 "어느 날 6살짜리 아이가 군중 속에서 굶주려 엎어져서 발에 밟혀 죽을 지경에 이른 것을 보고, 음식점으로 데려가 미음과 국을 먹여 살렸다. 거리 사람에게 물으니 주인 없는 거지임을 알고 그대로 아이와 함께 가서 침교(沈橋)의 집에서 길렀다. 이 일 때문에 그해 과거를 못 보았는데 화서 선생이 듣고 매우 잘될 본령이라고 칭찬하였다."5) 이는 그가 측은지심이 남달랐음을 알 수 있다. 어느 날 "추운 밤에 본생(本生, 생가) 백씨(伯氏) 경연(景淵) 공과 같은 이불에서 자다가 일어나 앉아서 울었다. 경연 공이 그 까닭을 묻자, '천하에 반드시 얼어 죽는 사람이 있을 것입니다'라고 말하였다."6) 19세 경신(1860년)에 마을 백성의 소가 땡볕이 쬐는 논에서 벼를 먹는 것을 보고 끌어다가 시원한 곳에 묶어두었다. "소 주인은 두려워하여 날이 어두워도 끌어가려고 오지 못하자, 집의 종에게 꼴을 먹여 보내주게 하였다. 어느 날 깊은 밤에 의암의 뜰 앞 배나무에서 배를 훔치는 사람이 있었다. 의암은 그가 놀라 떨어질 것을 우려하여 문을 열어 소리를 내지 않고 다만 잠을 자지 않는다

---

5) 유인석, 『국역 의암집』 1, 의암학회, 2006, 450쪽. 科場入海中 見有六歲兒飢仆其中被了踐踏將至於死 遂曳至飲食之肆 哺以糜羹而活之 詢諸街人 知無主丐兒 因與之行育沈橋之第 用是闕其科 華西先生聞而稱極好本領.

6) 유인석, 『국역 의암집』 1, 의암학회, 2006, 449쪽. 嘗韓夜與本生伯氏景淵公同衾 起坐啜泣 景淵公怪問 曰海內想必有凍殺人.

는 인기척을 보여 스스로 내려가게 하였다."7) 그는 대소사에 책임 감과 의리정신이 강하였다. 그는 미원서원 제례에 참배하고 암울한 국가와 민족의 장래를 생각하며 눈물지었다. 이후 입신양명보다는 오직 학문에만 정진하였고 선현선사(先賢先師)들을 모신 서원과 사묘(祀廟)를 찾아 배향하면서 존화양이와 위정척사사상을 공고히 하여 학자의 자질을 키워갔다. 그는 학문을 탐구하고, 효심이 지극하며, 측은지심이 있고, 넓은 아량과 더불어 용기와 지도력이 있고, 매사에 빈틈이 없이 솔선하여 실천하는 유학자로 성장하였다. 그가 국가와 민족을 위하여 일생을 헌신할 수 있었던 것은 학문에 뜻을 둔 가문과 훌륭한 스승이었던 화서를 만난 것 그리고 선배이자 스승이었던 김평묵, 류중교의 영향이었다고 할 수 있다.

계해(1863년), 의암의 나이 22세에 증조인 참판공(參判公)이 세상을 떠나자 애도하였다. 참판공은 늙어서도 학문을 좋아하여 90세의 나이에도 날마다 경전을 읽고 후배들을 이끌어주었다. 화서가 이를 알고 매우 존경하였는데, 참판공이 세상을 떠나자 글을 지어 애도하였다.8) 의암의 나이 23세 갑자(1864년, 고종(高宗) 원년), 만동묘(萬東廟)9)에 제향을 철회하자 당시 일을 크게 통탄하였다. 사당은 청주(淸州) 화양동(華陽洞)에 있는데 우암이 수암(遂菴) 권공(權公)에게 교시하여 창립하게 한 것이다. 수암 권공은 권상하(權尙夏)를 말한다. 송시열의 수제자로 자는 치도(致道), 호는 수암(遂菴)·한수재(寒水齋), 시호는 문순(文純)이다. 1689년(숙종 15년) 기사환국(己巳換局)으로 송시열이 다시 제주도에서 소환되어 정읍에서 사사(賜死)

---

7) 유인석,『국역 의암집』1, 의암학회, 2006, 450쪽. 里民之牛食田禾 先生徐牽淸涼處 民懼日昏不敢來取命 家奴飼葛以送 庭前梨樹深夜有人偸實 先生恐其驚墜 不開戶作聲 但示不寐之迹 使自下去處.

8) 유인석,『국역 의암집』1, 의암학회, 2006, 452쪽. 參判公 老而好學 九十大耋猶日對經傳爲後輩倡 華西先生甚加敬重 至是卒爲文以悼之.

9) 만동묘(萬東廟)는 충청북도 괴산군 청천면 화양리에 있는 사당으로, 임진왜란 때 도와준 명나라의 신종(神宗)과 의종(毅宗)을 제향하기 위하여 1704년에 지어졌으며 뒤에 대원군에 의하여 철폐되었다.

되자, 스승의 의복과 책을 유품으로 받았고, 유언에 따라 만동묘(萬東廟)를 청주 화양동에 세워 명나라 신종(神宗)·의종(毅宗)을 제향하고 숙종(肅宗)의 뜻을 받들어 대보단(大報壇)을 세웠다. 이이(李珥)를 조종(祖宗)으로 하여 송시열로 계승된 기호학파(畿湖學派)의 지도자였다.

사당은 명(明)나라 신종(神宗)·의종(毅宗) 두 황제를 제사하고 의리를 숭상하는 곳으로 삼았다. 이는 실로 명나라가 몰락한 뒤에 대통(大統) 일맥(一脈)이 보존된 곳이다. 그런데 지금 조정의 명령으로 그 제향을 철회하니 의암이 항와 류중악에게 편지하여 통렬히 논의하여 말하기를, "오늘 이와 같은 일이 어찌 있을 수 있겠습니까? 춘추(春秋)를 강독할 곳을 없애니, 우리나라가 스스로 지키며 믿던 바와 천하의 유일한 대의리(大義理)가 어두워졌습니다. 아! 슬픕니다. 지금 천하가 오랑캐의 비린내로 가득하여 사방이 음탕하고 위태롭습니다. 대의리가 일시에 어두워지고 대제방(大堤防, 禮)이 일시에 무너져, 이것으로 사달이 생기고 혹은 무사하지 못할까 우려됩니다. 슬프고 슬픕니다. 이에 어찌해야 합니까? 이에 어찌해야 합니까?"[10]라고 하였다. 그는 만동묘를 우리나라 성리학의 본산이라고 여기며 이를 철폐하는 것은 동방예의지국이 금수의 나라가 되는 것이라고 보았다.

병인(1866년, 의암 25세)에 그는 화서 문하에 있으며 1865년에 만동묘(萬東廟) 철폐와 1866년 병인양요 등을 경험하였다. 당시 서양 적도들이 강도(江都, 강화도)를 침범하였는데 그 기세가 등등하여 서울 침범은 시간문제였다. 조정에서는 황급하여 마땅히 파천(播遷)해야 한다고 하였다. 이에 좌상 김병학(金炳學)이 이 화서를 부

---

10) 유인석, 『국역 의암집』 1, 의암학회, 2006, 453쪽. 廟在淸州華陽洞 尤翁所以敎逢菴權公創立之祀 神宗毅宗兩皇帝 以爲追思崇義之地 此實新州陸沈後 大統一脈之所存也 至是有朝令撤其享 先生書與恒窩重岳 痛論曰 今日次事何爲有哉 春秋無地可讀 而吾國所自守自信 天下所獨大義理其逢晦矣 嗚呼悲矣 今九有腥羶之餘 四遠淫邪凜凜然 將至大義理一晦 大隄防一缺 正恐其因此有事 而又或無事不有也 悲矣悲矣 奈何奈何.

르자고 요청하자, 왕이 역마(驛馬)로 불렀다. 화서는 즉시 나아가 대궐에 이르러 상소하여 사직하고, 이어서 강화를 물리치고 싸워 지킬 것을 진술하였다. 한 달 남짓 있다가 양헌수(梁憲洙)[11] 공이 적을 토벌하여 축출하였다. 화서는 상소로 만동묘를 회복시키도록 요청한 후 향리(鄕里)로 돌아왔다. 이때 의암은 화서의 뒤를 따랐다.[12] 의암은 서구 열강들이 동양 진출에 혈안이 되었던 풍전등화와 같은 시기를 살았다. 그는 당시 척화전수(斥和戰守)를 강력히 주장하는 화서를 도왔는데 단호한 대응으로 적을 물리칠 것을 주장하는 스승 화서의 강직하고 의연한 모습을 볼 기회가 있었다. 이 과정에서 스승의 척화전수론이 현실정치에 반영되는 것을 보면서 위정척사사상을 확고히 하는 계기가 마련되었다. 그가 27세 되던 해인 1865년 스승 화서가 작고하자 화서학파의 중암(重菴) 김평묵(金平黙)과 성재(省齋) 류중교(柳重敎)를 스승으로 섬겼다. 그 후 의암은 화서-중암-성재로 이어지는 화서학파의 정통을 대표할 수 있는 인물로 부상하게 되었다.

병자(1876년, 의암 35세)에 병자수호조약 체결과 관련하여 전국적인 상소 운동이 전개되자 뜻을 함께하는 47인과「복합유생척양소(伏閤儒生斥攘疏)」를 올렸다.;[13] 홍재구(洪在龜) 등 여러 사람과 함께 왜국에 척화하는 논의로 항소(抗疏)하였으나 관철되지 않았다.[14]

---

11) 양헌수(梁憲洙, 1816-1888)는 조선 말기 무신으로 자는 경보(敬甫), 본관은 남원(南原), 화서의 제자로서 유인석과 동문이다. 1848년 무과에 급제, 1866년 병인양요가 일어나자 정족산성(鼎足山城) 수성장(守城將)으로서 큰 공을 세웠다. 관직이 형조판서에 이르렀다.

12) 유인석,『국역 의암집』1, 의암학회, 2006, 454쪽. 時洋賊犯江都 留守馳啓告時刻犯京之狀 朝廷遑遑 或言當請和 或言當播遷 左相金炳學請召 李某 因有旨馹召 華西先生聞卽赴之到闕下 上疏辭職 連陳斥和戰守之義 居月餘梁公憲洙討賊逐지 遂留疎請復萬東廟 卽日還山 時先生從焉.

13) 李昭應,「伏閤儒生斥洋疏」,『國譯習齋先生文集』卷1, 2005, 345쪽 참조. 崇禎紀元後五丙子正月盡三日奉 章未得上 徹重省門從四十八人. 숭정 기원후 다섯 번째 병자 정월 사흘 내내 소를 받들었으나 임금에게 아뢰지 못하였다. 중암과 성재의 문도 마흔여덟 명이었다.

14) 유인석,『국역 의암집』1, 의암학회, 2006, 457쪽. 同洪在龜諸人 抗疏斥和倭之議而 不得撤.

의암 류인석의 교육철학

그때의 상황은 다음과 같이 기록되어 있다.

당시 왜놈들이 병력을 인솔하고 와서 예전처럼 잘 지내자고 요구
하자 조정에서 논의 끝에 허락하려 하였다. 성재가 듣고 통탄하여
말하기를, "이는 앞으로 서양 적도들의 발길을 열어주어 공자의 道
가 망함을 서서 보게 될 것이다. 그 왜국과 수호하는 일은 다른 정
사(政事)의 득실과는 견줄 것이 아닌데도 어찌 조정의 높은 자리에
서 한 사람도 다투는 사람이 없는가?"라고 하였다. 동문 윤정구와
류중악이 말하기를, "유생은 스스로 자신을 지키는 의리가 있어,
지금의 정치 시비에 대하여 진실로 지위를 넘어 진언하지 않으나,
이 일만큼은 일상 규칙을 굳게 지키면서 무관심하게 좌시할 수는
없다"라고 하고, 의암이 이어 나아와 말하기를, "제가 비록 민첩하
지 못하나 몇 사람들과 의리를 따라 일이 아직 확정되지 않았을
때, 천운을 되돌리는 데 만분의 일이나마 도모하겠습니다"라고 하
였다. 성재가 그 뜻을 옳다고 하고 김평묵에게 아뢰었다. 김평묵이
말하기를, "주자께서 '국가 존망의 처지에 관련되어서는 선비일지
라도 말할 수 있는 의리가 있다'라고 훈계하였거늘, 하물며 오늘의
일은 국가 존망의 판가름에 그치지 않는 일임에랴"라고 하였다.
이에 의암은 두 선생의 명령을 받들어 홍재구 등 여러 사람과 그
날로 상소를 마련하여 나아가 대궐 아래에 엎드렸으나, 끝내 관철
되지 않았다. 이때 면암(勉庵) 최익현(崔益鉉) 공이 도끼를 가지고
대궐에 엎드렸다가 결국 귀양을 갔다.[15]

이를 계기로 의암은 유생들을 설득하여 모으고, 소두(疏頭)가 되
었다. 그러나 일제는 무력으로 병자수호조약을 체결하고 병탄하여

---

15) 유인석, 『국역 의암집』 1, 의암학회, 2006, 457쪽. 時 倭奴率兵而來 要修舊好 朝議欲許之 省齋
先生聞而痛歎曰 此將以啓洋賊接踵之路 而立見孔道之喪亡也 其所關非他政事得失之此 奈何朝庭
之上 都無一人爭之耶 同門人尹貞求柳重岳以爲 儒生自有守身之義 則其於時政之是非 固不當出
位進言 然至於此事 恐不可膠守常法 而恝然坐視 先生繼進曰 麟錫雖不敏 請與二三子尊義治事未
定時 圖其回天之萬一 省齋先生可其意 以稟於金先生 金先生曰 朱夫子有訓 繁國家存亡之地 雖
韋布亦有可言之義 況今日之事 不但爲國家存亡之判乎 於是先生承二先生命 同洪在龜諸人 先生
始爲疏首 後改以洪在龜 持斧伏闕遂被竄配

조선 침략을 감행하였다. 갑신(1884년, 의암 43세) 4월 당시 조정에서 나라 안에서 의복을 좁은 소매의 제도를 쓰라고 명령하였다. 이에 성재가 크게 통탄하여 말하기를, "이것은 선왕(先王)의 법복을 망쳐서 오랑캐를 따르는 것이다. 옛날에 오랑캐는 그 복장을 반드시 왼쪽 옷깃을 여미었으므로, 옷깃을 여미는 것이 왼쪽인가 오른쪽인가로 오랑캐와 중화를 나타내었다. 지금 오랑캐는 그 복장에 일정함이 없고 좁은 소매가 무엇보다 두드러지니, 소매의 넓고 좁음으로 오랑캐와 중화를 드러낸다. 이것에서 크나큰 차이가 명백하게 구분되어 밝게 드러나며, 명분과 의리에도 합당하여 죽음으로 지켜내고자 하는 것이다. 뜻대로 의복을 입는다는 내외의 주장으로 그것을 어지럽힐 수 없고 임금은 명령하고 신하는 따라야 한다는 평상의 道로 그것을 의심할 수 없다"16)라고 하여 대편(大篇)의 서고문(誓告文)으로 여러 선비의 뜻을 정하였다. 그는 이를 받들어 크게 권면하고 여러 각지의 인사들과 그 명맥(命脈)을 이었다.

계사(1893년, 의암 52세)에 류중교 사후 그 기반을 계승하기 위해 제천 장담으로 근거지를 옮겼다. 그리고 1894년 변복령(變服令)과 1895년의 명성황후시해사건, 단발령 등에 상심하여 '복수보형(復讐保形)' 하고자 영월에서 1896년 양력 2월 8일에 을미의병운동을 개진하였다.17) '복수'는 명성황후의 원수를 갚는다는 의미이고 '보형'은 의복과 머리털을 보존한다는 뜻으로 우리의 전통문화를 지킨다는 의미이다. 화서문인 중심으로 일어난 의병은 초기에 충주 제천

---

16) 유인석, 『국역 의암집』 1, 의암학회, 2006, 467쪽. 時朝廷 令國中變更衣服用狹袖之制 省齋先生見其節目 而大慟曰 此毀先王之法服 以從夷也 古之爲夷者 其服必左衽 故以衽之左右表夷夏 今之爲夷者其服無常 而狹袖爲最著 故以袖之濶狹表夷夏 此其大分之較彰明 而名義之當死守者 有不可以志行衣服內外之說而亂之 不可以君令臣從平常之道而疑之 不可以毀服毀形輕重之辨而忽之 遂作大篇警告文 以定諸生之志.

17) 유인석, 『국역 의암집』 1, 의암학회, 2006, 482쪽. 爲擧義諸人所泣請登壇于寧越.

　　　　　　　　　　　　　　　　　　　의암 류인석의 교육철학

을 중심으로 중부지역 일대를 석권하였다. 그러나 동년(同年) 양력 5월 26일에 선유사(宣諭史) 장기렴(張基濂)이 지휘하는 관군(官軍)과 일본군의 공격으로 최후의 거점인 제천성을 상실하였다. 이후 서북지역으로 이동하였으나 서북지역 사정도 여의치 못하여 계속 북상하면서 서간도까지 들어갔다. 여기에서 회인(懷仁) 현재(縣宰) 서본우(徐本愚)에 의해 무장해제를 당하게 되고 7월 28일 파저강(波瀦江)에서 의병을 해산시켰다.

갑오(1894년, 의암 53세)에 당시 박영효(朴泳孝)가 왜병을 따라 적들과 함께 임금을 협박하고 제 맘대로 호령을 내어 정삭(正朔, 연도 시작)을 고치며 복색(服色)을 바꾸고 관제를 변경하며 주군을 개혁하여 조종(祖宗)의 법도를 일제히 쓸어낸 듯이 제거하였다. 이에 의암은 여러 사우에게 다음과 같이 고하였다.

> 나라의 변고에 통곡하고 통곡합니다. 전후로 흉역(凶逆)한 무리가 임금을 유인하여 적에게 들여 넣어, 수십 년을 양성한 공효(功效)가 이 지경에 이르렀습니다. 이는 문호를 개방할 초기에 이미 그럴 것을 알았고 끝내는 예악(禮樂)을 흙덩이처럼 버리고 인류를 금수로 만들고 생민을 어육으로 만들며 또한 모든 것을 땅끝에 이르게 했습니다. … 부족한 것은 계책이 졸렬하고 용기가 적어서 의리를 밝혀 사방의 충성스럽고 지혜로운 선비와 의롭고 용맹스러운 백성들을 격동시키고 역적의 소굴을 소탕하고 천지를 깨끗이 씻어 종묘와 사직을 거의 망한 속에서 안정시키며, 백성의 목숨이 거의 다한 데에서 구하여 예악을 바르게 돌이키고 사람의 도리를 밝게 하지 못하는 것입니다. 그리하여 다만 졸장부로 죽게 되었으니, 또한 다시 어찌하겠습니까?[18]

18) 유인석, 『국역 의암집』 1, 의암학회, 2006, 475-476쪽 참조. 國變痛哭痛哭 前後凶逆輩 誘君納賊 養之數十年功效 內至於此 此於開門之初 已知其必然 而終果見黃壞禮樂 禽獸人類 魚肉生靈 且到十分地頭矣 請之奈何 吾濟生禮義邦 而爲成賢徒 又奉敎二三大賢先生 其於處義之道 旣已講定 則還覺無事矣 且叫閽獻忠於最初 而卒以身殉道 以不負上帝界付之袁 先王先正培養啓導之思

의암이 말하는 흉역한 무리는 조선의 친일 관료들을 지칭하는데 그들이 우리 임금을 유인하여 적에게 들여 넣었다는 표현을 하는 것으로 국권의 피탈을 강조하고 있다. 수십 년을 양성하고 공을 들인 보람이 이 지경에 이른 것은 문호를 개방할 초기 때 그럴 것을 알았지만, 친일 관료들이 끝내는 예악을 버리고 인류와 생민 그리고 모든 것을 위태롭게 내몰았다는 것이다. 한편, 당시 조정은 청국과 조약을 맺었는데 이는 유사 이래로 처음 있는 일이니, 유사 이래의 큰 경사가 된다고 하였고, 개화당(開化黨) 사람은 "스스로 능력으로 모의에 가담하여 또한 정축년 성에서 내려와 항복한 부끄러움(丁丑年 下城之恥)[19]을 씻었으니 이미 큰 공을 이루었다"[20]라고 말하였다. 이에 대해 그는 사우들에게 편지를 주어 통탄하여 말하였다.

지금 큰일이 났습니다. 그 일의 처리는 어떻게 해야 할는지요? 저는 이 일이 큰 경사가 아니라 큰 불행이요, 그들이 큰 공적을 세운 것이 아니라 이는 그 사람들의 큰 죄가 될 것으로 생각합니다. 왜냐하면 우리나라가 중국을 의지하는 것은 義이고 형세(形勢)인데, 청나라에 견제되는 데까지 이르렀으니, 이는 매우 통분한 일입니다. … 우리나라가 의리를 주창하여 천지간에 서야 자주독립입니다. 추한 유례를 따라 많은 강대국의 오르내리는 사이에 끼어 가장 끝에 처하면서 이것이 자주독립이 되겠습니까? 청나라는 높일 나라는 아니지만, 우리를 대할 적에 너무 박하게는 하지 않았습니다. … 저들이 만약 남한산성의 일이 매우 부끄러운 것임을 안다면, 어

則亦足以小塞責矣 所可少者謀拙勇募 不能揭義明理 激動四方 忠智之士 義勇之民 掃蕩賊所 廟淸乾坤 奠宗社於垂亡 濟民命於將盡 使禮樂反正 人道復明 而只作小大夫死了也 亦復奈何.

19) 병자호란 때 인조가 남한산성에서 내려가 청나라에 항복한 창피를 말한다. 병자년(1636)에 여진족이 세운 청나라의 태종은 많은 군사를 이끌고 우리나라에 쳐들어왔다. 인조는 급한 나머지 남한산성으로 피난하였으나 추위와 굶주림이 심하여 이듬해 정축년(1637) 1월에 성에서 내려와 태종에게 항복을 하였다. 이리하여 청나라와 군신의 회맹(會盟)을 하고 돌아갔다.

20) 유인석, 『국역 의암집』 1, 의암학회, 2006, 476쪽. 而與淸有條約 朝庭謂 此自東有國初有之事 爲作振古大慶辛 開化人謂 自能與謀 亦足雪丁丑下城之恥 作己大功.

의암 류인석의 교육철학

찌 오늘날 왜놈을 위하여 모의함이 도리어 대공(大功)이 될 수 있
겠습니까? 이것은 예의의 나라인 우리의 좋은 것을 더럽힐 뿐이니,
이것이 큰 죄입니다. 이로 인하여 한 걸음 두 걸음 더 나아가면 그
들은 더 큰 죄를 만들 것이니, 비록 임금과 나라를 파는 짓이라도
어찌 필연코 없다고 보장하겠습니까? 이로부터 어지러운 사건이
있을 것이니, 나라의 일이 어느 지경에서 안정될지 알지 못하겠습
니다. 우리가 편안히 앉아 글만 읽을 처지가 아닙니다.[21]

여기에서 말하는 대의란 북벌(北伐)의 대의를 말한다. 효종의 부
왕인 인조는 남한산성에서 내려가 청 태종에게 항복을 하고 두 아
들인 소현세자와 봉림대군(효종)이 인질로 청나라에 잡혀가 고생을
하고 돌아왔다. 효종이 왕위에 오르자 인질 생활의 수모와 남한산성
의 치욕을 씻으려고 송시열과 함께 군사를 길러 청국으로 치고 갈
계획을 하였다. 그러나 효종이 갑자기 죽고 청나라의 힘이 강해지자
뜻대로 되지 않았다. 이후 우리나라 사람들은 항상 청나라를 이적으
로 간주하여 기회를 얻어 복수하고 명나라를 회복해야 한다는 마음
을 잊지 않았다. 북벌의 대의는 청나라에 대한 치욕을 씻는 의리를
말한다. 그리고 조정에서 경사스럽고 다행한 일로 인식하는 것은 마
루 위의 제비나 참새(堂上燕雀)에 가까운 듯하다는 것은 편안히 살
면서 재앙이 닥쳐옴을 알지 못함을 말한다. 제비나 참새가 마루 위

---

21) 유인석, 『국역 의암집』 1, 의암학회, 2006, 476-477쪽 참조. 大事出矣 此其事理有如何 愚則以
此非大慶辛乃大不辛 非夫人之爲大功 是其人之爲大罪也 何也 夫我 夫我東之依 中國義也勢也
至有爲淸所制 是極痛憤事 然自有力能進而掃淸 以伸昔日孝宗尤菴之大義 次以能絕約閉關 以俟
中國義主之興 豈非可壯 不能有此 而乃得倭做謀 棄娥所守小華之正體 同隊外各國之醜例 是甚貌
樣 以自主獨立言之 我國主義理而立於天地間 乃自主獨立也 從醜例介於衆强頡頏之間 而居最末
是爲自主獨立乎 淸雖非可尊 其待我不甚簿 年前哀大人事 非淸有是命 自有相感深義 有昔壬辰故
事之餘意者 蓋亦因淸有不簿也 彼倭之做此 豈實爲我 必爲渠某 以彼素多奸計 安知不有大不幸者
存郁 朝庭之認爲慶辛 恐或近於堂上燕雀也 皮開化人仰倭謀醜 謂雪昔下城之耻 不亦可笑 渠若能
知下城之爲深耻 豈有今日醜謀 乃反作大功耶 卽此汚我禮義邦之好已 是大罪 因此一轉再轉
恐其爲加作益大罪 雖販君賣國之事 安保其必無也 正恐自此紛然有事 國家不知稅駕於何地 吾輩
無得安坐讀書地也.

나 지붕 밑에 집을 지어 새끼를 치고 살면서, 집의 굴뚝 위에 불이 일어나 화가 오는 줄도 모르고 어미와 새끼가 즐겁게 사는 것에 비유하여 말한 것이다.

의암이 통탄하였지만, 당시 좁은 소매 의복제도로 변하고 또 변하여 완전히 참으로 서양의 복장이 되었다. 국모(國母, 명성황후)는 변복하여 왜국 제도를 따르는 것을 반대하여 임금께 예복의 복구를 도모하시도록 권하였다. 이에 1895년 8월 20일 김홍집·유길준(兪吉濬) 등 10적(十賊)이 왜적 미우라 고로(三浦梧樓)를 부추겨 병사를 이끌고 궁중에 들어와서 큰 재앙을 가하였다. 미우라 고로는 주한일본공사로 이노우에의 후임으로 왔는데 명성황후시해사건(1895)을 일으킨 장본인이다. 10적은 임금을 협박하여 국모를 서인으로 폐하고 신하와 백성들에게 상복을 입지 못하도록 하였다. 김홍집·유길준 등이 강제로 삭발을 단행하였는데 이에 의암은 급히 사우들을 모아 처변삼사를 논의하고 제천에 진격하여 주둔하였다. 그리고 군대를 행진하여 단양읍에 이르렀으나 대사가 틀렸음을 알고 이에 통탄하며 목숨을 버리고자 하였으나 대중의 만류로 그렇게 하지 못하였다.

의병 해산 후 의암은 한인이 많이 거주하는 통화현(通化縣) 오도구(五道溝)에 정착하였다. 그 후 1897년 3월에 고종의 소명(召命)을 받들어 일시 귀국하였으나 1898년 10월 오도구를 떠나 부근의 팔왕동(八王洞)으로 이주하였다. 그리고 귀의처로 삼는 가정에서 효제(孝弟)와 국가에 대한 충순(忠順)을 근본으로 한 향약을 실시하였다.[22] 또한 송시열, 이항로, 류중교 등의 영정 봉사(奉祀)를 위해 성묘(聖廟)를 세워 정신적 귀의처로 삼았다.[23] 그는 1907년 고종 황제

---

22) 유인석,『국역 의암집』1, 의암학회, 2006, 533쪽. 先生設鄕約 而一之約規 以敎孝弟於家 效忠順於國.

23)『環到畿甸情事』,「昭義讀編」, 267쪽;『恒齊集』卷12,「北往日記」, 14쪽. 이 성묘를 建置하는 데에는 雲菴 朴文一 문인들의 힘이 컸기 때문에 배향하였다.『書贈開西九友』,「昭義讀編」卷1, 264쪽. 그리고 최종적으로 척화 의거했던 死節十賢(洪在鶴, 朱在鶴, 徐相烈, 安承禹, 李春永, 洪思九, 李範穰, 李普仏, 崔中奉, 李鳳煥)과 李弼熙, 鄭華鎔까지 배향했으니 이 성묘는 가히 그

의 강제 퇴위와 한일신협약의 체결을 계기로 망명을 결심하고, 1908년 러시아 연해주로 이동하여 이상설(李相卨)·이범윤(李範允) 등과 함께 항일투쟁 세력 통합을 위해 노력하였다. 그 결과 1910년 십삼도의군을 결성하고 도총재에 추대되었다. 그러나 같은 해 8월 국권 피탈로 대한제국이 멸망하고, 일본의 술책으로 십삼도의군이 와해하자, 그는 블라디보스토크를 중심으로 성명회와 권업회 등을 조직하여 항일투쟁을 이어갔다. 그러나 몸은 허약해지고 러시아와 일제의 탄압으로 더는 러시아에서 활동할 수 없게 되자, 1914년 요동으로 재차 들어가 머물다가 이듬해 봄 관전현(寬甸縣) 방취구(芳翠溝)에서 1915년 1월 29일 74세에 병사(病死)하였다.

앞에서 논한 바와 같이 의암은 국내외에서 의병 활동을 선도하며 화서의 위정척사(衛正斥邪)사상[24]을 실현한 화서학파(華西學派)로서 당시 '유림종장(儒林宗匠)'[25]이었다. 화서학파는 국제관계와 인간사회의 역학관계를 설명할 때 주리론에 기초한 정·사(正·邪)의 이분법적 개념을 주장했다. 이(理)와 기(氣)의 우열 관계를 불변의 법칙으로 간주한 화서학파는 중화와 이적, 인류와 금수, 양과 음, 근본과 말단, 정과 사, 체와 용, 인심과 도심, 천리와 인욕, 왕도와 패도, 군자와 소인 등의 개념들을 이와 기로 대치 가능한 것이라고 인식했다. 동양과 서양의 지리·인성·문화·학술·종교 및 국제관계를 비교하거나 비판할 때도 이러한 인식의 틀을 고수했다. 따라서 그들은 철저하게 주리론적, 중국 중심적, 유교문화 중심적 사관에 근거하여 중화 문화의 전통 가치와 사회구조를 파괴하는 서양적인 가치나 수단들을 배척하기 위해 상소운동·의병운동과 같은 여러 방식으로 위정척사운동을 벌였다.

들의 정신적인 지주 역할을 담당하였다.

24) 李鍾尙, 毅庵 柳麟錫의 「哲學思想硏究」, 成均館大學校 博士學位論文, 2002, 76쪽; 권오영, 「이항로의 위정척사이념과 그 전승 양상」, 『화서학논총』, 화서학회, 2012, 209-210쪽 참조.

25) 桂奉瑀, <의병전> 二, 상해『독립신문』, 1920년 4월 29일 자; 한국민족운동사연구회, 『의병전쟁연구(상)』, 지식산업사, 1990, 44쪽.

위정척사사상이 17세기 우암 송시열을 위시한 소중화(小中華) 사상에서 청나라의 무력 침략에 대한 민족자존 의식으로, 18세기에는 서구의 민족문화 전통의 위협에 대해서는 위정척사로, 19세기 제국주의의 통상 압박과 양물(洋物)의 침투에 따른 민족 경제의 위기에서는 어양(禦洋)과 양물금단(洋物禁斷)으로, 일제의 노골적 침략에 의한 국권 상실기에는 의병 전쟁으로 이어졌다.; 권오영에 의하면 화서는 국가 위기의 상황에서 위정척사라는 국가의 보전을 위한 대의의 실천에서 흥선 대원군(1820-1898)의 정책 노선을 같이했지만, 경복궁 중건 등의 토목공사나 만동묘 철폐 등에 대한 반대의견은 흥선대원군의 경계에도 불구하고 소신을 굽히지 않았다.[26] 의암은 을미의병(乙未義兵)에서 유림과 동학 세력을 결집하였고, 병탄이 있자 일본에 선전포고하며 성명회에서 '대한일반인민총대(大韓一般人民總代)'[27]의 자격으로 세계 각국에 병탄 무효선언을 한 민족 지도자였다. 그는 의병 활동을 하고 민족 세력을 결집하는 등 항일 독립운동을 전개하였다. 이 때문에 일제는『주한일본공사관기록(駐韓日本公使館記錄)』에서 그를 '적괴(賊魁)'·'폭도수괴(暴徒首魁)'·'광도수괴(匡徒首魁)'라고 하면서, 1900년 요동에서 귀국한 후부터 끈질기게 그를 체포하거나 활동을 방해하였다. 그리고 1917년 그의 문집이 간행된 다음 해에는 이를 추적해 압수하고 불사르기까지 하였다. 의암은 일제강점기 국권 피탈의 상황에서도 仁義를 실현하였다. "仁이란 사람이 편안하게 살 수 있는 곳이 되는 것이고, 義란 사람이 가야 하는 바른길이다"[28]라고 했다. 그러므로 仁義는 누구

---

26) 이종상,「의암 유인석의 철학사상연구」, 성균관대학교 대학원, 2002, 1쪽.

27) 윤병석,『한국사와 역사의식』, 인하대학교출판부, 1989, 139-141쪽 참조. 청국에 보낸 선언서에 있는 의암의 서명. 미국 및 유럽 각국에 보낸 불어로 된 성명서에는 "Le President Du Commite National de Coree Lu in sek"으로 서명되어 있다. 미국 국립문서보관소, Micro Film No. 426, Roll No. 1.

나 지켜야 할 도덕 준칙이기 때문에 모든 관계가 仁義로 맺어져야 함[29]을 강조한 것인데 여기에서 말하는 모든 관계란 국가 간 관계도 포함한다.

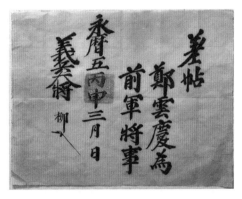

[의병임명장] 의암의 친필

---

28) 『孟子』, 「離婁 上」, "仁, 人之安宅也. 義, 人之正路也."

29) 『孟子』, 「離婁 上」, "仁之實, 事親是也. 義之實, 從兄是也" 참조.

제3장

의암 교육철학의 형성 배경

본 장은 의암 교육철학의 근간이 되는 시대적·학문적·사상적인 배경에 관한 것인데 이는 역사적 자료에 근거하여 그의 생애를 통한 사실적인 논의이다. 의암이 14세 때 화서 문하에 들어간 후, 1893년 성제를 이어 화서학파의 종장으로 추대되었다. 「의암동문록(義庵同門錄)」[1]에 등재된 인사가 충청도 지역 인물이 다수 빠진 상태로도 572명에 이르렀고, 경상남도와 전라남·북도를 제외한 전국적인 분포를 통해 그의 학문적 역량과 영향력을 유추할 수 있다. 그런 활동의 원동력이 된 그의 교육철학을 이해하려면 그의 학문, 사상 그리고 시대적 상황 등을 종합적으로 논의할 필요가 있다.

1. 국내외 정세

19세기 초의 조선은 신유박해를 계기로 실학자들에 대한 탄압이 있었고, 이후 병인양요와 신미양요 등 서구로부터의 개방이 요구되고 있었다. 또한, 서구의 개방 압력으로 인해 수호 통상이 체결된 후

---

1) 『韓國獨立運動史資料集』, 編制 名單類 「義兵」 第3編, 한국정신문화연구원, 1993, 489-512쪽 참조.

신문물과 근대사상이 유입되기 시작했다. 이런 배경에서 근대사조의 흐름은 기존 체제에 대한 개혁을 주장하는 새로운 사상과 운동으로 나타났다. 개화파는 조선이 국제사회에서 나아갈 방향을 부국과 강병이라고 보았다. 이처럼 김옥균(金玉均, 1851-1894) 등을 중심으로 개혁을 추구했던 개화파는 실학파인 박지원(朴趾源, 1737-1805) 등을 중심으로 한 실사구시파의 북학사상을 계승·발전시켰다. 김옥균은 조선 말기의 정치가·개화운동가이다. 김옥균의 본관은 안동, 자는 백온(伯溫), 호는 고균(古筠)·고우(古愚). 공주 출신으로 병태(炳台)의 장남이다. 7세 때 당숙 병기(炳基)에게 입양되어 서울에서 성장하였다. 11세(1861년)에 양부 병기가 강릉 부사가 되어 임지에 가자, 양부를 따라 강릉에 가서 16세까지 율곡사당(栗谷祠堂)이 있는 서당에서 율곡 학풍의 영향을 받으면서 공부하였다.

당시 오정석·유홍기·박규수 등에 의하여 나라의 근대적 개혁을 위한 개화사상이 형성되자, 김옥균은 다른 청년들과 함께 1870년 전후로 개화사상을 가지게 되었다. 그 후 1872년 알성문과에 장원급제를 하고, 1874년 홍문관 교리로 임명되었다. 이에 진력하여 다수의 동지를 모으고 그 지도자가 되었다. 1879년 개화승 이동인을 일본에 파견하여 일본의 근대화를 알아보게 하고 일본사찰단의 파견을 주선하도록 하였다. 또한, 국내에서 혁신의 뜻이 있는 관리들과 청년들을 모아 개화당의 세력 확장에 진력하였다.[2] 그리고 박지원은 조선 후기의 문신·학자, 본관은 반남(潘南), 자는 미중(美仲)·중미(仲美), 호는 연암(燕巖)·연상(煙湘)·열상외사(洌上外史)이다. 사유(師愈)의 아들로, 지돈령부사 필균(弼均)의 손자이다. 처남 이재성의 집에 머물고 있다가 삼종형 박명원이 청의 고종 70세 진하 사절 정사로 북

---

2) 한국정신문화연구원, 『한국인물대사전』, 중앙일보·중앙M&B, 1999, 375-376쪽 참조.

경을 갈 때 수행(1780년 6월 25일 출발, 10월 27일 귀국)하여 압록강을 거쳐 북경·열하를 여행하고 돌아왔다. 이때의 견문을 정리하여 쓴 책이 『열하일기』이다. 열하일기는 당시 중국 중심의 세계관 속에서 청나라의 번창한 문물을 받아들여 낙후한 조선의 현실을 개혁하고자 한 그의 노력을 집대성하고 있다. 1910년(순종 4년)에 좌찬성에 추증되고, 문도(文度)의 시호를 받았다.[3] 이러한 조합으로 개화파는 실학파에서 강조했던 통상개국론을 발전시킨 부국강병론을 지향하였다.[4] 그러나 개화파는 수구당의 집권하에서 개혁이 어려울 것으로 보고 국내 문제해결을 위한 정책변화의 필요성과 수구당의 폐단을 언급하며 개혁의 필요성을 역설했다. 그리고 1884년 12월 4일 갑신정변을 일으켰는데 갑신정변은 근대화에 대한 정치적인 열망이 반영된 자주적 민족운동이라고 할 수 있다. 할 수 있다. 갑신정변의 사회개혁 의지는 기존의 틀에서 벗어나려는 시도로서 정치 개혁적 의미가 있었다. 특히 수구당과 청·일 관계에서 자주적인 국가 입지 구축을 강조하였다. 갑신정변에서 개화파의 사회개혁 의지는 한국 근대 민족주의 운동을 전개한 시도였다는 점에 중요한 의의가 있다.

구한말의 조선은 서구 열강의 개방 압력과 국내의 혼란이 맞물린 가운데 서구 열강의 통상수교 거부정책을 통해 대항했으나 한계에 부딪혔다. 그래서 그 시기에 위정척사운동은 제국주의 열강의 침략과 개항에 대해 반대를 하며 위정척사 계열을 중심으로 전국적으로 위정척사 상소 운동을 전개하였다. 황준헌이 1880년 '조선책략'을 일본에서 들여오자, 이를 계기로 영남 유생 1만 3천 명, 관동 유생

---

3) 한국정신문화연구원, 『한국인물대사전』, 중앙일보·중앙M&B, 1999, 785-786쪽 참조.
4) 권호영, 『개화파의 현실 인식과 개화운동』, 나남, 2003, 58쪽.

1만 명, 그리고 경기, 호서, 호남 등의 유생들이 위정척사론을 내세우며 '조선책략'에 반대하는 만인소를 준비하면서 상소 운동을 전개하였다. 여기에 중심이 화서학파의 문인들이었다.[5] 즉, 기존 체제를 유지하면서 외세에 대한 저항으로 지식인들을 중심으로 한 구국의식이 나타났다. 유림을 중심으로 한 위정척사운동은 국가가 위태로운 상황에서 전통을 보존하고 국가를 수호하고자 하는 외세에 대한 저항운동으로 전개되었다. 그 당시 근본적인 모순 인식이 부족하였지만, 지식인을 중심으로 국가 위기 상황이 고조되자 의병운동으로 확산되었다.

구한말의 국내외 정세 변화는 민족의식의 형성에 영향을 주었으며 민족운동의 배경이 되었다. 그것은 의암의 외세에 대항하는 저항의식 형성에 영향을 주었고, 국내외 정세 변화에 대응하기 위한 조선사회의 신분제도와 부패 구조에 대한 사회변혁의 필요성을 절실히 느끼는 시기이다. 이런 변화는 외세에 대한 저항의식으로 퍼지면서 반외세적 민족운동이 일어나는 배경이 되었다. 당시의 저항적 민족운동은 전국적인 의병운동으로 확산하는 배경이 되었고, 이는 한국 근대 민족운동의 시작이었다. 구한말 일본 제국주의의 침략이 본격화되면서 잠재되었던 민족정신이 저항운동으로 표출되는 시기였다. 19세기 후반의 조선은 국제정세의 변화에 적응하지 못하였고 국내 내부의 체제 모순으로 인해 개혁과 모순이 양립한 시기였다. 국제적으로는 외세의 문호개방 압력을 받았고, 국내적으로는 정치적 혼란과 사회적 불안이 심화되고 있었다. 즉 의암은 대내외적으로 위기가 팽배했던 시기에 태어나 성장했다.

당시에 서구 열강의 조선에 대한 개방 압력은 병인양요(丙寅洋擾,

---

5) 姜大德, 『華西 李恒老의 時代認識』, 신서원, 2001, 254-256쪽 참조.

1866)·신미양요(辛未洋擾, 1871)·운요호사건(1875) 등을 통해 알 수 있다. 한말의 대내외적 정세는 19세기 후반부터 20세기 초 조선을 둘러싼 변화하는 동아시아 국제정치와 연관이 있다. 첫째, 서구 열강의 식민지 재분할을 위한 탐욕은 상호 간 대립과 갈등을 일으켰고 각국의 힘 확장을 위한 서세동점(西勢東漸) 정책이 아시아지역에 영향을 주었다. 둘째, 제국주의 열강의 대외전략 방향이 동아시아 체제인 중국 중심에서 극동으로 옮겨가는 시기였다. 당시 우리나라는 구미 열강의 강제적이고 불평등한 개국을 위해 동아시아지역 최후 대상지로서 인식되었다. 조선보다 먼저 개항한 청(1842)과 일본(1854)에 의해 그들의 대외진출을 위한 각축장이 되었다. 그리고 대외적으로는 중화적 세계관과 근대적인 국제질서관으로 수구와 개화의 갈등이 양립하는 시기였다. 국내적으로는 세도정치로 인한 모순과 외세 침입의 위기가 중첩되는 과정에서 봉건 체제가 해체되어 가는 시기였다. 한편, 급변하는 상황에 대응하기 위한 자구책으로 자존의식이 형성되었다.

대원군의 보수적인 개혁정책과 통상수교 거부정책, 병인양요와 신미양요, 운양호사건과 개항, 임오군란과 갑신정변, 동학운동과 갑오왜란, 그리고 독립협회의 국권수호운동과 반일의병운동 등의 역사적인 사건들이 있었다. 관점에 따라 어떤 사건들에 관한 역사적 의미와 그 평가는 다를 수 있다. 그래서 열린 논의를 통해 당시의 시대정신을 이해해야 하며, 특히 구한말의 대립적으로 양극화된 위정척사사상과 개화사상을 논할 경우6)에는 객관적인 사고가 필요하다. 서구 제국주의 대외정책의 영향은 중국 중심에서 동아시아지역으로 관심 지역을 변화시켰고 일본 제국주의의 등장을 가져왔다. 근

---

6) 孫承喆, 「義兵長 柳麟錫 思想의 歷史的 意味」, 『毅菴集』 卷1, 毅菴學會, 2002, 219-220쪽 참조.

대 이전 시기에는 아시아지역의 중심축이 중국이었다고 한다면, 19
세기 이후에는 서구 열강의 아시아지역으로 향한 문호개방 압박과
충돌이 계속되면서 변화를 가져왔다. 먼저 압력을 못 견딘 중국은
1844년 프랑스·미국과 개방에 관한 조약을 체결하였다. 그리고 영
·불 연합군은 1856년 중국과 무역이 원활하지 않다는 이유로 애로
호사건을 계기로 애로호전쟁(1856-1860)을 일으켰는데 이는 제2차
아편전쟁이다. 그 결과 중국은 서구 열강에 완전한 항복을 선언하였
다. 그리고 굴욕적인 톈진조약을 체결한 후 추가로 항구를 개항했
다. 더 나아가 중국은 1856년 애로호사건을 빌미로 러시아·미국·
영국·프랑스 등 4개 열강과 불평등조약을 체결하였으며 주룽반도
를 영국에, 연해주를 러시아에 할양하였다. 이처럼 서구 열강의 아
시아 진출은 압력과 대립 그리고 갈등을 유발하고 있었다.

　19세기 후반 서구 제국주의 서세동점의 힘이 세지면서 열강 상호
간 동아시아를 두고 식민지 재분할을 위한 대립과 갈등 양상이 심
화하고 있었다. 그 과정에서 열강의 대외정책 방향이 아시아지역으
로 이동했다. 그 당시 동아시아에서는 전통질서가 흔들리면서 서구
열강의 요구대로 문호를 개방해야 하는 절박한 상황에 부닥쳐 있었
다. 특히, 서구 열강 중에서 영국과 프랑스는 산업혁명 이후 세력
확장을 위해서 동남아를 겨냥하였는데 이는 상품시장 개척과 원료
공급지를 위한 해외 식민지 확보를 위한 것이었다. 그 확장 전략의
과정에서 서구 열강은 중국에 문호를 개방하라고 입력하였지만, 중
국은 자급자족적인 경제구조가 뿌리내리고 있었으므로 통상수교 거
부정책을 유지하고 있었다.[7] 중국은 영국의 상품이 필요하지 않았
지만, 영국은 중국으로부터 차(茶)와 견(絹)이 필요했다. 영국은 이

---

7) 페어뱅크·라이샤워·크레이그 저, 全海宗·閔斗基 역, 『東洋文化史』하, 을유문화사, 1989, 10쪽.

　　　　　　　　　　　　　　　　　　　의암 류인석의 교육철학

익이 없는 무역구조에 불만을 갖고 이를 해결하기 위해 인도산 아편을 중국에 대량 수출하였다. 1931년 출초국(出超國)이었던 중국은 입초국(入超國)으로 전락하게 되었다. 중국 청정(淸政)은 1830년대 말, 영국의 아편 밀수에 대해 응징을 하기 시작했다. 이에 영국은 중국을 침략하여 일명 아편전쟁(阿片戰爭, 1840-1842)을 일으켰다. 아편전쟁에서 중국은 영국에 패하였고 그로 인하여 영국과 불평등 조약을 체결하였다. 홍콩을 영국에 할양했을 뿐만 아니라 영국이 원하는 대로 상하이·광저우 등 5개의 항구를 개방하게 되었다.

중국은 서구 열강의 개방 압력과 함께 내부적으로도 정국이 분열되어 태평천국의 난이 있었다. 그리고 중국 내부에서는 전통적 이념과 제도에 대한 개혁의 필요성을 부각하였고 중국을 근대화하여야 한다는 주장이 제기되었다. 즉, 기존의 중국 정통사상에서 벗어나 근대 중국사상으로 변화할 필요성을 제기하는 시각과 서구의 과학만능주의를 경계하여 중국 전통을 재발현하자는 흐름으로 나타났다.[8] 중국은 서구 열강과의 충돌 이후 1895년에는 일본과의 청일전쟁에서도 패배하였다. 그 후 중국은 동아시아지역의 국제관계에서 능동적인 기능을 상실하였다. 이에 따라 일본은 청일전쟁(1894-1895)에서 승리한 후 1895년 4월 시모노세키조약(下關條約)을 맺고 막대한 영향력으로 배상금과 항만, 요동반도를 할양받았다.

러시아는 시베리아 일대를 확보하고 부동항을 손에 넣기 위해 남하 정책을 추진하고 있었다. 그리고 요동반도 점유가 아시아 평화를 위협한다며 요동반도를 청국에 반환하라고 요구하는 외교 각서를 일본에 보내게 되었는데 이것이 이른바 삼국간섭이다.[9] 삼국간섭

---

8) 李炳注 외 2인, 『世界文化史』, 일조각, 1991, 19-21쪽.

9) 국사편찬위원회, 『한국사 41 열강의 이권침탈과 독립협회』, 국사편찬위원회, 1999, 1쪽.

이후 유럽 열강은 청에 진출할 기회를 엿보았고 러시아는 일본에 통상 압력을 통해 만주 철도부설권을 획득하는 등 중국으로의 진출을 본격화하였다. 특히 영국은 강한 군사력과 경제력을 바탕으로 아편전쟁에서 중국을 굴복시킨 뒤 일본의 개방을 요구하는 압력을 행사했다. 그런데 일본은 조선이 취한 통상수교 거부정책과는 반대로 문호를 완전히 봉쇄하지 않고 있었다. 그리고 1854년 미국과 화친조약(和親條約)을 체결하면서 문호개방에 대한 호의적인 분위기가 형성되어 있었다. 또한, 일본은 내부적으로[10] 새로운 개국론이 부상하면서 천주교를 제외한 서양의 과학기술을 도입하여 국가를 강성하게 할 필요가 있다는 주장이 제기되고 있었다.

일본은 외세에 대한 개방으로 선진기술과 문물이 유입되면서 대륙팽창정책을 위해 조선 침략을 구체화하고 있었다. 조선에 대한 일본의 침략 정책은 외부의 영향, 특히 동아시아 국제질서의 영향을 크게 받았다. 당시 일본은 메이지유신을 계기로 근대자본주의를 수용하여 아시아에서는 처음으로 개화하였다. 그리고 유럽식 근대 국민국가를 수립하고 근대적인 군대와 관료기구를 형성하면서 대외침략을 위한 준비를 하고 있었다.[11] 그런데 대외침략 정책을 구체화하던 중 아관파천으로 조선에 대한 지배 계획이 수포가 되자 일본은 러일전쟁을 계획하고 도발하였다. 일본은 러일전쟁에서 승리한 후 조선에 을사늑약을 강요하고 조선의 외교권 박탈과 통감정치를 시행했다. 일본은 조선을 일본의 영향력 아래 두고, 명분으로만 보호적 협약일 뿐 실질적으로는 군사적 행사를 하는 것이었다. 즉, 조선을 일본의 경제발전과 이권 도모를 위한 수단으로 보고 탐욕을

---

10) 이상익, 『서구의 충격과 근대 한국사상』, 한울아카데미, 1997, 51쪽.
11) 김운태, 『일본제국주의의 한국통치』, 박영사, 1988, 23쪽.

노골적으로 드러내기 시작했다.

갑오왜란으로 조선을 무력으로 장악하고 개화를 구실로 침략 정책을 본격화한 일본은 명성황후가 이를 반대하며 러시아와 제휴하려 하자 1895년 8월 20일 명성황후시해사건을 일으키기에 이르렀다. 이에 대해 친일내각(親日內閣)은 폐비조서(廢妃詔書)를 강제로 내리게 하여 내각과 일제에 대한 분노가 전국적으로 일어났다. 유성(儒城)에서 문석봉(文錫鳳)의 거의로 항일의병이 일어났고 김구(金九)도 11월 초 간도에서 김규현(金奎鉉), 김이언(金利彦)과 함께 거의하였다.[12] 같은 해 11월 단발령이 선포되자 변복령에 이어 민족문화의 단절로 인식한 유생들이 대거 봉기하게 된다. 특히 단발령은 민족의 자존심을 꺾는 조치로 전 국민의 울분을 자아냈다. 이러한 일련의 상황에 대해 의암은 서북장정(西北長征)시 상소문에서 일제가 우리나라에 들어온 지난 10년 동안 정부의 미봉책으로 어름어름 넘어가다 결국 나라가 망하였다"라고 국가정책을 비판하고, "나라가 망하지 않을 수 없다면 하필 이적되어서 망하고, 사람이 금수가 되어서 죽어야 하느냐?[13]라고 한탄하였다.

고종은 1897년 10월 12일 국호를 조선에서 대한제국으로 변경하면서 대외적으로 자주국임을 선포하였다. 그러나 이런 노력에도 불구하고 1910년 병탄이 되어 일제강점기가 본격화되었다. 일제강점기에 있었던 국권회복운동은 우리나라가 "조선왕조에서 대한제국과 일제강점기를 거쳐 대한민국으로 이양되는 시기에 한민족이 자주권

---

12) 김구, 『원본 백범일지』, 禹玄民 現代語 譯, 서문당, 2000 수정판, 66쪽.

13) 『毅菴集』卷4, 疏, 「西行時在旌善上疏」上卷, 경인문화사, 1973, 80쪽. 噫 姑順二字 實我國覆宗社 滅人類之基本也 在昔丙子通商之請 畏彼動兵 而姑順之 逮夫甲午犯闕之變 爲我忌器 而姑順之 其效至於國母遇害 而姑順之 君父被辱 而姑順之 念此十年來姑順之功 不爲不勤 而禍變之生 日就窮極 臣愚以爲此 一節之順 養成一節之禍 若初不順之則亦初 無其禍矣假令不順而取禍其與順之而免禍不可同日而語況其順幽不免者乎 國無有不亡 何必爲夷狄而亡 人無不死 何必爲禽獸而死哉; 이종상, 「의암 유인석의 철학사상 연구」, 성균관대학교 철학박사학위논문, 2002, 118쪽.

을 쟁취해 가는 일련의 투쟁 과정이었다."14) 이때 국권회복운동의
형태는 크게 의병운동과 애국 계몽운동으로 전개되었다. 1905년 을
사늑약이 일본에 의해 강제로 체결된 이후에는 교육열이 두드러지
게 나타나 교육·언론·정치 등의 다양한 분야에서 애국 계몽운동
이 활발하게 전개되었다. 화서학파는 조선의 이전 왕조인 고려시대
부터 중국의 유교문화를 수용하여 점차 존주(尊周)의 의리를 깨닫게
되었으며, 고려 말 정몽주가 정주학(程朱學)을 수용하여 문화적 기
반을 닦은 연후 이어 조선의 선각적 지식인들이 중화 문화를 본격
적으로 받아들임으로써 중국과 동등한 문화 수준을 지닌 나라가 되
었다고 전제하였다. 당시 중국이 멸망하고 서양이 발호하는 시기에
조선이 중화의 문물을 지키고 있는 것은 양덕(陽德)이 다시 도래하
는 것과 같다고 하여 이를 일컫는 소중화사상을 주장하였다.15) 이
는 의암의 의병 활동의 사상적 토대가 되었다.

　일본의 조선 침략 정책이 구체화되자 고종은 일본의 침략에 맞서
기 위해서는 자국의 힘만으로는 어렵다는 것을 인식하였다. 그래서
다른 국가에 특사를 보내 일본의 침략행위를 폭로하고 국제적인 정
의와 신의를 들어 호소하면서 열강의 여론을 독려하여 우리나라의
독립을 보전하고자 하였다.16) 그러나 1907년 헤이그 평화회의에 참
석하려던 고종이 파견한 특사들은 외교권 박탈로 인해 참석할 수 없
게 되었고 고종의 계획은 실패로 돌아갔다. 그 후 헤이그에 파견되
었던 특사 이위종은 장외언론과의 접촉을 통해 조선이 당한 현실적
어려움을 국제사회에 호소하면서 조선에 관한 관심을 고조시켰다.

---

14) 이만열, 「총론: 독립운동과 대한민국 헌법정신」, 『인문과학연구』 24호, 덕성여자대학교인문과
　　학연구소, 2017, 11쪽.

15) 오영섭, 「화서학파의 보수적 민족주의 연구」, 한림대학교 박사학위논문, 1996, 95쪽.

16) 국사편찬위원회 편집부, 『한국사 43 국권회복운동』, 국사편찬위원회, 1999, 51쪽.

이에 일본은 헤이그 특사 사건을 빌미로 고종의 퇴진을 강요하였고 조선에 대해 내정간섭을 감행하기 시작했다. 그리고 1907년 고종의 강제 퇴위와 정미7조약 체결의 강요 등 일제의 국권 침탈이 본격화 되었다. 이에 전국적으로 외세에 대한 저항운동의 하나로 후기 의병 운동이 일어나기 시작했다. 이같이 국내에서는 반제국주의・반침략 적 성격의 민중 저항이 나타났다.

2. 학문적 배경

서구의 개방 압력에 조선 조정은 "개문청화설(開門請和說)과 파천향남설(播遷向南說)로 나뉘어 대립하였다. 이때 화서는 고종으로부터 승정원 동부승지・공조참판・오위도총부부총관・동지의금부사 등에 임명되었으나, 그때마다 출사를 마다하고 상소를 통하여 양물금단책(洋物禁斷策)과 한양을 사수하라는 전수설(戰守說)을 주장하였다."[17] 병인(丙寅) 9월 서양 오랑캐들이 강화도를 침입하여 온 나라가 흉흉해졌는데 금시라도 나라가 망할 것 같았다. 이에 조정에서는 거빈구화(去邠求和)[18]를 논하였는데 화서가 병중임에도 불구하고 조정으로 달려가서 전수책(戰守策)을 역설하여 인정을 받았다. 의암은 화서의 문하에서 을미사변과 단발령을 계기로 이필희(李弼熙)・서상렬(徐相烈)・이춘영(李春永)・안승우(安承禹) 등의 문인들과 뜻을 함께하고 1895년 12월 24일 의병항전을 개시하였다.

의암이 유도(儒道)를 접한 것은 화서를 만난 후이다. 화서는 조선

---

17) 한희민, 「개화기 춘천 지식인의 현실인식과 문학적 표현」, 강원대학교 대학원 석사학위논문, 2018, 5쪽.
18) 나라에 난리가 생겼을 때 피난을 가거나 강화를 논의하는 것.

말기의 성리학자이며 본관은 벽진(碧珍), 자는 이술(而述), 호는 화서이며 경기도 포천 출신이다. 초명은 광로(光老)였으나 철종 사친(私親)의 이름을 피하여 개명하였다. 한말의 위정척사론자로 유명한 최익현·김평묵·류중교 등이 그의 문하에서 수학하였다. 그의 학문은 주리철학(主理哲學)에 바탕을 두고 있으며, 호남의 기정진(奇正鎭), 영남의 이진상(李震相)과 함께 침체해 가는 주리철학을 재건한 조선조 말기 주리철학 3대가의 한 사람이다. 그의 주리철학은 이기합일설(理氣合一說)을 주장한 중국의 나흠순(羅欽順) 일파의 우주론을 반대하고 理와 氣를 엄격히 구별하는 동시에 그것을 차등적으로 인식하였다. 주리론에 기초를 둔 심전설(心專說), 즉 심즉리(心卽理) 심즉기(心卽氣)설을 반대하고 심합이기설(心合理氣說)을 주장하였다. 그 때문에 류중교가 비판하였듯이 이리단심(以理斷心)의 이론이라 할 수 있어서 그의 심설은 심전설이 되는 것이다. 그러므로 그의 사상은 심전주리론에 그 기초가 있다. 따라서 그의 심전주리론은 존왕양이(尊王攘夷)의 춘추대의(春秋大義)라는 윤리와 아울러 임금 사랑하기를 아버지처럼 하고, 나라 걱정하기를 내 집처럼 한다는 애국 사상과 자주 의식을 강조함으로써 조선조 말기의 민족사상인 위정척사론의 사상적 기초가 되고, 더 나아가 민족운동의 실천적 지도 이념으로 승화되었다.

의암이 척사운동을 한 계기는 1866년 척화전수(斥和戰守)를 주장하는 스승 화서를 도우면서부터이다. 그 후로 생을 마칠 때까지 척사운동으로 일관하였다. 화서는 척사의리(斥邪義理)를 대표하는 화서학파의 종장(宗匠)으로서 "당시 서구 열강과 일제의 침략에 대해 의분을 가지고 그 선봉에서 민족적 저항의식을 지도하였다."[19] 그

---

19) 유성선, 「華西學派 衛正斥邪論의 義理精神 一考察」, 『화서학논총』 7, (사)화서학회, 2016, 191쪽.

는 위기를 당해 위정척사운동을 벌이면서 외세에 대항하고 사도(斯道)의 수호를 강력하게 주장한 선비이다.[20] 그의 문하에서 수많은 우국지사가 배출되었는데 그중 김평묵(金平默, 1819-1891)은 조선 말기의 학자로서 자는 치장(穉章), 호는 중암이다. 구한말에 일본에 있는 청국대사관에 근무하던 황준헌이 조선이 러시아 세력을 막기 위해서는 일본·미국·영국 등과 손잡아야 한다는 내용을 담은『조선책략』이란 책을 썼는데 이 책을 김홍집이 가져다가 고종에게 바쳤다. 그러자 온 나라의 유생들이『조선책략』의 주장에 반대하여 들고일어나 정치 문제가 되었는데 특히 이만손의 주동으로 경상도 유생 1만 명이 연명으로 상소한 이른바 영남 만인소(萬人疏)는 유명했다. 이 만인소를 후원한 이가 김평묵으로 화서의 학문을 이어받아 척사위정(斥邪衛正)을 내세웠다. 산림(山林)의 천거로 감역을 지냈으며 뒤에 1881년 위정척사를 주장하여 고종의 비위를 건드려 한때 귀양살이를 했다. 그 후 1900년 규장각제학(奎章閣提學)에 추증되었다. 저서로는『화서아언(華西雅言)』이 있다.[21] 이 외에도 위정척사를 주장한 사람은 류중교(柳重敎, 1832-1893), 최익현(崔益鉉, 1833-1906), 류인석(柳麟錫, 1842-1915), 이소응(李昭應, 1852-1930) 등이 있다. 그의 척사의리정신(斥邪義理情神)은 항일 의병 투쟁으로 계승되었다. 또한, 국권이 침탈당하자 국권을 회복하기 위한 초석이 되었다. 화서의 문하에서 성리학을 배운 김평묵·류중교·최익현·안헌수·류인석 등은 개항 전후에 위정척사운동을 전개하였다.[22] 화서학파의 학풍을 정통으로 이어받은 의암이 사도(斯道)를 수호한

---

20) 이항배, 「華西 李恒老의 詩에 나타난 道義思想」, 『화서학논총』 2, 화서학회, 2006, 169쪽.

21) 한국정신문화연구원, 『한국역사인물사전』, 1998, 133-134쪽.

22) 유성선, 「華西學派 衛正斥邪論의 義理精神 一考察」, 『화서학논총』 7, (사)화서학회, 2016, 191쪽 참조.

것은 文을 지켜야 하고 文을 간직하는 것이 예악과 제도법률이기 때문이다. 즉, 해와 달과 별이 하늘의 빛인 것처럼 예악과 제도법률은 인간의 빛이라고 하였다. 따라서 道와 文은 둘이 아니다. 道와 文이 하나가 되면 세상은 다스려지고 文과 道가 둘이면 세상은 어지러워진다[23]는 것이다. 그가 척사운동을 펼쳤다는 것은 그가 스승, 동접, 지인 등에게 보낸 서간들과 그의 저서 그리고 시에서 알 수 있다.

조선 후기의 성리학계는 이이(李珥, 1536-1584)를 중심으로 하는 기호학파와 이황(李滉, 1501-1570)을 중심으로 하는 영남학파로 양분되어 있었다. 이이는 조선 중기의 학자·정치가이다. 자는 숙헌(叔獻), 호는 율곡(栗谷)·석담(石潭)·우재(愚齋), 시호는 문성(文成)이다. 그는 16세에 어머니 신사임당이 세상을 떠나자 3년간 시묘를 하고 금강산에서 불교를 공부하였다. 그는 13세에 진사시에 합격하고 모두 아홉 차례 장원하여 '구도장원공'이라 일컬어졌다. 그 당시에 '십만양병설'을 주장했으며, 동인·서인 간의 갈등 해소에 노력하였고 후학을 위한 다수의 저서를 남겼다. 그리고 이황은 조선 중기의 문신·학자로서 자는 경호(景浩), 호는 퇴계(退溪)·퇴도(退陶)·도수(陶叟)이며 시호는 문순(文純)이다. 조선에 주리(主理)의 전통을 세웠다. 기대승과 사단칠정 논쟁을 벌였고, 만년에 자신의 사상을 집대성하여 『성학십도』를 지었다. 그의 사상은 후에 일본 유학계에 영향을 미치기도 하였다. 대체로 이기설(理氣說)에서 기호학파는 주리론(主理論), 영남학파는 주기론(主氣論) 입장이다. 난국의 상황에서

---

23) 유인석, 『국역 의암집』 6, 의암학회, 2010, 196쪽·194쪽 참조. 日月星辰, 天之光華也, 山川草木, 地之光華也, 禮樂制章, 人之光華也·貫古今而無成毁, 貫巨細而無餘欠, 道一而已, 非有二也. 해와 달과 별들은 하늘의 빛이요, 산천초목은 땅의 빛이요, 예악과 제도법률은 인간의 빛이다·고금을 통하여 이루고 허물 것도 없으며, 크고 적음을 막론하고 남고 모자람이 없는 것이 오직 道 하나뿐이니 둘이 될 수 없는 것이다.

도 이런 논쟁이 있었다는 것은 형이상학적인 고민을 통해 난국을 변통(變通)하려는 의미가 있다.

의암은 독립운동가이면서 유학자이다. 그는 화서의 학맥을 계승하고 있으므로 그의 학통을 궁구하려면 먼저 화서의 학통을 이해할 필요가 있다. 화서는 송시열(宋時烈, 1607-1689)을 통해서만 주자를 이해할 수 있으며 주자를 이해하는 것은 공자를 이해하기 위한 전제조건이라고 보았다. 이는 화서의 일관적인 학풍에 관한 확신으로 볼 수 있으며 송시열에 대한 존중의 의미로 해석할 수 있다. 학문은 통일된 속성을 찾는 과정일 뿐 불변의 결론이라고 여기는 것도 또다른 과정에 의하여 와해될 수 있다. 그것을 화서가 모를 리가 없지만, 그만큼 공자와 주자 그리고 송시열의 학문은 화서에게 절대적 가치였다고 해석할 수 있다.

화서의 학맥은 1868년 그의 사후에 중암 김평묵, 성재 류중교 이하 여러 문인에 의해 계승되었다. 주희(1130-1200)의『자치통감강목』은 사마광(司馬光, 1019-1086)이 지은『자치통감』에 의리를 첨가하여 편찬한 것으로 공자가『노사(魯史)』에 권선징악을 더한 것과 유사하다. 공자는 나라 안에 난신적자(亂臣賊子)를 정토하기 위해 춘추를 지은 것이고 주희는 외적을 물리치기 위해 강목을 지었다. 둘 다 존양의리를 밝힌 것이다. 송시열은 북벌 대의를 직접 실천하였고 화서는 이를 계승하여『송원화동사합편강목(宋元華東史合編綱目)』을 저술하여 양적과 왜적을 물리치려고 하였다.『송원화동사합편강목』은 의리 정신을 잘 나타낸 것으로 공자가 조국 노나라의 사기인『춘추』를 가지고 천하의 대사를 필삭하여 자국의 견해를 밝혔듯이 화서 또한 우리나라 조선을 중심 국가로 하여 세계 인류(천하)의 대의24)를 밝힌 것이다.

의암이 만년에 『산언(散言)』을 지었는데 이는 갑진년(1904)에 강학(講學)을 위한 몇 가지 큰 지표(指標)를 만들기 위하여 목록을 만든 것이다. 그 목록은 "태극유동정무동정(太極有動靜無動靜)·이유주재무조작(理有主宰無造作)·성위물선인기부성(性爲物先因氣賦性)·이기승재(理氣乘載)·일원만수(一原萬殊)·인물성동이(人物性同異)·신귀신(神鬼神)·명덕이기(明德理氣)·심유이기(心有理氣)·기본기질(氣本氣質)·미발이발(未發已發)·인심도심(人心道心)·사단칠정(四端七情)·이기일물이물(理氣一物二物)·이일원기일원(理一原氣一原)·존심지경(存心持敬)·격치(格致) 등 17개의 항목이었다."[25] 이 항목들에 사람 사이의 의로운 대처 방법을 첨부하여 의에 관한 지침서를 제시하려고 하였다. 당시 조선 내부의 혼란스러운 상황에 관하여 『국역 의암집』에서는 다음과 같이 기록하고 있다.

중암이 영남 유생에게 편지를 보낸 일로 엄한 형벌을 받아 멀리 귀양을 가게 되었다. 성재는 의금부 밖으로 나가 정장(呈狀)을 하고 대기하였다. 의암은 이미 길을 재촉하여 중암을 남교에서 전별하고 돌아왔다. 이에 앞서 김홍집(金弘集)이 왜(倭)로부터 돌아와서 이상한 글을 중앙과 지방에 발표하였다. 조정에서는 미국과 연합하고 서양 군대를 맞이하자고 하였다. 이에 이르러 기무영을 설치하여 크게 제목을 내걸고 날마다 교통할 방도를 세웠다. 영남 이만손(李萬遜) 등 만여 명이 대궐에 나아와서 척사위정 할 상소를 올렸다. 1월에 성재가 그 상소의 사본을 보고 함께 감탄하여 말하기를, "이날의 거사는 우리 동국 사람들이 천하 후세에 할 말이 있

24) 유성선, 「習齋 李昭應의 義理情神과 心說論爭 讀解」, 『한중인문학연구』 40집, 한중인문학회, 2013, 135-136쪽 참조.

25) 유인석, 『국역 의암집』 1, 의암학회, 2006, 587쪽. 太極有動靜無動靜 曰理有主宰無造作 曰性爲物先因氣賦性 曰理氣乘載 曰一原萬殊 曰人物性同異 曰神鬼神 曰明德理氣 曰心有理氣 曰氣本氣質 曰未發已發 曰人心道心 曰四端七情 曰理氣一物二物 曰理一原氣一原 曰存心持敬 曰格致 凡十七言.

게 하였습니다. 이 공은 선정(先正)[26]의 후손으로서 이 거사를 앞장서서 창도하니 더욱 귀중합니다"라고 하니, 이만독(李萬讀)이 호연히 가서 감사를 드리려고 하였다. 성재가 말하기를, "이 뜻은 또한 좋으나 우리는 평소 자정(自靖)함을 의리로 삼았습니다. 비록 바로 가서 상소에 동참하지는 못하였으나 그 뜻이 같은 것은 속일수 없습니다. 마땅히 편지 한 통을 보내어 고인(古人)이 태평을 외친 뜻에 부치고자 합니다"라고 하였다.[27]

위에서 말한 자정이란 자기의 지조를 지키기 위하여 적에게 무릎을 꿇지 않고 세상을 등지고 숨어 사는 일, 또는 스스로 자진(自盡)을 하는 일을 말한다. 1880년(고종 17년) 수신사(修信使)로 일본에 갔던 김홍집은 주일청국참사관 청국인 황준헌이 1880년경 러시아의 남하 정책에 대비하기 위하여 조선·일본·청국이 장차 펼쳐야 할 외교정책을 저술한 『조선책략』을 직접 받아와서 고종에게 바쳤다. 이에 고종은 이 책의 내용을 대신들에게 검토하게 하고 이를 복사(複寫)하여 전국의 유생들에게 배포하여 그들의 식견을 넓히려 하였으나, 오히려 유생들의 반대를 받게 되었다. 유생들은 일본은 양이(洋夷)와 같으며, 서양과 수교한다든가 연합한다는 것은 가톨릭교를 퍼뜨리는 결과라고 연명(連名)으로 상소까지 하였다. 끝에 태평에 외친 뜻이라는 것은 훌륭한 간언에 태평이라고 찬양한 고사를 말한다. 당(唐)나라 양성(陽城)이 상소하여 간신을 물리치고 충신을 보호하자 덕종(德宗)이 노하였으나, 금오장군(金吾將軍) 장만복(張萬福)이 듣고 크게 하례(賀禮)하여 말하기를, '조정에 곧은 신하가 있으니 천하가 반드시 태평해질 것이다' 하며 연이어서 '태평! 태평!'이

---

26) 퇴계(退溪) 이황(李滉)을 말한다. 이만손은 퇴계의 후손이다.

27) 유인석, 『국역 의암집』1, 의암학회, 2006, 463-464쪽 참조. 李以先正之孫 而首倡此事 尤可貴也. 李晚讀浩聲然欲往致謝 省齋先生謂 此意亦善 吾儕素以自靖爲義者 雖不能遽往同疏 其志之同不可誣也 宜付致一書 以附古人呼太平之意.

라고 외쳤다.[28] 그리고 장만복이 80세가 넘은 무인으로서 명예가
드높아졌다는 것을 말하고 있다. 다음에 영남 유생들이 상소를 선창
한 공을 말하면서 결사적으로 앞으로 나아가면 모든 사민도 호응할
것이라고 하였다. 선창한 글은 강약과 높낮이가 있으며 간곡하고 준
엄하며 격렬한 곳이 있었다.

성재는 동사(同社)의 몇 사람들과 더불어 이름을 편지 끝에 썼다.
서울에 이르게 되었을 때 이만손은 함께 상소한 사람들의 말로 인
하여 곧바로 귀향하였다. 이만독은 편지를 소매에 넣고 돌아오려다
가 부본(副本)을 남은 무리에게 보이면서 오게 된 뜻을 알렸다. 8월
에 영남 유생들이 거듭하여 상소를 올리자, 경기·호서·관동·호
남의 상소하는 유생들이 연이어 나아왔는데 모두 가릉(嘉陵)의 편지
를 추천하여 소중하다고 하였다. 가릉은 김평묵·류중교 등이 주도
하여 보낸 편지를 말한다. 이때 김평묵 등 화서 문하의 선비들은 옥
계(玉溪) 아래 자리대(紫里臺) 근처에 살고 있었다. 이렇게 여러 상
소가 올려진 뒤에는 처벌로 이어졌고 관동(關東) 상소의 근원지로
또한 산중을 지목하여 물정이 흉흉하였다. 다음은 간장(諫長, 대사
간) 이원일(李源逸)이 상소하여 편지를 준 것에 대해 멀리 귀양 보
내는 엄한 형벌이 시행되어야 한다는 내용이다.

> 양사(兩司, 사헌부와 사간원)에서도 합계(合啓)하여 엄격한 조사로
> 실정을 알아내라고 청하여 드디어 절도에 안치하라는 명령이 있게
> 되었다. 성재는 의금부 밖에서 글을 올리고 연명하여 편지를 보낸
> 상황을 진술하고, 사유를 갖추어 계달(啓達)하여 함께 중죄를 받겠
> 다고 청하였다.;[29] 성재는 신사년(1881) 이래 사우들이 척화를 주

---

28) 「陽城列傳」, 『舊唐書』192권.

29) 유인석, 『국역 의암집』1, 의암학회, 2006, 463-464쪽 참조. 兩司又合啓請覈得情 逢下安置絶島
之命 金先生就獄 省齋先生從行至府外 呈文自陳聯名投書之狀 請具由啓達同受重勘.

의암 류인석의 교육철학

장하다가 처벌받는 일이 이어지는 것을 보고 의리로서 스스로 폐기되어 산골에서 몸을 마치겠다고 마음먹었다. 임오년(1882)에 조정에서 품계를 올려 관직에 추천하려는 일이 있자, "그곳은 행실이 바른 선비가 있을 곳이 아니다"라고 생각하고, 설악산으로 향하여 영원히 은둔하려는 계획을 세웠다. 다음 해 봄에 풍토가 맞지 않는 병이 있어 춘천 가정으로 돌아와 살았다. 의암은 변함없이 성재를 따라서 함께 옮겨 살았다.[30]

성재는 스승 화서의 유명(遺命)에 따라 김평묵을 스승으로 섬겼다.[31] 그러나 그 뒤 불편한 관계가 되었는데 그것이 바로 1886년에 시작한 화서학파의 심설논쟁(心說論爭)이다.[32] 심설논쟁은 1886년 류중교가 오랜 기간을 걸쳐 묵수(黙守)하였던 화서심설에 대한 이의를 제기하면서 야기되었다. 즉 성재는 수년 전부터 화서심설에 의구심이 있다가 1886년에 '시동문제공첩(示同門諸公帖)'이라는 글로써 화서심설에 대한 자기의 조보론(調補論)을 발표했다.[33] 성재는 화서심설을 '理로써 단정(斷定)한 것(以理斷心)'이라고 보았다.[34] 그러나 화서심설에 관한 이의제기에서 출발한 성재의 심설조보론은 결국 화서심설의 범주를 크게 벗어나지는 않았다. 류중교의 심설론에 대해 김평묵이 이의를 제기하면서 류중교와 김평묵 사이에 틈이 벌어지게 되었다. 이때 의암은 류중교를 지지함으로써 화서학파에서 류

---

30) 유인석, 『국역 의암집』 1, 의암학회, 2006, 466쪽 참조. 省齋先生 自辛巳以來 見師又以斥和誅竄相繼 而據義自廢溝墾終身爲心 壬午歲 朝廷有升品 儗聯之事 則以爲是乃不以廉隅處人 遂向雪嶽 將爲永世遯計 翌年春 以有水土不服之疾 環寓春川柯亭 先生恒欲從之 至是遷居.

31) 黃鉉, 『梅泉野錄』, 국사편찬위원회, 1955, 89쪽 참조. 金平黙, 柳重教, 世推蘖門(華門 - 주)兩生 平黙以才氣勝 重教以德器勝 而年紀可相眉隨及恒老且死 托重教以事己者事平黙 旣而 重教率諸門人首事之.

32) 『重菴集』 卷9, 年譜, 1183쪽.

33) 吳錫源, 「華西學派의 心說論爭에 대한 考察」, 『東方思想論攷』, 유승국 박사 화갑기념논문집간행위원회, 1983, 608-615쪽 참조.

34) 『省齋集』, 年譜, 1007쪽; 『省齋集』 年譜, 654쪽. 以先師心說言之 以理斷心 郞其眞面目也.

중교의 뒤를 잇게 되었다. 훗날, 이직신(李直愼, 이소응)이 찾아와서 심설(心說)에 관해 물었다. 그는 이직신을 평생의 지기로 여겨 국내외에서 많은 일을 그와 함께 하였다. 한때 10여 년간 서로 떨어져 있다가 다시 만나자 의암이 몹시 반가워하며 강론과 대화를 나눴다. 이직신이 일찍이 친구의 대열에 있었으나 이때는 제자의 예를 지키고 심설 한 조목을 아뢰었는데 다음과 같다.

> 마음이 조용하여 움직이지 않을 때는 하나의 性이 혼연하고 道義가 모두 온전하므로, '고요하여 포함하지 않은 것이 없다(靜無不該)'라고 하고, 감응하여 통할 때는 칠정(七情)이 서로 쓰여서 각각 주관하는 바가 있으므로, '움직임에 바르지 않은 것이 없다(動無不正)'라고 한 것이다. 고요하여 감응하는 곳에는 생각이 싹트지 않고 지각이 어둡지 않으므로 '고요하면서 언제나 깨어 있다(靜而常覺)'라고 하고, 감응하여 고요한 곳에는 사물이 어지러이 있으나 품절(品節)이 어긋나지 않으므로 '움직이면서 항상 멈춘다(動而常止)'라고 한 것이다. 이는 모두 마음과 이치(理)가 하나이다. 마음을 다스릴 때 중요한 것으로 경(敬)을 주로 하여 잡아 간직하는(主敬而操存) 것이 바로 이 때문이다. '고요하면서도 언제나 깨어 있다'라고 하고 '움직여도 언제나 멈춰 있다'라고 한 것은 천리의 주재(主宰)를 가리켜서 말한 것이니, 이는 곧 마음의 오묘함이다. 이러한 오묘함이 없으면 중화의 德을 온전히 할 수 없다. '고요하여 포함하지 않은 것이 없다'라고 하고 '움직임에 바르지 않은 것이 없다'라고 한 것은 천리의 자연을 가리켜서 말한 것이니 이것은 중화의 德이다.[35]

중화의 德이 없으면 이 마음의 오묘함을 다할 수 없다. 그러므로

---

35) 유인석, 『국역 의암집』 1, 의암학회, 2006, 595-596쪽. 曰心之寂硏不動時 一性渾然道義俱全 故曰靜無不該 感而遂通時 七情迭用 各有攸主 故曰動無不正 寂而感處 思慮未萌 而知覺不昧 故曰靜而常覺 感而寂處 事物紛科 而品節不差 故曰動而常止 此皆心與 理一者也 治心之貴主敬而操存 正爲此也 淨而常覺 動而常止 指天理之主宰而言 是乃此心之妙 無此秒則無以全中和之德 靜無不該 動無不正 指天理之自然而言 是乃中和之德.

만약 마음의 오묘함을 다하였는데 중화의 德이 없으면 오묘함이란 그 오묘함이 아니며, 중화의 德을 온전하게 했는데 이 마음의 오묘함이 없으면 여기에서 德이란 그 德이 아니라는 것이다. 이 德과 이 오묘함이 서로 기다려서 넉넉해야 비로소 참된 경지를 터득할 수 있다고 하였다. 1893년 류중교가 사후(死後) 화서-중암-성재로 이어지는 화서학파의 '적전지통(嫡傳之統)'을 계승해 이 학파를 대표하는 인물36)로서 도통(道統)을 이어 '사문종장(斯文宗匠)'으로 추앙받으면서 을미거의(乙未擧義) 이후 항일운동을 전개해 나갈 수 있는 바탕이 되었다.37) 외세 침략에 대한 저항운동을 전개한 위정척사운동은 개혁과 개방에 대한 부정적 시각으로 유교 질서의 정통성을 유지하고 당시의 체제를 고수한 가운데 외세를 배척하는 존왕양이(尊王攘夷)적 성격을 띤다. 위정척사는 조선사회의 봉건적 질서를 유지하려는 것으로 주자학의 정통성을 고수하였다. 그러나 위정척사사상은 중화 문화 중심의 화이론적 사상을 맹목적으로 받아들이거나 계승하려고 하지 않고 우리 민족문화의 우월성과 자주성을 강조하고 있다. 즉, 위정척사사상은 대외적으로는 반외세·반침략적인 성격이며 대내적으로는 전통적인 사회질서와 예속을 지키는 보수적 성격을 지니고 있다.

의암의 척사 활동을 전기와 후기로 나누는 기준은 그가 1896년 요동 통화현 오도구에 삶의 근거지를 마련했을 때로 한다. 전기는 병인양요 이후 병자수호조약(丙子修好條約) 체결 반대와 신사척사운동, 1895년 을미의병이 일어나는 시기까지 네 차례에 걸쳐 일어

---

36) 元容正, 『昭義新編』, 「卜隱」, 탐구당, 1975, 238쪽; 華翁稱其仁不可勝用. 이 글의 소의신편은 의암학회에서 2006년에 간행한 것을 인용함.

37) 元容正, 『昭義新編』, 「卜隱」, 탐구당, 1975, 240쪽. 及省齊翁沒 門下進者 皆以所事省翁 事義庵先生 先生同門諸賢 赤多處門生 遠近士林 皆仰慕以斯文宗匠.

난 위정척사운동을 말한다. 그는 이 운동에 직간접으로 참여하고 큰 활약을 펼쳤다. 특히 1895년에 펼친 의병 활동은 그의 주도로 거병 (擧兵)한 것이며 경기·강원·충청 일대에서 많은 전공을 세웠다. 후기는 의병에 실패하여 요동의 오도구에 정착한 후 1915년까지 국내외를 넘나들 때이다. 이 시기는 때로는 창의적인 방법으로, 때로는 수의적(守義的)인 방법으로 상황에 따라 척사 활동에 매진하였다. 이러한 행적이 그의 문집 『毅菴集』에 자세히 기록되어 있는데, 이 문집은 그의 시와 간찰, 소(疎), 잡저(雜著), 기(記) 등의 문장, 그리고 『우주문답』·『도모편』 등의 저서가 수록되어 있어 척사운동으로 일관하며 살아온 그의 철학사상이 잘 드러나 있다.

3. 사상적 배경

어떤 활동에는 그 활동을 하게 한 사상적 동인이 있다. 본 절에서는 의암의 교육 활동에 관한 사상적 동인이라고 할 수 있는 유학의 仁사상과 의리(春秋義理)사상을 논하였다. 仁은 자각의 경계이며 타인에 대한 사랑이다. 그리고 義는 자각이 타인에게 드러난 것이라 할 수 있다. 仁한 사람은 어떤 행동을 할 때 반드시 자신이 행하고자 하는 것이 올바른 실천인가를 생각하게 된다. 그래서 仁과 義의 관계는 仁이 바탕이 되며 義는 仁이 발현한 것이라고 할 수 있다. 그는 학업을 화서(華西 李恒老)의 문하에서 받았으므로 사상적 영향도 화서로부터 비롯된 것이다.

참판공을 따라 벽계(蘗溪)[38]에 가서 강회(講會)에 참석하였는데 화서 선생이 매우 칭찬하여, '仁을 이루 다 사용할 수 없겠다'라고 하시고, 극기복례설(克己復禮說)을 주어 仁을 넓혀 충실하게 할 것을 권장하였다. 고조 첨추공(僉樞公, 曔)이 일찍이 자손들을 가르쳐 말하기를, "문장과 절의는 진실로 우리 집안의 기구(箕裘)이다. 만약 우리 자손에서 정학(正學, 儒學)에 종사하는 자가 있으면 이는 나의 지극한 소원이다"라고 하였다. 증조 참판공(叅判公, 榮五)은 대관(臺官, 사헌부 관원)으로서 일을 말한 것이 권력자에게 거슬려 멀리 귀양을 갔다가 돌아오고 나서, 집안 식구를 데리고 양근(楊根)의 잠강(潛江)으로 들어가 살았다. 화서 선생의 명성을 듣고 방문하여 한번 보고 그가 천명으로 세상에 나온 대 유학자임을 알아차리고, 비등한 인물에게 굽혀 경서(經書)를 집어 질문하니, 마치 이초평(李初平) 염계(濂溪)에게 한 것과 같았다. 그래서 근처에 집을 짓고 여러 자손과 인척 자제들에게 조석으로 학업을 청하도록 하였다. 매년 봄과 가을로 향음주례를 행하게 하고, 한 번 가면 한번 오면서 교대로 손님과 주인 노릇을 하고, 사서삼경 및 주자(朱子)·송자(宋時烈)의 책을 돌아가며 강론하였다. 예컨대 순계(醇溪) 이정리(李正履) 형제, 구암(龜巖) 권희(權曦), 수옹(睡翁) 남계래(南啓來)와 같은 사람은 원로 도덕자로서 경서를 가지고 상하로 변론하는 자리를 가졌다. 또 화서 선생의 아들 괴원(槐園) 준(埈), 금천(錦川) 임규직(任圭直), 단구(丹邱) 이인구(李寅龜), 중암 김평묵(金平默)이 모두 한 시대의 재주와 슬기가 뛰어난 선비로서 좌우에 있으면서 반복하여 이어나갔다. 종숙부 성재(柳重敎)는 일찍이 화서 선생을 스승으로 삼아 성대하게 전발(傳鉢, 적통을 물려줌)의 명망이 있었다. 의암은 뛰어난 인예(仁睿)를 바탕으로 그 속에서 감화되었는데, 뒷날의 성취는 대개 이것을 근간으로 한다.[39]

---

38) 경기도 양평군 서종면 노문리의 마을 이름으로 화서가 강학한 곳이다.

39) 유인석, 『국역 의암집』1, 의암학회, 2006, 448-449쪽. 縱叅判公往槩溪叅講會 華西先生亟稱曰 仁不可勝用 書贈克己復禮說 以勉其擴充. 高祖劍樞公 曔 嘗誨子孫曰 文章節義固吾家箕裘 若吾子孫有能縱事正學者 此吾至願也 曾祖叅判公榮五 以臺官言事 忤權貴遠竄旣 歸挈家 入場根之潛江居焉 聞華西先生名而往訪之 一見知其爲名世大儒 屈董行執經請問 若李初平之於濂溪父子者 築書館于傍近 令諸子孫及姻戚子弟 朝夕請業 每歲春秋行鄉飮酒禮 一往一來 迭爲實主 輪講四子三經及朱宋之書 如醇溪李公定履兄弟 龜巖權公曦 睡翁南公啓來 皆以宿德長老 當筵橫經上下辯論 又有華西先生胤子槐園埈 任錦川圭直 李丹邱寅龜 金重菴平默 皆一時俊偉之士 齒列左右 反覆諸餘 縱叔父省齋先生 早師華西先生蔚有傳鉢之望 先生以絶倫仁睿之資 得以擩染於其間 後來成就 盖基本於此. 是時有時云 秋風丈夫與 杯酒古今情 覆載元無極 長令樂此生.

문장과 절의가 집안의 기구라는 말은 선조의 사업을 계승하는 것을 말한다. 활을 만드는 사람의 아들은 우선 연한 버들가지를 휘어 키를 만드는 법을 배우고, 대장장이의 아들은 단단한 쇠를 다루는 것을 보고 우선 부드러운 가죽을 다루는 일을 배워 알게 된다고 하여, 선조로부터 내려오는 세업(世業)을 말한다. 그리고 이초평(李初平) 염계(濂溪)에게 한 것이라는 말은 『송사(宋史)』 427권에 나오는 말로서 송(宋)나라 주염계(朱濂溪)가 침(郴)의 계양령(桂陽令)이었을 때 이초평은 군수(郡守)였는데, 이초평이 주염계에게 독서를 하겠다며 제자가 된 일을 말한다. 또한 매년 봄과 가을로 향음주례는 향촌의 선비들이 향교·서원 등에 모여 학덕과 연장자를 주빈(主賓)으로 모시고 잔치하는 향촌 의례이다. 매년 음력 10월에 개성부(開城府)·제도(諸道)·주(州)·부(府)·군(郡)·현(縣)에서　길일을 택하여 유생을 빈(賓)으로 하고 서로 모여 읍양(揖讓) 예절을 지키며 계(戒)를 고하였다. 그리고 교대로 손님과 주인 노릇을 하였다는 말은 『맹자』, 「만장」 下, 요(堯)와 순(舜)이 교대로 방문하면서 서로 손님과 주인 노릇을 한 고사에 의한 것이다.

　仁義사상이 의암에게 미친 영향은 지대하다. 그의 의병 활동은 애국심에서 비롯되었다. 이는 자신의 나라를 수호함으로써 평천하에 이르도록 하는 유학의 정신과 그 맥을 함께하며, 그 기본 정신은 仁義사상에 있다고 할 것이다. 만약 그에게 仁義사상이 내재하지 않았다면 일제에 협력하는 사람과 공조하여 편안하고자 하였을 것이다. 공자의 사상 속에서 仁은 도덕 가치의 근원이고, 미덕의 근원이며, 또한 인간 된 도리 중 최고의 준칙[40]이라고 하였다. 仁에 관하여 질문하는 제자들에게 공자는 다음과 같이 말하였다.

---

40) 조원일, 「孔子의 聖人觀 硏究」, 『동서철학연구』 제67호, 한국동서철학회, 2013, 277쪽 참조.

번지가 仁에 관하여 질문하니 선생님께서 말씀하셨다. '사람을 사
랑하는 것이다.' 그리고 知에 관하여 질문하니 선생님께서 말씀하
셨다. '사람을 알아보는 것이다.'41)

번지의 仁에 관한 질문에 공자가 대답하기를 사람을 사랑하는 것
이라고 하였는데 주자는 "사람을 사랑하는 것은 仁을 베푸는 것이
다"42)라고 하면서 사람을 사랑하는 것을 仁의 본체로 보지 않고 그
쓰임으로 보았다. 본체와 쓰임은 구분되는 개념이지만 그 둘은 서로
관련이 있다. 만약 본체를 근본으로 보고 쓰임을 말단으로 본다면
근본과 말단은 서로 연결된 것이다. 쓰임은 본체가 실제 활동에 적
용한 것이므로43) '사람을 사랑하는 것이다'라는 말은 仁의 본체를
논한 것이다.

의암의 스승 화서는 도학의 의리 정신을 중시했으며, 병인양요
(1866)가 일어난 당시 75세의 고령인 몸으로 상경하여 상소를 올리
기도 하였다. 그는 상소에서 서양과의 강화를 반대하고 주전척화(主
戰斥和)의 의지를 단호하게 주장하였다. 화서는 서양과 일본의 침략
에 대응하여 민족적 저항의식을 이끌었다. 화서학파가 가장 강조한
이론은 심설이다. 화서는 자신의 설이 선유들의 설과 다르다고 하였
고 문하생들 역시 그 설을 탐구 토론하는 데 정성을 다했다. 그는
선유들 사이에서 토론된 「사단칠정론」·「인심도심론」·「인물성동이
론」·「본연기질성론」 등의 문제를 심설과 동일선상에서 해결하려고
노력하였다. 화서학파의 심설논쟁은 1886년 12월에 성재가 중암에
게 「논조보화서선생심설」을 보내면서 시작되었다. 그 후 2년 뒤

---

41) 『論語』, 「顔淵」: 樊遲問仁. 子曰 '愛人.' 問知. 子曰 '知人.'

42) 『論語集註大全』, 「顔淵」: 愛人 仁之施. 김동인 외, 『論語集註大全』, 도서출판 한울, 2011, 263쪽.

43) 『論語集註大全』, 「顔淵」: 問 愛人 知人 是仁知之用 聖人 何故 但以仁知之用告樊遲 却不告以仁
知之體 朱子 曰 體與用 雖是二 字 本末 未嘗相離 用 卽體之所以流行者也.

1888년 10월, 중암과 절충하여 「화서선생심설정안」을 저술하여 잠깐 심설논쟁이 그쳤지만, 중암과 성재가 서로 동의한 것은 아니다. 각자의 견해를 유지하면서 '일언양의(一言兩意)'을 지니고 있었다.[44] 그 내용은 다음과 같다.

① 제1조와 제2조는 '심'과 '명덕'의 이기 관계를 밝힌 것이다. 문제의 발단은 德이 과연 이인가 하는 문제인데, 화서는 모두 德뿐만 아니라 허령지각도 이로 보고 있다. ② 제3조와 제4조는 신명이 이인가 기인가를 밝힌 것이다. 화서는 신명을 이라고 하였는데, 성재는 이기합(理氣合)으로 보고 당체(當體)는 기이고 본체는 이라고 하였다. 제4조는 화서의 심설 중에서 성재는 자기 뜻에 맞는 것만을 골라서 맞게 고쳤다. ③ 제5조는 중암의 요청으로 심의 주재를 이로 고쳐서 말한 것이다. ④ 제6조는 홍사백과의 토론과정에서 심과 본심을 구별한 것이다. ⑤ 성재는 정안설을 거두어들여서 화서와 자신의 설을 모두 정론으로 생각하여 조보설(調補說)로 돌아갔다. 화서학파의 심설을 통한 도학적 의리 정신은 도덕적 주체성을 확보하고자 하는 당시 시대의 정당한 이론이었다. 또한, 화서학파는 의리 정신을 발휘하여 서양의 야만적인 침략에 적극적으로 대응할 것을 주창하였다. 이러한 척사의리는 우암 송시열이 주창한 숭명배청의 의리를 계승한 것이었다. 이처럼 심설논쟁을 통해서 화서학파는 외적으로 전국적인 학파가 되었고, 내적으로는 학문적 심화를 이루었다. 이를 토대로 화서학파는 서양 및 일본의 제국주의 침략이 있자 공자-주자-송장(우암)으로 이어지는 춘추대의를 바탕으로 한 도덕적 사회질서인 척사의리를 주창하여 구국운동을 전개한 것이다.[45]

화서학파는 당시의 시대정신을 숙고하고, 성리학의 문제인 심설

44) 習齋硏究所, 『(國譯) 習齋先生文集』 5, 卷33, 「心性理氣說」, 春川文化院, 2009, 219-295쪽 참조.
45) 유성선, 「習齋 李昭應의 義理情神과 心說論爭 讀解」, 『한중인문학연구』 40집, 한중인문학회, 2013, 136-137쪽 참조.

등의 문제를 강학하면서 토론하였다. 척사의리는 춘추의 대일통사상을 중시했다. 이 문화의식은 사대주의를 의미하는 것이 아니라 조선만이 그 문화를 지니고 있음을 자부하고 있었다. 척사위정론은 이질 문화에 대해 맹목적인 저항을 의미하는 것이 아니라 仁義를 토대로 힘에 의한 패도를 배척하며, 정의에 반하는 불의에 저항하는 것이다. 이러한 도학은 자존과 자주를 강조하면서 제국주의 열강의 침략에는 적극적으로 저항하였다. 결국, 이러한 시대정신은 민족의 자긍심을 높이고, 아울러 역사적 위기 상황에서 외세에 대응하는 저항의 원동력이 되었다. 19세기의 대표적 의리사상으로 화서의 철학을 꼽을 수 있다. 화서학파를 인도주의정신과 국권수호정신이라고 하는 것은 그들의 사상과 실천이 의리정신에 근거하기 때문이다.[46) 화서는 김창협(金昌協)-임성주(林聖周)-임노(任魯)의 학맥과도 관계가 있다. 즉 화서의 문인 우녹헌(友鹿軒) 이해장(李海章)은 임종주(任宗周)의 문인인 동시에 임종주의 자(子)인 임노와 지우(知友)였으며 화서도 부명(父命)에 따라 16세 때 임노를 뵙기 위해 상경하기까지 했었다.[47) 이러한 관계로 보면 화서는 기호학파에 소속된 노론(老論) 계열의 학자라고 할 수 있다.

주자는 "사람이 사랑하는 것에는 사랑하지 않는 것이 없다"[48)라고 하였는데 이는 공자가 "널리 사람을 사랑하라"[49)라고 한 것과 같은 흐름이다. 공자가 말하는 사람에 대한 사랑은 폭넓은 사랑으로서 사랑하지 않는 것이 없다고 하였는데 이는 가까운 인간관계로부

---

46) 李東俊, 『儒敎의 人道主義와 韓國思想』, 한울아카데미, 1997, 243쪽 재인용 참조.

47) 『화서집』 연보, 1002쪽; 금장태, 「한말, 일제하 한국성리학파의 사상계보와 문헌에 관한 연구」, 『한국철학사상의 제문제 Ⅲ』, 한국정신문화연구원, 1985, 216쪽.

48) 『論語集註大全』, 「顔淵」: 朱子 曰 "愛人 則無所不愛."

49) 『論語』, 「學而」: 子曰 "弟子, 入則孝, 出則悌, 謹而信, 汎愛衆, 而親仁. 行有餘力, 則以學文."

터 시작하여 멀리 있는 유무형의 대상까지 확산하는 속성을 지닌다. 유학에서는 모든 인간관계에서 가장 가까운 것이 부모·자식의 관계라고 여긴다. 그래서 공자가 말하는 사랑에는 친친(親親)의 의미가 전제되어 있다. 부모에 대한 효도의 마음에서 비롯하여 그것이 점차 형제간 사랑으로 퍼지며, 그것이 다시 주위에 있는 사람들에게 퍼지고 결국에는 모든 사람을 사랑하는 것으로 확대되어 간다. 그러므로 공자는 효를 仁의 으뜸가는 실천 덕목으로 강조한 것이다.

의암은 유교적 문화와 가치 체계인 오상(五常)·오륜(五倫) 등으로 대변되는 성리학적 道와 장발(長髮) 등을 수호·보존하는 것에 대한 중요성을 인식하고 있었다. 그리고 이에 대한 파괴 행위를 자행하고 있는 당대의 난신적자인 일본군과 친일 개화파를 징치(懲治)해야 한다는 성리학적 동기론 및 의리론에 입각한 역사 인식 혹은 현실 인식을 보여줬다.50) 이는 존화양이 사상이라 할 수 있다. 여기에서 논한 징치가 과연 성리학에서 말하는 仁이 맞는가를 논의할 필요가 있다. 자신이 행한 것이 仁이 맞는가를 알려면 그것이 義에 맞는지 구별하여 가를 수 있다. 仁은 마땅히 의로워야 비로소 그것을 仁이라고 말할 수 있는 것이다. 사람을 사랑하는 것이 모두 다 仁이 될 수는 없다. 자신이 한 사랑이 상대방에게 부담되거나 상대가 거부한다면 상처가 되는 결과를 가져오게 된다. 그러므로 仁은 상대에 대한 존중이 전제되는 것이다. 배우려는 자가 공자에게 '상대에게 원한이 있는데 그것을 은혜로써 갚는 것은 어떠한가'라고 질문했는데 공자가 대답하기를 "그렇게 한다면 어떻게 은혜를 갚겠는가? 정직한 마음가짐으로 원수에게는 원수를 갚고, 은혜로운 사람에게는 은혜를 갚아야 한다"51)라고 하였다. 자칫 은혜로써 원한을

---

50) 오영섭, 「화서학파의 보수적 민족주의 연구」, 한림대학교 박사학위논문, 1996, 105쪽.

의암 류인석의 교육철학

갚는다는 것을 초월한 사랑이라고 여길 수도 있지만, 공자는 이를 의롭지 못하다고 여기며 정직하게 원수를 갚고 은혜로운 마음으로 은혜를 갚아야 한다고 한 것이다.

『맹자』에서 말한 '仁에 머물고 義를 따른다'[52]라는 것과 '仁은 사람의 본심이고, 義는 사람의 바른길'[53]이라고 한 것은 공자의 仁義에 관한 생각을 잘 나타낸 것이다. '仁에 머물고 義를 따른다'라는 것에 관하여 주자는 "仁이 아니고, 義가 아닌 것은 비록 사소한 것이라도 하지 말아야 한다. 그러므로 머무르는 것과 말미암은 것은 仁義에 해당한다"[54]라고 하였다. 사람이 머물고 말미암은 것에는 마땅히 仁義로워야 하므로 이에 어긋나는 것을 해서는 안 되는 것이다. '仁은 사람의 본성이고, 義는 사람의 바른길이다'라는 것에 대하여 주자는 "仁은 마음의 德이니, 정자(程子)의 이른바, '마음은 곡식의 씨와 같고, 仁은 그에서 나오는 性이다.' 仁이라고만 말한다면, 사람들이 자신에게서 비롯됨을 모르기 때문에 돌이켜서 말하기를 인심(人心)이라고 하였으니, 만 가지 변화에 대응하는 주체가 된다. 義는 어떤 일을 행하는 것의 기준인데, 이것을 인로(人路)라고 하면서 나고 들고 가고 올 때 마땅히 말미암은 길이 되어서 잠시라도 잃어서는 안 된다"[55]라고 하였다. 이처럼 仁은 인간에게 주(主)가 되며 義는 나가고 들어오고, 가고 오는 인간사에 있어 마땅히 가야 하는 길이 된다. 『맹자』의 말에서 仁은 자각이며, 義는 자각이 겉으

---

51) 『論語』, 「憲問」: 或曰 "以德報怨, 何如?" 子曰 "何以報德? 以直報怨, 以德報德."

52) 『孟子』, 「盡心章 上」: 居仁由義.

53) 『孟子』, 「告子 上」: 仁人心也 義人路也.

54) 『孟子集註』, 「盡心章 上」: 非仁非義之事, 雖小不爲. 而所居所由, 無不在於仁義.

55) 『孟子集註』, 「告子 上」: 仁者心之德, 程子所謂心如穀種, 仁則其生之性, 是也. 然但謂之仁, 則人不知其切於己, 故反而名之曰 人心, 則可以見其爲此身酬酢萬變之主 而不可須臾失矣. 義者行事之宜, 謂之人路, 則可以見其爲出入往來必由之道, 而不可須臾 舍矣.

로 드러난 작용이라고 할 수 있다. 이처럼 仁한 사람은 실천함에 반드시 올바름을 구하게 된다. 즉, 仁과 義의 관계는 仁이 바탕이 되며 義는 仁이 발현한 것이라 할 수 있다.56) 그러므로 義와 仁은 함께할 때 그 의미가 있다.

인간이 항상 한결같이 仁을 발현해야 바람직한가? 공자는 인간에 대한 사랑에도 배려를 요구한다. 공자는 제자 안연이 세상을 떠나자 "슬프다! 나를 하늘이 망하게 하는구나! 나를 하늘이 망하게 하는구나!"57)라고 하면서 하늘을 원망하였다. 이렇듯 통곡하며 서러워하니 곁에서 그를 모시던 사람이 걱정하자 공자는 "그렇게 서러워했던가? 저 사람을 위하여 서럽게 울지 않으면 누구를 위하여 그렇게 하겠는가?"58)라고 할 만큼 안연의 죽음을 깊이 애석하게 여겼다. 그런데 막상 문인들이 안연의 장사를 성대하게 치르려고 하자 그것에 대해서는 "옳지 못하다"라며 반대하였다.59) 장사 지내는 예(禮)는 집안 재산의 형편에 걸맞게 하는 것이다. 안연은 살아 있을 때 너무도 가난했는데 사후에 후하게 장사 치르는 것은 이치에 맞지 않는 것이고 예에 어긋나는 것이므로 공자가 막은 것이다.60) 애통한 마음에 장사를 성대하게 치르고 싶은 것을 공자도 알고 있지만, 공자는 제자를 사랑하는 것까지도 예에 어긋남이 없도록 절제한 것이다.

면제 황 씨는 공자가 성대한 장례가 불가하다고 한 이유를 "가난

---

56) 『孟子』, 「盡心章 上」: 非仁非義之事, 雖小不爲, 而所居所由, 無不在於仁義, 此士所以尚其志也. 大人謂公卿大夫. 言士雖未得大人之位, 而其志如此, 則大人之事, 體用已全, 若小人之事, 則固非所當爲也.

57) 『論語』, 「先進」: 顔淵死. 子曰 "噫! 天喪予! 天喪予!"

58) 『論語』, 「先進」: 顔淵死, 子哭之慟. 從者 曰 "子慟矣!" 曰 "有慟乎? 非夫人之爲慟而誰爲?"

59) 『論語』, 「先進」: 顔淵死, 門人欲厚葬之. 子曰 "不可." 門人厚葬之. 子曰 "回也視予猶父也, 予不得視猶子也. 非我也, 夫二三 子也."

60) 『論語集註大全』, 「先進」: 喪具稱家之有無 貧而厚葬 不循理也 故 夫子止之.

을 편히 여기는 의로움(子曰不可 安貧之 義也)이다"라고 하여서 성대한 장례를 반대한 것을 예가 아닌 義에서 그 이유를 찾았다. 이처럼 공자는 仁을 행함에도 제반 상황을 고려하여 상황에 적절할 것을 말하고 있다. 즉, 仁을 실천할 때는 예와 義로써 절제할 줄 알아야 한다. 그렇다면 仁과 義로써 절제하는 그 기준은 무엇인가? 이 세상에는 어리석은 사람도 있는데 그 사람은 仁義로울 수 없는가? 이런 의문에 대해 공자는 仁義 실천 덕목을 함양하는 방법은 교육을 통하여 가능할 수 있다고 하였다. 그래서 공자는 교육을 중시하면서 인덕(仁德)이 충만한 군자를 육성하고자 하였다.

이소응(李昭應, 1852-1930)은 의암의 제문(祭文)에서 "의암의 마음, 생각, 말, 일 하나하나에는 금석(金石)도 뚫는 정성과 신명(神明)에도 통하는 충의에서 나오지 않은 것이 없다. 그의 토적복수(討賊復讎)와 존화양이는 춘추대의를 행함이었다"[61]라고 말한 것처럼 의암의 생애를 일관하는 핵심 사상은 仁義라고 할 수 있다. 춘추(春秋)의 근본정신과 존화양이론의 역사적 전개는 의암사상의 배경이 되었다. 춘추의리 정신에 대한 이해를 위해서는 의암사상의 철학적 기반인 '주리론'에 대한 이해가 필요하다. 화서학파의 '주리론'은 이분적으로 해석하여 理는 조선, 氣는 외세라는 폐쇄적이며 배타적인 사상의 기반에서 의병 항쟁이 있었던 것으로 해석됐다. 그러나 근본적으로 이기론(理氣論)은 현상에 있어서 '이기(理氣)의 묘합(妙合)'을 추구하며, 주리는 변화적인 氣보다 불변하고 보편적인 理에 중심을 두는 것으로 주자학의 특성이며, 유교의 근본적 사유체계이다. 의암은 이에 대해 "理에 주안을 두는 사람은 백 번 꺾여도 백 번

---

61) 『毅庵集』卷57, 附錄, 祭文, 下卷, 경인문화사, 1973, 743쪽; 『국역 의암집』1, 의암학회, 2006, 431쪽. 蓋其心心念念言言事事 無不出於透金石之精誠 通神明之忠義 一則曰討賊復讎尊華攘夷 二則曰討賊復讎尊華攘夷 及于十百.

정당하지만, 氣에 주안을 두는 사람은 백 번 꺾으면 백 번 변한다"[62]라고 하였다. 그의 주리론은 당시 국내외가 위기와 혼란한 상황이지만, 인간이 추구할 것이 무엇인가에 관심을 두고 그것을 추구한 것이라고 할 수 있다. 주리론은 불변의 가치를 통해 현실의 부조리를 개혁하고, 질서를 바로 세우려는 춘추의리의 철학적 표현이었다. 그리고 사유를 실천으로 이어지게 하는 것으로 정당성을 확보하고자 한 것이다.

의암은 서구 열강과 일본 제국주의를 물질적인 침략성과 약육강식의 논리로 인식하였다. 그리고 그것을 인류와 세계를 파멸로 이끄는 무도(無道)한 것으로 보며 더 나아가 금수(禽獸)의 논리로 보았다. 금수라고 한 것은 하늘과 인간은 생생(生生)하여야 하는데, 그 반대로 서로 죽이고, 서로 빼앗고, 서로 남을 이기려고만 하는 것은 인도(人道)가 아니기 때문이다. 이러한 仁義정신은 이기론에서 주장한 소리도, 냄새도, 작용도 없다고 한 理가 氣를 낳고, 그것을 주재한다고 하는 이생기(理生氣)와 이주기역(理主氣役)이다. 이것은 주자의 말을 강조하는 것이다. 주자의 이기론 자체가 현상론에서는 理와 氣가 따로 있지 않다는 '합간(合看)'과 원리적으로 理와 氣는 같지 않다는 '이간(離看)'의 두 가지 논리를 동시에 가지고 있다. 이것은 가치적으로 理를 위주로 하고, 현상적으로는 理氣의 합으로 보는 논리 구조이다. 주자의 주리론을 깊이 이해하려면 성리학의 근본 입장에 대한 충분한 철학적 이해가 바탕이 되어야 하며, 그 의의를 궁구하는 방법이 바람직하다고 할 것이다.

의암 철학의 특징은 이기심성론(理氣心性論)에서 '신(神)'을 상정

---

62) 『毅菴集』卷37, 雜書, 上卷, 경인문화사, 1973, 624쪽. 主於理者 百折而百當 主於氣者 百折而百變.

하는 것이다. '이생기(理生氣)' '이주기역(理主氣役)' 등 理의 창조성
과 주재성을 두드러지게 보는 사상에는 理가 무형무조작(無形無造
作)이라는 것에 비추어 의문을 제기할 수 있다. 그것을 그는 신으로
해명한다. 신의 기능을 理와 氣를 관계 지어 주재와 묘용(妙用)을
이루는 것으로 파악하며, 심성론에서는 심즉신(心卽神)으로 인간의
마음이 육체를 조절하고, 性이 정(情)을 통제하여 발휘되는 것을 신
으로 설명한다. 그는 류중교의 입장을 계승하면서 '이신형기(理神形
氣)'와 '심의 신'을 이로 보는 화서의 견해를 통하여 정통 주자학과
모순되지 않도록 논리적인 정합성을 강화해 갔다.

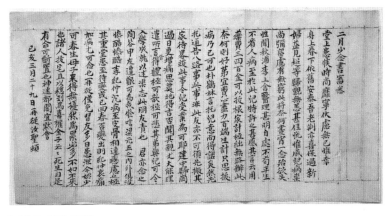

[의암의 친필 간찰]

[의암의 친필 상소문]

제4장

의암 교육철학의 실현(實現)

본 장은 의암 교육철학이 어떻게 실현됐는지에 관한 논의이다. 그는 유학자이므로 그의 교육철학을 논하기 위해 유학적 실천 방법을 함께 논하였다. 즉, 수신제가 치국평천하의 사상적 기조로 흔들림 없이 유지했던 그의 생애에 근거한 철학적 논의이다. 그가 실현한 교육철학의 구현 방법은 구체적이고 포괄적이다. 그가 작문한 형태로만 보아도 고향에 있는 아들을 그리워하는 시(詩)부터 철학 저서인 『우주문답』과 『도모편』에 이르기까지 그 범위가 넓다.

1. 친친(親親)사상과 향수 시(詩)

의암을 독립운동가로만 인식하는 사람이 다수인데, 그를 애국지사이기 이전에 한 집안의 가족구성원으로도 인식할 필요가 있다. 본 절에서는 그의 개인적인 성품과 정서를 통한 친친적 교육철학을 논하기 위해서 그가 작문한 우국·향수의 시문과 그의 『우주문답』에서 보여주는 문답 형식의 글에 근거하여 논하였다.

맹자는 가정에서의 효제를 사회와 국가로 확장할 수 있다는 것을 제시했다. 혈연관계는 부모와 자녀 관계를 기본으로 하지만 수직적

확장의 관계인 조손 관계를 포함한다. 따라서 가정에서의 효제는 일차적 의무이자 도덕이라고 할 수 있다. 가족은 혼인과 혈연 등의 친족관계를 바탕으로 공동의 복지를 함께 추구하는 집단이다. "사람은 이 세상에 태어남과 함께 가족이라는 집단에 속하게 되며, 일상생활에서 가장 친밀하게 이 집단에서 상호작용을 하면서 규범과 가치를 형성해 왔다. 가족은 개인의 인성 형성에 강한 영향력을 미치고, 사회 공동의 행동 특징과 문화 규범을 습득시키는 사회화 과정을 담당하는 사회의 가장 기본 집단이다."[1] 가정의 행복을 위해서는 가족구성원이 협력하여 가족의 기능 향상을 도모해야 하는데, 그것을 이끄는 힘은 그 가족의 고유한 신념과 규범이 잘 기능하도록 유지·발전하는 데 있다.

가족이란 조상으로부터 자신에게 이르기까지 생명의 연속을 의미하기 때문에 개인주의적 이기심은 가족에 의해 억제된다. 유자가 말했다. "그 사람됨이 효성스럽고 공손하면서 윗사람 거스르는 것을 좋아하는 사람은 드물다. 윗사람 거스르는 것을 좋아하지 않으면서 난을 일으키는 것을 좋아하는 사람은 없다. 군자는 근본에 힘써야 하니, 근본이 바로 서야 道가 생겨난다. 효성스러운 것과 공손한 것은 仁을 실천하는 근본이 아니겠는가?"[2]라고 하였다. 가정 안에서 친친사상을 실천하기 위해 전제되어야 하는 것은 부모의 솔선수범이다. 이를 통해 자녀는 부모의 모습을 보며 관찰학습[3]으로 깨닫고 실천하게 되는데, 미처 깨닫지 못하는 자녀가 있을 때는 교육을 통

---

1) 홍봉수 외 10인, 『가족복지론』, 지식공동체, 2018, 13쪽.

2) 『論語』, 「學而」: 有子曰 "其爲人也孝弟, 而好犯上者, 鮮矣, 不好犯上, 而好作亂者, 未之有也. 君子務本, 本立而道生. 孝弟也 者, 其爲仁之本與!"

3) 류경남·최수정, 『가족 상담 심리 용어사전』, 학지사, 2006, 78쪽. 관찰학습(observation learning, 모방학습)은 모방이나 모델링을 통하여 타인의 행동을 학습하는 인지학습의 한 유형으로 관찰자의 행동이 모델의 행동에 노출됨에 따라 변화하는 과정을 말한다. 관찰학습은 반두라(Bandura)의 사회학습이론의 핵심이다.

해서 가르쳐야 한다. 부자자효(父慈子孝)라는 말은 부모의 내리사랑이 내재되어 있다. 부모와 자녀의 관계를 한 방향으로 보는 것이 아니라 상호관계로 보는 것이라고 할 수 있다. 仁한 사람은 관계적 상황에서 자신이 처한 상황에 적절하게 온전한 도리를 실현하는 사람이고, 그것은 곧 정명의 이념을 실현하는 사람이다. 가족에 대한 효제의 실천은 가족구성원의 정명적 실현을 의미한다.

조선 후기는 종법(宗法)에 근거한 강화된 계승의식이 있었다. 조선 후기에 있었던 계승의식의 강화에는 조선 건국부터 유교적 사회질서를 구축하기 위한 정치적 목적이 있다. 조선이 법제 및 예제를 정비하여 그 기반을 다져나갔던 것은 일종의 통치 이념과 관련된다. 조선은 건국부터 성리학을 통치 이념으로 채택했으나 성리학은 지배계층에서만 강조되었고 백성 중 다수는 고려 때의 사회윤리와 관습을 유지하고 있었다. 지배층은 국가의 존립과 체제의 안정을 위해 유교적 가족주의를 법제화하면서 유교적 사회윤리를 보급하였다. 특히 고려 말 풍속인 다처(多妻) 풍속을 정비하여 일부일처제(一夫一妻制)를 원칙으로 삼았고 처첩(妻妾)의 구분 및 적서(嫡庶) 간 차별도 있었다. 또한 사회적 반발에도 불구하고 가묘(家廟) 건립을 적극적으로 권장하였으며 혼례의 방식 역시 기존의 남귀여가혼(男歸女家婚)에서 친영제(親迎制)로 전환하려는 노력을 지속하였다. 일부일처제의 시행과 가묘의 보급은 조선시대에 유교적 사회질서가 확립되는 주요한 현상으로 설명되었다. 아울러 혼인제가 남귀여가혼에서 친영으로 변화된 것도 언급되었다. 친영에 대한 기존 이해는 첫째, 명종대에 등장한 반친영이 남귀여가제를 대신하여 전통혼속으로 자리 잡게 되었다는 것, 둘째, 17세기 이후 친영제가 보편화되었다는 것이 병존하였다. 그러나 최근 조선 중기 사대부의 혼례에는 친영이 시행되지 않았고 인조대에 가관친영례가 일부 가문에서 일시적으로 시행되었다는 주장이 제기되었다.[4] 조선의 가계 계승은 적장자를 통해 가문을 승계하는 것을 의미한다. 이는 적장자가 선대(先代)의 봉사(奉祀)를 수행하는 것을 원칙으로 하려는 것이었다.

의암은 삼남삼녀 중 둘째로 태어났는데 14세에 족숙인 류중선에게 입후되었다. 입후는 아들이 없는 자가 본인 및 선대의 봉사를 맡기기 위해 동족의 아들을 양자로 삼는 것을 말한다. 이는 기존의 혈연적 부자관계를 대체하는 의리적 부자관계를 형성한다는 점에서 그 중요성이 강조되었고 법제적인 제약을 받았다. 이 제도는 당대의 인식과 직간접적으로 연결되어 다양한 양상으로 나타난다. 입후제 역시 원칙을 고수하는 동시에 변화가 함께 수반되었는데 이러한 변화의 기저에는 가문의 끊임없는 요청이 있었다. "국가는 가문의 이러한 요구에 법제적 원칙을 준수하려는 노력과 동시에 가문이 절사하지 않을 방법을 고안하여 제도를 변통하였다."[5] 계후자는 실제 입후의 당사자인데 입후의 성립으로 새로운 부자관계를 형성한다. 그러나 입후제는 계후자가 아닌 그의 친부모가 입후에 대한 의사표시를 하도록 하였고 계후자에 대해서는 그 자격 사항만 규정하였다. 동종지자(同宗支子)로 표현되는 계후자의 자격은 위정자들에 의해 항렬에 합당한 동생의 둘째 아들 이하가 가장 이상적인 것으로 제시되었으나 그 친족 범위는 대체로 넓어지는 특징을 나타내었다.[6] 이는 계후자를 선택하는 과정에서 혈연의 친소보다 계후될 자의 賢否의 정도가 중요한 기준이기 때문에 생긴 현상이었고 이에 대한

---

4) 고민정, 「朝鮮後期 家系繼承 硏究」, 강원대학교 박사학위논문, 2014, 1-2쪽 참조.

5) 고민정, 「朝鮮後期 家系繼承 硏究」, 강원대학교 박사학위논문, 2014, 2쪽.

6) 최재석, 앞의 책, 618-622쪽; 고민정, 「朝鮮後期 家系繼承 硏究」, 강원대학교 박사학위논문, 2014, 85쪽.

의암 류인석의 교육철학

폐단을 지적하는 의견이 여러 차례 제시되기도 하였다.[7] 그러나 촌수의 친소는 규제의 대상이 아니었기 때문에 양가의 재량에 맡겨졌고 18세기 이후로 더욱 가속화되는 경향이 두드러진다.

조선은 내부적으로는 세도정치가 성행하였고 이에 따르는 정치적 혼란과 부패가 극에 달했다. 그리고 서구 열강과 일본의 문호개방 요구에는 강경한 통상수교 거부정책을 유지하고 있었는데 이는 통상 마찰로 이어졌다. 당시 조선은 내부적으로 국가 위기의식이 커지고 있었는데, 이 시기에 의암은 서구 열강의 침략을 직접 경험하였고, 국가 위기에 대한 자주적인 민족의식을 형성하였다. 의병운동에 반영된 의병 문화는 구성원의 생각과 실생활을 일원화시키는 데 일조하였고 의병정신을 반영하고 있다. 그리고 처한 삶에 대한 분노를 표출하면서 정의롭지 못한 것을 거부하였다. 의병 문화 양상은 류홍석의 의병 가사 제작, 윤희순(尹熙順, 1860-1935)의 의병 가사 제작으로 이어지고 발전되었다. 윤희순은 의암의 6촌 형인 류홍석의 며느리로서 한말 최초의 여성 의병장이다. 다음은 윤희순의 의병 가사 「안사룸 으병가 노릭」와 「으병군ㄱ」이다.

> 우리ᄂᆞᆯ 으병들은 나ᄅᆞ착키 심쓰는딕
> 우리들른 무얼할까 으병들를 도와주식
> 닉집엄는 의병딕들 되ㅂㄹ질 ᄒᆞ여보식

---

7) 고민정,「朝鮮後期 家系繼承 研究」, 강원대학교 박사학위논문, 2014, 2쪽; 金友伋(1574-1643),『秋潭先生文集』,「繼後說」壬申. "凡人之定繼後子也, 雖有親兄弟之子, 或取諸族從兄弟之間. 余以爲此縱無妨於次子以下之人, 決不可行于繼禰之子也, 何者? 我則無子, 取此取彼, 唯觀賢否, 而以父與祖視之, 則有血孫而託祀於非血孫者, 無乃有違於情理耶. 才不才, 各言其子, 則必使血孫奉祀然後似無憾於神道人情也. 且安知不肖之子有克肖之孫, 克肖之子有不肖之孫也. 或見人家有長子先死, 而其妻獨存, 與次子少有不協, 則不顧義理, 越取族人之子, 甚至有呈官亂家之變, 不幸莫大焉. 余故曰此而取與俱不祥也."; 宋時烈(1607-1689),『宋子大全』,「答黃周卿戊辰六月二十六日」. "凡繼後不可捨近取遠, 近者盡然後求於遠者, 有服者盡, 然後求於無服者."; 金平默(1819-1891),『重菴先生文集』,「立後說」. "大宗雖百世之遠, 宗之者, 皆得以子爲後. 但近屬有人, 則不得舍近取遠, 立法如此, 其亦庶乎可矣."

우리들도 뭉처지면 ᄂᆞ라착키 운동이요
의ᄂᆞᆷ들를 잠는건니 의복버선 손잘ᄒᆞ여
ᄆᆞᆫ저주ᄉᆡ 으병들리 오시거든 ᄯᅳ뜻하고
ᄋᆞᆫ윽하ᄀᆡ 만져주ᄉᆡ 우리조선 안ᄂᆞᆼᄂᆞ들
ᄂᆞᄅᆞ읍시 어이살며 심을모아 도와주ᄉᆡ
ᄆᆞᆫᄉᆡ ᄆᆞᆫᄉᆡ 만만ᄉᆡ요 우리으병만ᄉᆡ로다.[8]
ᄂᆞᄅᆞ읍시 살수음ᄂᆡ ᄂᆞᄅᆞᄉᆞᆯ여 ᄉᆞ러보ᄉᆡ
인군읍시 살수음ᄂᆡ 인금살여 ᄉᆞ러보ᄉᆡ
조ᄉᆞᆼ음시 살수읍ᄐᆡ 조상살여 ᄉᆞᄅᆞ보ᄉᆡ
살수없다 한탄말고 나라찾아 살아보ᄉᆡ
전진ᄒᆞ여 의놈잡ᄌᆞ ᄆᆞᆫᄉᆡᄆᆞᆫᄉᆞ 에놈ᄌᆞᆸ키.
으병ᄆᆞᆫᄉᆡ[9]

류홍석의 의병 가사가 유학자로서 성리학적 이데올로기와 문화적 메시지를 표현했다면, 윤희순의 의병 가사는 사회 변화에 대한 필요성이 내재하여 있다. 민중의식을 자극하면서도 쉽게 공감할 수 있도록 구어체를 사용하여 말하는 듯한 어조가 민중의 참여를 끌어냈다. 즉, 윤희순의 의병 가사는 류홍석의 의병 가사보다 서민적인 감성을 끌어낸 표현이면서도 구국 의지에 기초한 의병정신의 중요성을 두드러지게 하면서 민중의 참여를 이끌었다. 이렇게 의병 가사에 담겨 있는 민중의식을 반영한 정서적 표현이 구성원들에게 동일시되면서 화합과 구국 의지를 다지는 정신적인 영향을 주었다. 의암은 "나라를 지키고 인류를 살리는 일을 어찌 하지 않을 수 있겠는가?"[10] 하여 의병 활동에 나서게 된다.

양부 류중선은 학문적인 교류를 통해 의암에게 큰 영향을 준 사람

---

8) 윤희순, 『윤희순의사자료집』, 「안사ᄅᆞᆷ으병가노ᄅᆡ」, 의암학회, 도서출판 산책, 2008, 4쪽.

9) 윤희순, 『윤희순의사자료집』, 「안사ᄅᆞᆷ으병가노ᄅᆡ」, 의암학회, 도서출판 산책, 2008, 8쪽.

10) 『毅菴集』 卷25, 書, 「與江東各賢」, 上卷, 경인문화사, 1973, 594쪽. 國亡人滅之禍 何忍言 扶國活人之事 何可已 何可已.

이다. 의암이 외지에 있으면서도 고향을 그리워하는 것은 성장 과정에서 고향에 관한 정적인 기억이 내재되어 있기 때문이다. 다음은 그의 「차함아청안운(次咸兒聽雁韻)」으로 고향을 그리며 지은 시이다.

只看山雪厚	두껍게 쌓인 눈만을 보아왔는데
不意鴈聲多	기러기 울음소리 잦아졌구나
爾笑吾長客	오랜 나그네라 비웃지마는
吾鄉爾獨過	내 고향을 너희만이 지나왔겠지
天時知不易	천시는 알기 쉽지 않으니
國事問如何	국사(國事)가 어떻더냐 물어보세나
秋至歸當伴	가을이면 동반해서 돌아갈 테니
江湖續舊歌	강호에서 옛 노래 부르며 가리라.11)

의암의 시에는 가족이 생활하는 곳을 고향이라고 표현한다. 그래서 고향이라는 단어 안에는 부모와 형제 그리고 자식이 내포되어 있다. 또한, 그의 시 「서계야(西溪夜)」12)와 같이 고향과 국가를 지키는 것이 동떨어지지 않게 그려져 있다. 그렇지만 함련(頷聯)에서의 '오향이독과(吾鄉爾獨過)'처럼 고향에서 힘들게 지낼 가족을 볼 수 없는 애석한 마음이 감성적인 토로로 이어졌다. '국사문여하(國事問如何)'라고 하는 것은 가정을 중요하게 여기지만, 국가 상황이 더 급하고 중요하다는 것을 의미한다. 또한, 때(天時)를 만나 국권 회복을 하게 되면 강과 호수에서 옛날을 회상하며 가족과 더불어 살겠다는 희망이 담겨 있다. 그의 국권 회복을 위한 의지와 아버지

---

11) 유인석, 『국역 의암집』 2, 의암학회, 2007, 164쪽.

12) 유인석, 『국역 의암집』 1, 의암학회, 2006, 132쪽. 憂國心千緖 思家意萬重 夜深眠未着 有月上東峰. 천만 갈래 뒤엉켜진 우국지심 갈피갈피 떠오르는 고향 생각 밤중에도 잠 못 하니 동산 위에 둥근 달이 떠 있구나.

로서의 인간미를 함께 볼 수 있다. 즉, 나라가 안정되어야만 가족이 있는 고향으로 돌아가겠다는 의지가 그려져 있다. 이런 심정은 「풍난기(風亂起)」에서도 보인다.

風亂起	바람이 마구 불어치나니
雪飛揚	눈보라는 하늘에 휘몰아치네
積憂傷兮	근심에 설움이 쌓이나니
望故鄕	고향을 하염없이 바라본다네
安見淸明兮	어쩌면 하늘이 맑게 개어
靜四方	사방이 조용한 걸 보게 되리라.13)

이 시는 중국 한나라의 한고조가 부른 「대풍가(大風歌)」14)의 형식을 빌린 시이다. 유방이 초패왕 항우와의 싸움에서 이기고 천하제패의 고지에 이르는데 장안으로 개선하는 도중 고향에 들렀다. 그는 고향에서 옛 친구들과 마을 사람들을 모으고 큰 잔치를 베풀었는데 잔치가 무르익자 깊은 감회가 있어서 춤을 추면서 노래를 지어 불렀다고 전해진다. 「풍난기」와 「대풍가」는 내용 면에서 다르다. 「대풍가」의 풍(風)과 운(雲)은 힘과 사기충천을, 「풍난기」의 풍과 설은 어지럽고 혹독한 세상을 나타내고 있다. 「대풍가」에서 고향으로 돌아오는 것은 금의환향이지만 「풍난기」에서 고향을 바라보는 것은 우국과 향수이다. 따라서 마지막 구에서 「풍난기」는 국권 회복이 되어서 귀향하고자 하는 심정을 나타냈다. 그런데 「대풍가」는 천하를 어떻게 운영할 것인가를 염려하고 있다. 이처럼 그 상황과 추구하는

---

13) 유인석, 『국역 의암집』 2, 의암학회, 2006, 143쪽.

14) 大風起兮雲飛揚 威加海內兮歸故鄕 安得猛士兮守四方. 큰바람 불고 구름은 높이 흩날리고 위엄이 해 내에 펼쳐 고향에 돌아오다. 이제 어떻게 용맹한 병사를 얻어 천하를 지킬거나.

바가 다르다. 의암이 「대풍가」의 운과 형식은 바람과 구름같이 밀려오는 개선장군으로 귀향하고자 하는 심정을 말한 것이라고 할 것이다. 그런데 고국 상황이 더욱 어렵게 전개되니 자신이 바라는 욕망이 더 불투명해지므로 나라를 근심하는 시이다.

忽今異域逢寒食　　　이역(異域)에서 어느덧 한식절을 맞고 보니
傷甚厭多盃酒傾　　　상심(傷心)에 못 이기어 술잔을 기울이네
老眼常流憂國淚　　　우국지심 늙은 몸에 눈물이 끊이지 않고
佳辰倍切望鄕情　　　명절 따라 고향 생각 몇 배 더 나누나.15)

　　1910년 한식날 쓴 시로서 「한식」의 일부이다. 이 시에서도 나라 걱정에 가슴을 앓고 있다. 그리고 고향을 그리워하는 바가 더욱 강하게 그려지고 있다. 그런데 1910년 11월 국권 침탈을 기점으로 시의 내용이 달라지고 있다. 이전의 시는 향수와 우국을 동반하는 경향이 보이고 이후의 시는 향수를 중심으로 다루는 경향을 보인다. 이에 다음은 국권 침탈 이후의 향수 시를 논하였다.

賴夢家鄕去　　　꿈속에서 고향 땅 찾아갔을 제
戚親情話深　　　친척들 반가운 말 끝이 없었네
覺來是虛事　　　아뿔싸 깨어보니 허황한 일
窓日照寒心　　　창틈 햇살이 서글픈 마음 비춰주네.16)

　　고향에 가지 못하는 신세를 한탄하는 내용이지만, 그 안에 허망

---

15) 유인석, 『국역 의암집』 1, 의암학회, 2006, 163쪽.
16) 유인석, 『국역 의암집』 1, 의암학회, 2006, 193쪽.

함이 아우른다. 친척을 만나 함께 정을 나누고 싶은 마음이 간절하지만, 현실에서 먼 꿈일 뿐, 꿈을 깨면 스미는 허탈감과 쓸쓸함이 크다는 내용이다. 고향에 대한 강한 그리움을 표현하고 있으면서 창틈 햇살이라는 표현으로 희망적인 메시지를 노래하고 있다. 이것은 자신을 위로하면서도 그리운 고향에 대한 애착이 강하다는 것을 알 수 있다. 의암은 고향에 돌아가고 싶은 마음이 간절하였지만, 아들 춘(春)을 홀로 고향으로 보냈다.

桑梓蒼茫夢思縈　　　꿈결에도 못 잊던 창망(蒼茫)한 고향으로
見穿萬里雪冰程　　　만리빙설 헤쳐가며 내 아들 떠나누나
至情尙可踰於己　　　품은 정 깊고 깊어 내 마음을 넘을지니
代我瞻登父祖塋　　　선영(先塋)을 찾아가서 나 대신 참배하거라.[17]

　자식을 떠나보내며 조부모의 손에서 자란 아들이 더 정을 느낄 거라면서 산소를 잘 찾아보라고 당부한다. 효란 본래 부모가 살아계신 상태에서 자녀가 지켜야 할 도리라 할 수 있겠으나, 부모가 살아계실 때 정성을 다하는 것은 당위적이고, 돌아가신 뒤에도 경애(敬愛)하는 마음가짐으로 조상의 제사를 게을리하지 않는 것을 포함한 그 전체가 효이다. 유교의 예는 구별(區別)의 기능에서 출발한다. 이것은 종법(宗法) 질서에 기초한 것이다. "예 중에 가장 중요한 의례이며, 유교의 종교성을 논할 때 빠지지 않는 의례인 제례(祭禮) 또한 종법 질서와 밀접한 관련이 있다."[18] 유교문화를 예문화라고 한다면, 가족 사랑은 그것의 기초로서 여타의 행동을 규제하는 기본원

---

17) 유인석, 『국역 의암집』 3, 의암학회, 2007, 233-234쪽.
18) 도민재, 「유교의례와 유교의 종교성」, 『오늘의 동양사상』 20호, 예문동양사상연구원, 2009, 301쪽.

리이고, 가례는 예의의 기본이 되었다. 의암이 타지에서라도 함께 살고 싶었을 아들을 고향으로 보내 선영을 참배하라고 한 것은 그의 친친적 교육철학을 보여주는 것이다. 의암에게 객이 묻기를, "지금 시대는 윤리가 밝지 못하니 슬퍼할 일이다. 그대는 반드시 슬픔이 심할 것이니, 그 점에 관해서 설명해 달라"[19]라고 하자 '당연하다'라고 하며 다음과 같이 대답하였다.

> 그대가 그렇게 슬퍼하는 것은 윤리가 오랜 세월 동안 성현이 밝힌 것이기 때문이다. 밝히고 또 밝혔기에 일월과 같이 밝아야 하는데도 밝지 못하다. 밝지 못할 뿐만 아니라, 오히려 밝은 것이 어둡다고 하고 어두운 것이 밝다고 한다. 사람이 없다면 그만이겠지만, 사람이 있다면 어찌 부자·군신·부부·장유·붕우의 윤리를 윤리로 삼지 않으며, 또 윤리가 있다면 어찌 어느 것이든 윤리를 道로 삼지 않겠는가? 윤리의 道가 있을 곳을 잃으면 곧 그 사람됨을 잃게 될 것이니, 사람이 사람됨을 잃는다면 과연 나라가 나라 됨을 얻을 수 있겠는가? 그러므로 옛 성인들이 우려했던 것이 윤리였다. 요임금은 이를 걱정하여 설(契)을 사도(司徒)로 삼아 인륜을 가르치되, 부자유친(父子有親)·군신유의(君臣有義)·부부유별(夫婦有別)·장유유서(長幼有序)·붕우유신(朋友有信)이라고 했다.
> 순임금이 또 설에게 명하여 '백성이 서로 친하지 않고 오품(五品)이 불손(不遜)하여 너를 사도로 삼으니 오교(五敎)를 삼가 펴도록 하라'라고 하셨다. … 부자간에는 친애가 없을 수 없다. 아들이 아버지를 섬김에 혼정신성(昏定晨省)과 동온하청(冬溫夏淸)을 하여 부모의 뜻을 즐겁게 해드려서 살아계실 때는 예로써 섬긴다. 그것뿐 아니라 돌아가셨을 때도 예로써 장례를 치르고 제사를 지낸다. 제사뿐만 아니라 친애함을 윗대에 미루어 사대(四代)에 이르기까지 제사 지낸다. 그리고 제후와 왕은 여기에 머물지 않고 천자는 체(禘)에 이르러 미치지 않는 조상이 없는데 이상은 중국과 조선이

---

19) 유인석, 『국역 의암집』 6, 의암학회, 2010, 206쪽. 問曰 今時代倫理不明也 可痛也子必甚焉 且明言之.

하는 것이다.[20]

　의암은 이처럼 『孝經』, 「喪親」 章에서 효자가 부모의 상(喪)을 당
했을 때의 예와 그 뜻을 함께하고 있다. 공자가 말하길, 효자가 부
모의 상을 당했을 때는 곡을 하기를, 더 울 기력도 없는 듯이 하며,
예법에 따라 복장 등을 착용하되, 용모를 꾸미지 않고, 말을 할 때
는 화려한 수식을 꾸며서 하지 않으며, 화려한 의복을 착용해도 편
안하지 못하고, 음악 소리를 들어도 즐겁지 못하며, 맛있는 음식을
먹어도 맛을 느끼지 못하니, 이렇게 되는 이유는 바로 슬프고 비통
한 감정 때문이다. 돌아가신 후 3일이 지나서 비로소 음식을 입에
대는 것은 백성들에게 돌아가신 부모님 때문에 살아 있는 자식들마
저도 상하게 해서는 안 되며, 몸이 수척하더라도 생명까지 잃게 해
서는 안 된다는 사실을 가르치기 위함이니, 이것이 바로 성인이 시
행하는 정치인 것이다. 부모의 상을 치르는 일도 3년을 넘지 못하게
한 것은 백성들에게 모든 일에는 끝이 있음을 보여주기 위함이다.
내관 및 외관과 의복 및 이불 등을 만들어서 시신을 감싸서 관에
안치하고, 제기인 부와 궤 등을 진열히고서 돌아가신 부모를 애도하
며, 가슴을 손으로 치고, 발을 구르고, 곡을 하고 눈물을 흘리면서,
애도하며 부모의 시신을 전송한다. 무덤과 묘역으로 쓸 좋은 땅을
점쳐서 정하고, 부모의 시신을 안장한다. 부모의 위패를 안치하는
종묘를 만들어서, 귀신으로서 받들어 모시며 흠향을 시켜드리니, 봄

---

20) 유인석, 『국역 의암집』 6, 의암학회, 2010, 206-207쪽. 曰 宜矣子之爲是痛也 倫理萬古聖賢所明
　　者此也 明之又明 明如日月而爲不明也 不惟不明 反之以明爲暗 以暗爲明也. 夫不有人則已 有人
　　則惡可以得無父子君臣夫婦長幼朋友之爲倫 無倫則已 有倫則惡可以得無處其倫之爲道 失處其倫
　　之道 則失其爲人也 人失其爲人 國可得以爲國乎. 故古之聖人所憂者 失倫理也 堯于是有憂之 使
　　契爲司徒 敎以人倫 曰父子有親 君臣有義 夫婦有別 長幼有序 朋友有信 舜又命契曰 百姓不親
　　五品不遜 汝作司徒 敬敷五敎 堯舜其時 豈有可憂不遜者 然而有是矣 其時天下 治乎不治乎. 歷代
　　聖王賢師 惟是倫理之爲敎 皆務明之 中國以之爲中國 人類以之爲人類 明明赫赫 治以隆矣 由是
　　古今以倫理之明不明 而有國之治不治也. 今中國朝鮮.

　　　　　　　　　　　　　　　　　　　　의암 류인석의 교육철학

과 가을마다 제사를 지내어, 때마다 부모를 생각한다. 돌아가셨을 때 사랑과 공경으로 섬기고, 돌아가셨을 때 슬픔과 걱정하는 마음으로 섬기면, 백성들이 자신의 본분을 다하게 될 것이며, 부모가 살아 계셨을 때 섬기는 도리와 돌아가셨을 때 섬기는 도리가 모두 갖추어지게 될 것이고, 효자가 부모를 섬기는 도리도 잘 마무리될 것이라고 하였다.[21] 의암은 윤리를 道로 삼는다고 하였다. 그래서 윤리의 道가 있을 곳을 잃으면 그것은 곧 그 사람됨을 잃게 되는 것이라고 하며 윤리(倫理)는 사람의 마음에 근거하여 하늘의 道에서 나오는 것이니, 하늘이 있으므로 끝내 윤리를 없게 할 수는 없다고 하였다. 그리고 하늘이 중국과 조선을 돌아보고 도와서 다시 윤리를 밝혀 사람들이 그 사람됨을 얻고 나라가 나라 됨을 얻어서 다스려지게 되는 것을 보고 싶다고 하였다. 또한, 유도가 없어지는 것에 염려하며 자신으로부터 애써 실행해야 한다고 하였다. 「경신사수(警身四首)」 중 기이(其二)에 다음과 같이 작시하고 있다.

知乎道不行乎身　자신의 도의를 실행하지 않고서는
妻子而難況復人　처자도 못 믿는데 남을 말해 무엇 하리
罔曰斯身今已老　이 몸이 늙었다고 말하지를 말아주오
朝聞夕死聖師云　아침에 도를 들으면 저녁에 죽어도 좋다고 성인이 말씀했네.[22]

　유도를 시행하는 데 몸이 늙었다고 해서 할 수 없는 것이 아니라는 것이다. 이에 이 문제의 귀결점이 4구에 있다. 4구의 '조문석사

---

21) 『孝經』,「喪親 章」: 子曰 孝子之喪親也 哭不偯, 禮無容 言不文 服美不安, 聞樂不樂, 食旨不甘, 此哀戚之情也. 三日而食 教民無以死傷生, 毀不滅性 此聖人之政也. 喪不過三年 示民有終也. 爲之棺槨衣衾而擧之, 陳其簠簋而哀慼之, 擗踊哭泣, 哀以送之. 卜其宅兆, 而安厝之. 爲之宗廟, 以鬼享之, 春秋祭祀, 以時思之. 生事愛敬, 死事哀戚, 生民之本盡矣, 死生之義備矣, 孝子之事親終矣.

22) 유인석, 『국역 의암집』 1, 의암학회, 2006, 168쪽.

(朝聞夕死)'는『논어』의 「이인편(里仁篇)」23)에 나오는 '朝聞道 夕死
可矣'의 준말이다. 이 말은 공자가 말한 삶의 궁극적인 목적이 어디
에 있는가에 관한 것이고, 의암 역시 道義를 깨닫고 체득하여 이를
실현하는 데 인생의 목적이 있음을 말하는 것이다.24) 다음은 그의
교육철학이 유학에 근거한다는 것을 보여주는 시이다.

孔子其天天可違	공자의 도는 하늘이니 하늘을 어길쏜가
生民萬世大宗師	만세 대종(大宗) 민생의 스승이라네
安天下術知何在	천하 안정 술책이 어디에 있나?
敎一爲塗化一歸	공자교를 한 길로 해 통일해야지.25)

　　한나라의 동중서(董仲舒, B.C.176년?-B.C.104년)는 '道의 큰 근원
은 하늘로부터 나온다'26)라고 하였다. 동중서는 중국 전한 중기의
대표적 유학자이다. 현재의 河北省에 속하는 신도국(信都國) 광천현
(廣天縣) 출신이다. 한나라 초기의 사상계가 제자백가의 설로 혼란
하고 유교가 쇠퇴하였을 때 도가의 설을 물리치고 유교 독립의 터
전을 굳혔다. 동중시가 道가 하늘로부터 나온다고 한 것은 性을 중
시하는 공자의 철학을 얘기하는 것이다. 중국 역사에서 혼란했던 시
기인 춘추시대에 공자가 살았고, 의암은 우리 역사에서 혼란했던 시
기에 살았다. 의암은 위의 시에서 공자의 유도와 가르침을 본받는
것이 평천하(平天下)가 되는 길이라는 것을 말하고 있다.

---

23) 『論語』, 「里仁篇」: 주로 인덕에 관한 내용을 수록하고 있다.
24) 鄭春烈, 「毅菴 柳麟錫의 儒學思想과 實踐 研究」, 江原大學校 大學院 博士學位論文, 2021, 52
　　쪽.
25) 『국역 의암집』 3, 의암학회, 2006, 266쪽.
26) 道之大原 出於天.

앞에서 논한 바와 같이 의암의 친친적 교육철학은 병탄으로 인한 우국과 향수를 분리하지 않는다. 다만, 국가가 위태로우니 자신이 처할 곳이 고향이 아니라 의병 활동을 하는 장소일 뿐이다. 유학이 친친사상을 강조하지만, 국가방위를 부정한 것이 아니다. 유가의 대동사회는 가족의 범주에서 나아가 국가 전체로 확대되는 사회이다. 그의 친친적 교육철학은 그의 시에 담긴 우국·향수의 관계에서 알 수 있듯이 국가의 존립을 우선시하며 그것이 곧 가족과 함께 사는 방법이라고 보고 있다.

2. 의리(義理)정신과 간찰(簡札)

본 절에서는 의암의 간찰에 근거하여 의리정신을 논하였다. 의리정신은 본연지성이라고 할 수 있지만, 누구나 동량의 의리정신을 갖는 것은 아니다. 그래서 의리정신을 함양하고 발전시키는 입지가 필요하다. 의암의 교육철학은 입지교육이라고 할 만큼 입지는 그의 교육철학의 핵심이다. 『大學』에서는 자기 뜻을 성실히 해야 하는 이유에 대해 다음과 같이 말하고 있다.

> 자기 뜻을 성실히 한다는 것은 자기 자신을 속이지 말라는 것이다. 악을 미워하기를 악취를 싫어하듯 하고, 선을 좋아하기를 여색 좋아하듯이 해야 하니, 이를 일러 마음과 정신이 저절로 편안하고 고요해지는 것이라고 한다. 소인은 일 없이 홀로 있을 때 좋지 않은 일을 함에 못 하는 짓이 없다. 그런데 군자를 본 뒤에 계면쩍어하면서 자신의 좋지 않은 점을 숨기고, 자기의 좋은 점을 드러내야 한다. 남이 자기 보기를 마치 그 마음속을 꿰뚫어 보듯이 하니, 그렇다면 숨기는 것이 무슨 보탬이 되겠는가? 이를 일러 마음속에 성

실함이 가득하면 몸 밖으로 나타난다고 한다. 그래서 군자는 마땅
히 그 자신이 홀로 있을 때 삼가야 한다.[27]

자신이 수양과 수신을 하는 것은 입지의 초석이 된다. "의욕은 그
특정한 성질상 원인이 없으면 아무것도 할 수 없고 아무런 영향력도
행사할 수 없다."[28] 의지의 활동이 원인 없이 발생한다는 것은 이성
을 거스르는 일이다. "의지의 성취에서 가장 근본적인 노력은 어려
운 어떤 대상에 주의를 기울이고 그것을 마음 앞에 붙들어 놓는 것
이다."[29] 이렇게 하는 것이 '결단'이다. 이렇게 입지에 대한 주의를
기울일 때 실천으로 이어지게 되는데, 의지의 노력은 정신세계에서
일어난다. "입지란, 학문의 첫출발이고 성숙한 인간이 되어가는 입문
이라고 할 수 있다. 공자도 15세에 학문에 뜻을 두어 수신제가 치국
평천하[30]의 중요성을 수양과 경험을 통해 강조하였다."[31] 뜻이 강직
하면 기가 작용한다. 입지에서 중요한 것은 진정성과 솔직성 그리고
현실적용 가능성이 전제되어야 한다. 그리고 이를 충분히 검토해야
한다. 자신이 세운 입지는 자신의 것이다. 내가 진정으로 입지한 대
로 살고 싶고, 그것을 향해 정진할 마음이 충만하게 히는 것이 중요
하다. 가까운 타인이거나 존경하는 타인이 나에게 일러준 나의 입지,
즉 다른 사람의 평가를 우선한 입지는 다른 사람의 희망을 내 삶으
로 가져오는 것일 뿐 주체적인 내 것이 아니게 된다. 한번 세운 뜻

---

27) 『大學』, 「傳文六章」: 所謂誠其意者 毋自欺也. 如惡惡臭, 如好好色, 此之謂謙. 故君子必慎其獨
也. 小人閒居爲不善, 無所不至, 見君子而後厭然, 掩其不善. 而著其善. 人之視己, 如見其肺肝, 然
則何益矣? 此謂誠於中形於. 故君子必慎其獨也.

28) 조나단 에드워즈(Jonathan Edwards), 정부흥 역주, 『자유의지』, 새물결플러스, 2017, 171쪽.

29) 윌리엄 제임스(William James), 정명진 역, 『심리학의 원리』, 부글북스, 2018, 590쪽.

30) 『大學』, 「經文一章」: 物格而后知至, 知至而后意誠. 意誠而后心正, 心正而后身修, 身修而后家齊,
家齊而后國治, 國治而后天下平.

31) 하윤서, 「신사임당의 가족복지관(家族福祉觀) 연구」, 강원대학교 일반대학원 박사학위논문,
2019, 96쪽.

의암 류인석의 교육철학

은 여타 수반되는 일로 그것이 방해되어도 밀고 나가야 한다. 사유의 발생으로 인해 입지의 흔들림이 있다면 그것은 그 사유의 문제이지 입지의 문제가 아니기 때문이다. 그리고 보상이나 압력과 같은 외재적 압력, 내재적 흥미보다는 어떤 목표를 달성하기 위한 것, 타인의 인정을 추구하기 위한 것 등은 자기 결정적인 입지라고 할 수 없다. 자율성을 가진 입지가 개인의 가치와 맞기 때문에 자신의 생활에 통합되어 새로운 정체성과 일치하게 된다.[32] 그래서 의암의 입지교육은 타인의 자기결정성을 존중하면서 동시에 입지의 효과를 극대화하는 방법이라고 할 수 있다. 다음은 그가 입지에 관한 중요성을 강조한 내용이다.

> 선비는 무엇을 먼저 해야 하는가? 먼저 뜻을 세워야 한다. 뜻을 세운 후에 道를 삼갈 수 있고 道를 삼간 후에 학문을 따를 수 있다. 학문을 따른 후에 德을 오래할 수 있고 德을 오래한 후에 仁을 완성할 수 있다. 仁을 완성한 후에 행동이 달통(達通)하여 이롭게 되고 사업(事業)에서 발하여 화창해지니 그런 까닭에 먼저 뜻을 세운다. 뜻을 세움은 마치 나무에 뿌리가 있어서 그 생장(生長)을 막을 수 없어 큰 나무를 이루는 것과 같다. 마치 샘에 근원이 있어서 그 통함을 금할 수 없어 사해(四海)로 흐르는 것과 같다. 그런 까닭에 뜻있는 일은 마침내 이루어진다. 마음이 머무는 곳을 '지(志)'라고 하고 정해진 곳에서 빼앗을 수 없는 것을 '입(立)'이라고 한다. 그런 까닭에 '삼군(三軍)의 장수는 빼앗을 수 있지만 뜻은 빼앗을 수 없다'라는 것이나 '공자(孔子)가 15살에 학문에 뜻을 세웠다' 함은 오직 이 뜻으로 정하였다.[33]

---

32) 하윤서, 「신사임당의 가족복지관(家族福祉觀) 연구」, 강원대학교 일반대학원 박사학위논문, 2019, 97쪽.

33) 유인석, 『국역 의암집』 4, 의암학회, 2009, 42-43쪽. 士何先 先立志 立志然後能敬道 敬道然後能遜學 遜學然後能長德 長德然後能完仁 完仁然後達於行而利 發於事業而暢 故先立志也 立志矣 如木有本 不可遏其長而成大木 如泉有源 不可禁其達而放四海 故有志事竟成 心之所之曰志 定所之而不可奪曰立 故三軍之帥可奪也 志不可奪也 孔子十五志于學 惟此志定.

선비는 궁해도 義를 잃지 않고, 영달하더라도 道를 떠나지 않으므로 자신을 잃지 않는다. 『논어』, 「자로 편」에서 자로가 '어떡하면 곧 그를 선비라 말할 수 있나요?'라고 질문하자 공자가 말하기를 '간절히 서로를 격려하고, 화목하면 선비라 말할 수 있지. 벗은 간절히 서로를 격려하는 것'[34]이라고 하였다. 화서학파로서 성리학을 정통으로 계승한 의암은 평생에 걸쳐 선비정신으로 義를 지키며 많은 사람과 간찰을 주고받았다. 학문적으로는 스승이었던 화서와 중암 김평묵, 성재 류중교 등과 『논어』·『중용』·『대학』 등에 관해 철학적인 소통을 하였으며 이에 관한 문답 형식의 간찰도 여러 편 있다. 성재 선생이 화서 선생의 심설을 추출하여 보충하였는데 사백은 그 근본인 혈성(血誠)과 말의 뜻은 살피지 않고, 다만 제목만 가지고 배척하여 심지어 한때의 정욕(情欲)이라고 하였다. 그리고 '참으로 이 시대의 세태'라고 하고, '참으로 스스로 어진 체한다'라고 하고, '자기의 망발로 자기를 속인다'라고 하고, '아버지와 스승의 지켜온 법을 전복시킨다'라고 하고, '참으로 윤증(尹拯, 1629-1714)이다'라고 하였다. 윤증은 조선 숙종 때 학자·관원으로 자는 자인(子仁)이며 호는 명재(明齋), 본관은 파평이다. 김집·송시열에게 배우고 성리학을 전공하였다. 뒤에 아버지 윤선거의 묘비문 관계로 송시열과 틈이 생겨 노소의 분당이 되어 서로 다투니 스승을 배반하였다는 그 이름을 듣게 되었다. 그래서 의암은 애초에 단교하여 서로 끊고, 이름을 여러 친구에게 규책(規責)하는 편지에서 빼려 하였다. 뒤에 김 선생과 성재 선생의 대단히 엄한 가르침을 받고 부득이하여 편지를 다음과 같이 썼다.

---

34) 『論語』, 「子路」: 子路 問曰 "何如斯可謂之士矣?" 子曰 "切切偲偲 怡怡如也, 可謂士. 朋友切切偲偲."

의암 류인석의 교육철학

이른바 무함(誣陷)을 분변하는 데에 이르러서는 여러 친구의 편지에 나의 뜻대로 말을 다 하지는 못하였으나, 대략 이미 말을 하였으니 지금에 다시 말하지는 않겠습니다. 다시 한마디 질책할 것이 있으니, 애시(哀侍)는 살펴보십시오. 보내온 편지에 말하기를 '지난번에 중암께서 귀하에게 심성·이기(心性·理氣)의 설명을 구두로 말씀하셨는데 전에 보신 것을 모두 바꾸어 세유(世儒)의 학설에 기치를 세웠습니다'라고 하였습니다. 대저 종숙(從叔, 省齋)의 논설은 理에 주재(主宰)가 있고, 理를 명덕(明德)으로 풀이하고, 理로 본심(本心)을 설명한 곳에 이르러서는 선사(先師, 重菴)의 가르친 말씀을 더욱 굳게 지켰습니다. 그리고 오직 마음의 본체는 사람의 신명(神明)이요, 허령(虛靈)과 지각(知覺)이니, 잡아 두면 보존되고 놓으면 도망하여 출입함이 때가 없는 것입니다. 위치를 분변하고 명분을 바로 하는 것은 형이하(形而下)에 속하여 理라고 할 수는 없는 것입니다. 또 心으로 性을 대하면 心은 물(物)이 되어야 하고性은 칙(則)이 되어야 한다고 하였습니다. 이 한 단락은 다시 생각해야 하며 선사의 남기신 가르침에 보충하고자 할 생각이었지, 어찌 전에 본 것을 다 바꾸어 세유(世儒)의 학설에 기치를 세우고자 함이겠습니까? 이것이 과연 중암 선생이 가르치신 것입니까? 아니면 당신께서 죄목(罪目)을 첨가하여 이처럼 말을 퍼뜨려 듣는 사람을 놀라게 하고, 자기의 말이 혹 가벼워질까 염려되어 망령되이 중암 선생을 끌어들여 말의 무게를 무겁게 하는 것입니까? 중 옹께서이미 그러하지 않음을 명백하게 알고 있으니, 반드시 이처럼 가르치지는 않았을 것입니다. 이는 귀하가 무함(誣陷)하는 욕설을 하는데에 급하여 스승의 말이라고 선언한 것이니, 이 무슨 심술이며 이무슨 도리입니까? 다시 바라건대 귀하는 분명히 알려 의혹이 없도록 하소서.35)

---

35) 유인석,『국역 의암집』1, 의암학회, 2006, 469쪽. 至於所謂辨誣 則諸友之書 雖不盡如吾意 而略已言之 今不必疊牀 更有一言奉詰者 惟哀侍察言 來書謂向承重翁口敎丈於心性理氣之說 盡改前見 樹幟於世儒之論 夫從叔之論說基於理有主宰 及以理訓明德 以理說本心處 先師遺訓愈盖固守 而唯心之體段 只是人之神明也 虛靈知覺也 操存舍亡出入無時者也 辨位正名則當屬形而下而不可便喚做理又以心對性 則心當爲物 性當爲則 惟此一段更有商量 而思欲調補於先師遺訓也安在其盡改前見樹幟世儒郁 此果是重翁所敎郁 却哀侍欲將加罪目 宣言如此 以駭聽聞 而慮己言之或輕 則忘引重翁 而爲重郁 重翁旣明知其不然 則必不如是爲敎 是哀侍急於誣辱 虛張師長之言也 是甚心術 是甚道理郁 更望哀侍明示 而破惑焉.

애시라는 말은 홀아버지나 홀어머니를 모시면서 상중에 있는 상대방에 대한 호칭을 말한다. 의암이 홍사백(洪思伯, 홍재구)에게 간찰을 주어 성재를 배척한 것에 대해 변론한 내용이다. 국외로 망명해서도 학문적 소통은 계속 이루어졌는데 그 대상은 문인과 비문인을 포괄하고 있다. 당시 혼란스러웠던 시대에 화서학파 내에서도 격렬하게 논쟁 중이었던 심설에 관하여 자기 의견을 피력하는 간찰도 다수 있다. 또한, 당면한 국가 정세에 관한 간찰에서는 서구 열강의 유입이 조선의 전통사회를 혼란스럽게 한다는 점을 지적하며 통탄하였고 여기에 조선의 위기를 방관하거나 외면하는 조선의 관료들을 안타까워하면서 분개하였다. 의암의 義는 협기(俠氣)나 혈기(血氣)와 구분하여 "義가 의로울 수 있는 것은 하늘에 본원을 두고 마음에 뿌리를 두며, 일함에 마땅함을 얻는 것"[36]이라며 참된 義의 의미를 말하고 있다. 그러므로 거의의 자세도 마땅함을 구하여 실천해서 나오는 '호연지기(浩然之氣)'이어야 義이며, 협기(俠氣)나 혈기로는 그 정당성을 말하기 어렵고 생명력도 없는 것이라고 하였다. 이러한 정신이 당우삼대(唐虞三代) 이래 우리나라에 전해지는 전통이라 하면서 다음과 같이 말하였다.

> 道가 강상대경(綱常大徑)이 되고, 예의대법(禮儀大法)이 되는 것은
> 그것이 하늘에 근원 하여 나와서 행해지기 때문이다. 당우삼대와
> 한당송명(漢唐宋明)의 전통이 우리나라에 이르기까지 전해 왔다.[37]

의암은 의병이 대의(大義)가 되려면 道와 仁義에 대한 자각과 道

---

36) 『毅菴集』 卷42, 書, 「集義堂記」, 下卷, 경인문화사, 1973, 300쪽. 眞知義之爲義 爲原於天 而根
   於心 制乎事而得乎宜.

37) 『毅菴集』 卷46, 祭文, 「祭死節十賢文」, 下卷, 경인문화사, 1973, 391쪽. 道之爲綱常大經 禮儀大
   法 其原出於天而行之 唐虞三代 漢唐宋明 至于我東焉傳之.

義의 전통에 대한 자부심이 바탕이 되어야 한다. 그는 "오늘의 거의는 만고(萬古)의 대의이며 반드시 마음을 독실하게 하고 일 처리를 정대하게 하여 사람들을 감동하게 하고 그것이 하늘과 신명에까지 이르게 하여야 한다고 하였다. 그래서 우리나라에서 신망을 얻고 더 나아가 다른 나라에도 신망을 얻어야 한다. 그래야 대의라는 이름에 부끄럽지 않게 되고 마침내 성공할 날이 있을 것이다. 그리고 전날 '심심유성사사유정(心心由誠事事由正)'이라는 글자를 써서 申 장군에게 주었다"[38]라고 하였다. 그리고 의병의 자세에 관해 돈독한 마음으로 정당한 처사를 했을 때 사람들과 나라와 세계의 신망을 얻을 수 있고, 그것이 대의로서 정당성을 확보할 수 있다고 하였다. 의암의 의리정신은 존화의식에 근거하지만, 이는 단순히 화(華)는 조선 또는 중국 문화, 이(夷)는 서양 및 일본이라고 정하는 것은 그의 교육철학에 근거한 義사상과 부합하지 않는다. 1898년 그가 김태원(金泰元)(1863-1932)[39]에게 집의당(集義堂)이라는 당호(堂號)를 주는 것에 관하여 다음과 같은 기록을 통해 그의 견해를 알 수 있다.

　　의사(義士) 김태원 군(金泰元君)은 평소 의협(義俠) 있는 사람이라고 불렀다. … 김 군이 나와 동지들이 강학하면서 나라에 화하도리

---

38) 『毅菴集』 卷14, 書, 「答趙都事」, 上卷, 경인문화사, 1973, 320쪽. 吾儕今日之擧 乃萬古大義也 旣爲萬古大義 則必其居心篤實 處事 正大 感於人 而至於天神 信於吾國 而至於信他國 然後可以 無愧其名 而經有成功之日矣 故前日 以心心由誠 事事由正 八字 僞書 與申將.

39) 구완회, 『한말의 제천의병』, 집문당, 1997, 「부록」 1. 제천의병 관련 인물의 약전, 450-451쪽, 金泰元, 호는 集義堂, 자는 春伯, 본관은 海豊, 일찍이 출사하여 별군직과 선전관을 역임하였고, 단발이 있었던 직후 김하락, 구연영, 조성학, 신용회 등과 이천에서 봉기하였다. 한때 남한산성을 장악하여 기세를 올리기도 하였으나 관군에게 성을 빼앗긴 후 남하하여 제천의병에 참여하였다. 제천의병의 남산 패전 이후, 서상렬과 함께 서북으로 이동할 때 선봉장이 되어 앞장섰으나, 낭천에서 패하였고 이때 서상렬이 전사한다. 이후 의암을 좇아 요동으로 가서 학문을 배웠으며, 최익현의 봉기 때에도 의암의 지시로 참여하였다. 1962년 정부에서 건국훈장 독립장을 추서하였다.

(華夏道理)를 보존 못 하여 한 지역 모퉁이에서 지킬 생각에 몹시 슬퍼하면서 그 의제(義諦)를 약정(約定)하여 말하기를 "만고(萬古) 화하(華夏)의 일맥(一脈)이 다 떨어지고 남았는데 그 전형(典型)을 지키고 보존하여 영원히 그것이 회복되기를 진실로 바란다"라고 하는 것을 보았다. 비록 하루라는 짧은 날이지만 깨우쳐 탄식하며 말하기를 "이제야 오늘 대의의 소재를 알았습니다. 지난번 저의 거의는 단지 국모를 시해하고, 임금을 위협하는 거역을 저지르고, 국가의 전례를 훼손하고 상투를 자르게 한 것을 애통한 것으로만 알았고 일국(一國)의 제도와 전통의 훼손과 삭발이 만고성도화맥(萬古聖道華脈)과 관계있는 것이며, 성도화맥(聖道華脈)이 실로 擧義의 이유이며, 의제(義諦)의 큰 것임을 몰랐습니다. 지금의 일을 단지 영웅을 가려 무모한 용기에 맡겨 성패를 생각하지 않는 것이 눈앞의 장쾌한 일로 알았지, 강학하여 약정(約定)을 세우는 것이 실로 정당하고 원대한 계획임을 몰랐습니다. 저를 돌아보니 義라고 한 것이 혈기에서 비롯되어 도리로 절제되지 못했던 것입니다. 이제 고금 알게 된 것 같아 큰 것을 배우기를 바라니 그것을 배우려면 장차 어찌해야 합니까"라고 하였다. 그가 자기 의지를 굽히고 義에 따라 바른길로 가는 것을 장하게 여기며 말하기를 "그대는 마땅히 책을 읽어 이치를 밝혀서 義가 되는 것은 하늘에 본원을 두고, 인심에 뿌리를 두고, 일에 있어 마땅함을 얻어야 함을 참으로 알아야 한다. 일마다 마땅함을 얻은 것이 모여 크게 이루면 義는 끝내 다 쓸 수 없게 될 것이니 그대의 혈기협기(血氣俠氣)를 호연지기(浩然之氣)로 변하여 이루게 될 때 오늘의 道義에 배합될 수 있을 것이다."[40]

---

40) 『毅菴集』卷42, 경인문화사, 1973, 300쪽. 集義堂記, 義士金君泰元, 素稱有俠氣人也, … 金君見余與同志 事講學 而慟不能存華夏道理於一國 則思守之於一隅 其約定義諦 有曰 萬古華夏一脈墜盡之餘 準保其典型 永其來復 固其望也 垂加一日 愈於已云而慨然歎曰 今以後 知此日大義之所在也 向吾之擧義 只知弑逆毁削之爲慟 而不知有一國毁削 而有關於萬古聖道華脈 聖道華脈 實爲擧義 義諦之大也 今之所事 只知當攬雄徒 一任暴憑不計成敗 以快目前心事 而不知講學入約實爲正當遠大之計也 自願所爲義者 專出於血氣 而未嘗裁之 以道理也 自知小矣 願學大矣 學之將如何 余壯其能折節服義而就正 謂之曰 子當讀書明理 眞知義之爲義 爲原於天 而根於心 制乎事而得平宜 要事事得義 集而成大 則義終不可勝用 而子之血氣俠氣 變爲成浩然之氣 可以配夫今日道義矣.

의암 류인석의 교육철학

김태원이 의암의 성도화하도맥을 보존하는 것이 오늘의 義라는 말을 들었다. 이에 자신의 거의는 국가 위기에 당면하여 혈기에 기반한 것이지 도리로서 절제하지 않았다면서 그것을 義라고 할 수 없다고 하였다. 여기에 의암은 義에 관하여 하늘에 본원을 두고, 인심에 근본을 두며, 일을 처리함에 마땅함을 얻는 것이라고 설명하였다.

존화(尊華)의 근본정신인 義는 '천리의 보편성(普遍性), 인간 심리의 주체성(主體性), 현실적 정당성(正當性)'을 뜻한다. 이로써 의암의 의병이 배타적이라거나 국수주의적 국가 보위가 아닌 진리에 기반한 인간의 보편성과 현실적 정당성의 확보라는 정의적 차원이라고 할 수 있다. 그래서 한말 의병은 외국의 침략에 저항한 민족주의와 구별되어야 하는 점이다. 강재언은 "1896년 이래 위정척사파에 속하는 한국의 유학자들은 나라와 민족의 운명을 건지기 위하여 바로 살신성인(殺身成仁)의 기치를 높이 들고 그 나름대로 피어린 투쟁을 계속해 왔다. 그들의 비장한 투쟁과 희생은 같은 유교문화권에 속하는 다른 나라에서는 도저히 볼 수 없는 한국 유학사의 마지막 페이지를 장식하는 장거가 아닐 수 없는 것이다"[41]라고 하였다. 의암은 의병에 임하는 자세로 "마음을 정성으로, 일마다 바름으로"라는 것을 제시하였는데 이는 호연지기에서 나온다. 박길수는 호연지기의 배양에 관하여 다음과 같이 말하였다.

> 호연지기를 배양해야 하는 까닭은 의지(志)와 기운(氣)의 상호작용과 영향 때문이다. 이때 의지는 주로 주체의 마음에서 촉발되는 자율 의지를 지칭하는 데 반해, 기운은 대체로 신체에서 비롯되는 개체의 욕구와 욕망을 가리킨다. 일반적인 상황에서는 의지가 대체

---

41) 강재언, 「'의병 전쟁의 발전', 항일의병 전쟁 Ⅳ」, 『한국사』 43, 국권 회복 운동, 국사편찬위원회, 1999, 508쪽.

로 개체의 욕구와 욕망을 주재하는 역량을 갖고 있지만, 욕구와 욕망이 특정 대상으로 전적으로 편향되어 있거나 몰입해 있을 때는 의지의 주재 능력을 압도하기도 한다. 그러므로 이러한 경우가 발생하는 것을 예방하려면 평상시에 의지를 견고하게 단련시키고 기를 안정시키는 노력을 병행해야 하는데 바로 이것이 집의를 통한 호연지기의 양성 공부이다.[42)

이는 의지와 氣를 통하여 마음의 안정 작용을 반복하는 것은 곧 호연지기 함양의 방법이라는 것이다. 즉, 의암의 대의란 이름에 부끄럽지 않고 끝내 성공할 날이 있으리라는 것은 곧 호연지기를 의미하는 것이다. 이는 그의 거의론(擧義論)에서 비롯된 교육철학이 되었다. 거의론도 국가방위사상의 목적이라고 할 수 있는데 그의 의병에 관한 생각은 구국이라는 동기에서 비롯되어 '나라를 살리는 양책은 의병뿐이다'[43)라는 확신이었다. 그가 발표한 「의병 규칙」 35 조목 중 맨 끝 조목은 다음과 같다.

오늘날 의리를 지키는 의체(義諦)는 '시작을 신중하게 하고 마지막을 대비하라'가 아닐 수 있겠는가? 시작할 때 마무리할 것을 생각하라(念終于有始). 의병을 일으키면서 서로 벗들에게 권면하여 아프고 원통한 마음을 참아가면서 충의에 의지하고 몸과 마음을 바쳐 힘을 다할 뜻을 맹세하고, 죽음만 잊고 살 수 없다는 각오로 기운을 내야 하고, 일을 성공시켜 왕실을 위하여 힘을 다하며, 더욱 예의를 높여 근본을 견고하게 하고, 정형(政刑)을 밝혀 시국을 정돈하며 무용(武勇)을 크게 강화하여 세력을 확장하여야 한다. 시작을 잘하고 마무리도 잘하면, 의리는 천하를 움직이고 공적은 만대에 빛날 것이다.[44)

---

42) 박길수, 「도덕 심리학과 도덕 철학의 이중적 변주」, 『철학연구』 제48집, 고려대학교 철학연구소, 2013, 54쪽.

43) 유인석, 『국역 의암집』 1, 의암학회, 2006, 551쪽. 活國良策 只有擧義一事.

의암은 의병에 나서는 이들에게 '왕실을 위하여 힘을 다하며, 더욱 예의를 높여 근본을 견고하게 하고, 정형(定刑)을 밝혀 시국을 정돈하며 무용(武勇)을 크게 강화하여 세력을 확장'하는 일이라고 강조했다. 그리고 유도를 강조하면서 많은 근심 중에서 道를 근심하는 것보다 더한 근심은 없다고 하였다. 또한, 그는 "상도(常道)를 가지고 변란을 제어해야 하며, 변란에 대해서는 상도를 지켜야 道를 얻을 수 있다"[45]라고 하였다. 유학적 의리정신이 유도의 실현 방법이라고 한다면 그의 선비정신에 근거한 교육철학은 '조문도 석사가의(朝聞道 夕死可矣)'라고 했던 공자의 말과 일맥하고 있다. 즉, 의암이 유도를 계승하여 선비정신을 지키는 것이 천하를 안정시키는 해답이라고 강조한 것은 그가 추구하였던 교육철학의 핵심이며 의리정신에 근거한 것이다.

3. 구국(救國)정신과 처변삼사(處變三事)

본 절은 '을미사변', '을사늑약'에 대응하는 의암의 처변삼사에 관한 논의이다. 이는 그가 일제의 침략에 대해 "먼저 서법(西法)을 열모하는 자의 마음을 얻어 개화하고, 개화하면 독립이 된다고 하고, 독립이라고 하더니 보호를 한다고 하고, 보호랍시고 병탄해 버렸다"[46]라고 언급한 것에 근거한 것이다. 그는 국내외에서 애국 활

---

44) 『毅菴集』 卷36, 雜著, 「義兵規則」, 경인문화사, 1973, 141쪽. 今日持義義諦° 可不慮始而要終念 終于有始擧事而胥勖友壇忍痛含寃以伏其忠鞠躬盡悴以誓其志有死無生以厲其氣成事而戮力王室 益崇禮義以固其本克明政刑以整其局大講武備以壯其勢善始善終義動天下功光萬世事.

45) 『毅菴集』 卷53, 「道冒編」 上·下卷, 경인문화사, 1973, 593쪽. 持常以制其變 處變以保其常 能 得於道也.

46) 유인석, 『국역 의암집』 6, 의암학회, 2010, 238쪽. 日本之爲奪國也 以西法始終之 先得慕悅者之 心 而有爲開化 爲開化 而曰爲使獨立 獨立 而曰爲使保護 保護 而曰爲合邦.

동을 선도하면서 의리정신을 실천하였으며 자주성이 없으면 국가의 존립도 없다고 강조하였다. 자주성은 춘추정신이며, 그것은 각자의 자주성을 인정하면서 인도주의의 원칙에 반하는 불의에는 대응하는 정신이다. 그의 간찰들 중에는 당시 상황을 비판하는 내용이 있다. 그것은 당시 대한제국과 고종을 움직이던 개화파들에 대한 비판이었다. 그는 1894년에 일어났던 동학에 관하여 개화파 같은 무리라고도 하였다. 그의 애국정신은 친일파들의 개혁정치와 일제의 야만스러운 행동을 비판한 간찰에서 두드러진다. 아래의 간찰들에는 근대화 운동과 개화를 주도한 친일개화파들에 관한 그의 생각이 잘 나타나 있다.

> 김옥균과 박영효(朴泳孝, 1861-1939), 김홍집과 어윤중의 무리는 부조(父祖)의 교훈을 받들어 익혔고, 국가의 은택을 오래도록 입었습니다. 그런데 이적과 사귄 지 얼마 되지 않아서 당을 이루어 종묘사직에 재앙 입히기를 저와 같이 쉽게 하고, 저와 같이 나이가 어린데도 부형의 가르침을 일찍 그르쳤고, 평소 국가의 소중함도 모릅니다. 이적과 금수에게 머리를 수그리고 매달려서 온몸과 마음과 행동이 저들과 더불어 한 덩어리가 되어 그 숫자가 또한 백배가 되었으니 이에 그들이 집으로 돌아가 부모를 뵙더라도 혹시 애통해하는 마음이나 있겠습니까?[47]

> 나라의 변괴가 일어난 것에 통곡하고 또 통곡합니다. 전후로 험상 궂고 모진 역적배들이 군상(君上)을 꾀며 적들을 끌어들이니 그것을 수십 년 키운 결과 이 지경에 이르렀습니다. 이는 문호개방 초기에 이미 필연적으로 이러리라는 것을 알았는데 결국, 예악을 어지럽히고 인류를 금수로 만들려고 생령(生靈)을 어육(魚肉)으로 여

---

47) 유인석,『국역 의암집』3, 의암학회, 2007, 321-322쪽. 彼玉均, 泳孝, 弘集, 允中輩, 尚習父祖教訓, 尚被國家恩澤, 交夷不幾年, 黨夷獸而禍宗社, 如彼其容易也, 彼其年幼而早誤父兄所導, 素昧國家所重, 埋頭夷狄, 沒身禽獸, 踵頂毛髮, 心跡表裏, 與之瀜化而數又倍百, 此其所歸, 寧或有甚.

겨 이 지경이 됐으니 무어라 말을 하겠습니까?[48]

이른바 독립협회란 서양 오랑캐의 법에 따라 난적들이 이룬 당입
니다. 다른 나라에서는 아비를 죽이고 왕위에 올라 그 나라를 다스
린다고 드러내 말하고 그것을 아름다운 일로 여긴다고 들었습니
다. 또 다른 나라에서는 여인회(女人會)가 있어 여자들도 바깥에서
일한다고 합니다.[49]

우리나라의 산천이 다 그들에게 점령되고, 우리나라의 재물이 다
그들에게 이용되고 있으며, 우리나라 사람들이 그들에게 끌려다
녀 짐승이 되고 어육이 되니, 그들을 천 번 만 번 죽여야 합니다.
저 개화당의 무리가 수십 년 나라를 다스린 끝에 이 지경이 되었
습니다.[50]

　의암은 갑신정변을 주도했던 개화파들에 대해 매우 날카로운 비
판을 하였다. 또한, 1894년에 진행되었던 갑오왜란과 1896년에 세
워졌던 조선 최초의 사회정치단체인 독립협회를 비판하였다. 박영
효는 한말의 정치가이며, 철종의 부마이다. 1879년경 김옥균, 서광
범 등과 개화당(開化黨)을 조직하였다. 1882년(고종 19년) 수신사
(修信使)로 일본에 갔고 이때 배 위에서 태극사괘(太極四卦)의 국기
를 제정, 일본에 도착한 직후부터 사용하였다. 한성판윤(漢城判尹)
으로 있을 때 갑신정변이 일어나 일본에 망명, 미국과 일본의 정치
를 시찰하였다. 그 후 귀국하여 김홍집 내각의 내부대신이 되었다가

---

48) 유인석, 『국역 의암집』 1, 의암학회, 2006, 398쪽. 國變 痛哭, 前後凶逆輩, 誘君納賊養之數十年,
　　功效乃至於此, 此於開門之初, 已知其必然, 而終果見彛壤禮樂, 禽獸 人類, 魚肉 生靈, 且到十分
　　地頭矣, 謂之奈何.

49) 유인석, 『국역 의암집』 2, 의암학회, 2007, 111쪽. 聞有所謂獨立協會, 效洋夷法, 亂賊成黨, 揚
　　言他國多子弑父立而國治, 自是美事, 又有女人會, 言他國女亦幹外事.

50) 유인석, 『국역 의암집』 3, 의암학회, 2007, 38쪽. 一國全財貨, 盡爲其用, 一國 全人 民, 盡爲其
　　驅率, 禽獸之而魚肉之, 萬戮億斬哉, 彼開化輩數十年經綸, 乃至此也.

고종 폐위 음모로 다시 일본에 망명, 1907년 귀국 후 용서되어 이완용 내각의 궁내 대신이 되고, 대신 암살 음모로 붙잡혀 제주도에 유배되었다. 한일병탄 후 일본으로부터 후작(侯爵)을 받고 중추원(中樞院) 의장, 1920년 동아일보사 초대 사장에 취임되었다. 그의 저서로는 『사화기략(使和記略)』이 있다.[51] 독립협회는 1896년 서울에서 조직되었던 사회정치단체이다. 창립자인 서재필은 갑신정변 실패 후 미국에 망명해서 의사 생활을 하던 중 갑신정변 주모자들에 대한 반역죄가 사면되면서 국내로 돌아왔다. 서재필은 자유주의와 민주주의적 개혁사상으로 민중을 계발하여 조국을 자주독립의 완전한 국가로 만들기 위해 독립협회를 창단하였으며 독립신문을 창간하였다. 독립협회는 민중 계몽운동과 국권수호운동, 국토수호운동, 국민참전운동 등을 주도하며 민주주의와 근대화 운동에 앞장섰다. 그러나 이러한 활동에 위기를 느낀 국왕과 보수 세력 등에 의해 반체제 단체로 낙인찍히며 해산되었다.

독립협회의 활동은 19세기 말 한반도를 둘러싼 열강의 세력균형이 이루어졌던 시기에 자주독립을 위한 근대화 운동으로 항일독립운동과 한국 민족운동의 내적 추진력이 될 수 있었던 긍정적인 평가도 있다. 그러나 러시아만을 견제하고 다른 열강 국가들에 대해서는 미온적인 태도를 보이고 명성황후시해사건 이후 일어난 을미의병들을 '폭도'로 규정하며 비난하여 제국주의 열강의 침입 속성을 제대로 깨닫지 못한 채 무력투쟁을 무조건 배격한 근본적인 한계를 드러내기도 하였다. 의암은 독립협회에서 진행했었던 민중 계몽운동에 대해서도 부정적인 시각을 가지고 있었다. 그것은 민중을 계몽한다는 구실로 전통적인 유교를 배척하고 서구의 기독교를 주입하

---

51) 한국정신문화연구원, 『한국인물대사전』, 중앙일보 · 중앙M&B, 1999, 747-748쪽.

의암 류인석의 교육철학

려고 한다는 우려였다. 유교는 가정과 국가의 자존적 생활을 원칙으로 하여 그 지혜를 추구하는 사상이다. 더욱이 조선조에서 중요시하였던 성리학은 정의로운 공공의 의리라는 개념을 실현하는 데 철저했던 사상이다. 충효와 아울러 '公'의 개념을 적극적으로 구현하려던 것이 조선의 성리학이다. 의리라면 목숨도 초개같이 여기던 조선의 '선비정신'에서 그 점이 확인된다. 이상적인 인간관계에서 시작하여 대동사회를 이루고자 했던 사상이 유교이다.[52] 이런 사상적 영향을 체화하였던 조선 사람은 정치·문화·경제·교육 등 많은 분야에서 유교적 생활양식에 익숙해졌고 그 중요성도 컸으며 의암은 다음과 같이 말하였다.

> 살아서는 뜻을 빼앗기지 말아서 예의(大防)를 보존하고, 죽을 때는 道를 위하여 죽어 대의를 세우면 이는 천지를 위하여 마음을 세워 양(陽)의 세상이 회복되는 기반이 될 것입니다.[53]

이는 '이신부도(以身扶道)와 선도(善道) 그리고 순도(殉道)'[54]를 말하여 인간은 살아서는 道를 지키고, 道를 현실에서 실천하며 죽음이 다가오더라도 道를 위해 순절(殉節)하여야 할 것이라고 한 것이다. 이것은 의로움으로써 자신과 道가 합일하도록 하는 천인합덕(天人合德)의 사상이라고 할 수 있다. 이러한 의지는 바로 공자의 살신성인이며 맹자의 사생취의(捨生取義)의 사생 관계로 나타난 정신에서 비롯되었다.

---

52) 윤사순, 『유학자의 성찰-한국문화 속의 본원철학 탐색』, 나남출판, 2007, 327쪽.

53) 『毅菴集』 卷9, 書, 「答語公弼」, 上卷, 경인문화사, 1973, 196쪽; 『국역 의암집』 천, 제천문화원, 2009, 551쪽. 生不奪志 以存大防 死而殉道 以伸大義 則是乃所以立天地心 而來復之基也.

54) 『毅菴集』 卷11, 書, 「答語公弼」, 上卷, 경인문화사, 1973, 255쪽. 有此可以 以身扶道 善道 殉道 亦將本之於此.

춘추정신은 공자의 『춘추』 이후 중국과 우리나라에 규범적으로 자리 잡았다. 『춘추』는 은공(隱公) 원년부터 애공(哀公) 14년까지 242년간 춘추시대 노(魯)나라의 역사를 기록한 책으로 알려져 있다. 현재 『춘추』의 해석서라고 알려진 춘추삼전(春秋三傳), 즉 『公羊傳』·『穀梁傳』·『左氏傳』에는 1,800여 조, 1만 6천 자 정도의 『춘추』 원문이 남아 있다. 맹자에 "세상의 道가 쇠미해지고 사설(邪說)이 멋대로 유행하고 만들어지면서 신하가 그 군주를 죽이고 아들이 아버지를 죽이는 자도 있어 공자가 이를 근심하여 『춘추』를 지었다"[55]라고 기록됐다. 『춘추』는 단순한 역사서가 아니라 공자의 정신이 깃든 것이며, 역사 사실을 소재로 포폄(褒貶)을 통해 이념을 말한 책이라는 인식이 성행했다. 즉 『춘추』에는 정치 도덕적 규범의 확립을 지향하는 원리가 내재하여 있다는 것인데, 특히 한 왕조의 성립과 그 정치적 이념을 담고 있다고 주장됐다.[56] 물질을 우선시하는 서구 문명에 대한 인식과 대안으로 의암은 '인도적(人道的) 문명관(文明觀)'을 제시하였다. 그의 문명에 관한 자존의식은 의병정신의 근간이라고 할 수 있다. 앞에서 논한 바와 같이 화서가 전수책(戰守策)을 역설하여 인정을 받아 그의 제사 양헌수(梁憲洙) 공이 군사를 거느리고 출정하게 되었다. 이날 출정의식이 있었는데 화서의 둘째 아들 황계(黃溪) 그리고 중암과 성재가 배종하였고 그도 그 뒤를 따랐다.[57] 그는 화서를 따라 상경한 후 그 심정을 다음과 같이 시로 남겼다.

---

55) 世衰道微 邪說暴行有作 臣弑其君者有之 子弑其父者有之 孔子懼作春秋.

56) 서울대학교 역사연구소, 『역사용어사전』, 서울대학교출판문화원, 2015, 1742쪽.

57) 유인석, 『국역 의암집』 1, 의암학회, 55쪽. 丙寅九月 洋夷侵江都 擧國洶洶 若將不保朝夕 朝廷論去邪求和 華西先生興疾奔問陳戰守說得行 先生門人梁公憲洙將兵出戰 是日有作 時先生仲子黃溪公 重菴省齋二先生陪從 麟錫亦從後(丙寅).

昇平世久恬嬉存	태평성세 오래도록 즐겁고 기쁘게 있었는데
報急沁城洋祲昏	강화도 급한 소식에 양놈의 요기가 어두워지고
都民鳥散震宸念	백성들이 흩어지고 임금이 염려하여
壯士雲興重國恩	장한 선비 국가의 은혜를 위해 구름같이 일어나네
大老首陳當戰策	대로(화서)께서 먼저 전책을 주장하고 펼치니
在廷從息去邪論	조정에선 비로소 거빈론이 종식되었네
仗義出羣梁師去	의에 기대어 양 장수 군사들과 출정하니
分明天佑樹功勳	분명코 하늘이 보우하야 공훈을 세우리라.[58]

이 시는 의암이 1866년에 프랑스 함대의 강화도 침략에 대해 화
서의 주전론을 동조하여 쓴 것이다. 그는 조선이 성리학의 정치 체
제로 오랫동안 태평성대를 누리고 있었다고 하였는데 이는 임진왜
란과 병자호란을 겪은 후 200여 년을 의미하는 것이다. 개화·개방
을 요구하는 프랑스에 대하여 '양놈', 그리고 그들의 문화에 대하여
'요기'라고 하여 세상이 어두워진다고 하였다. 이에 위협을 느낀 백
성들은 피난 가고 임금이 걱정하니 개화를 반대하는 '장한 선비'들
이 스스로 봉기하였다고 하였다. '장한 선비는' 화서를 따르는 문인
들을 비롯한 뜻을 함께하는 사람을 의미한다. 프랑스 침략에 대해
화서가 고종에게 주전론(主戰論)을 역설하여 화서문인 '양헌수 장
군'이 출전하게 되었다. 그는 양헌수 장군의 군대를 이끌고 강화도
전장으로 떠나는 뒷모습을 바라보며 하늘이 분명코 양 장군의 군대
를 보살피고 도와 공훈을 세워줄 것이라는 믿음을 밝히고 있다. 그
는 화서의 서구 열강에 대한 인식[59]을 추종하였다.[60] 그래서 스승

---

58) 유인석, 『국역 의암집』 1, 「江華洋亂」, 의암학회, 2006, 55쪽.

59) 『화서집』, 부록, 권5, 「유중교록」. 西洋亂道最可憂 天地間一脈陽氣在吾東 若幷此被壞 天地豈忍
如此 吾人爲天地立心 以明此道 汲汲如救焚 國之存亡 猶是第二事. 서양이 道를 어지럽히는 것
이 가장 걱정스러운 일이다. 천지간에 한 가닥의 양기(陽氣)가 우리 동방에 있다. 나라가 망하
느냐 보존되느냐는 것은 오히려 차선의 문제이다.

인 화서의 위정척사사상을 언행으로 실천하였다."

　서구 열강은 통상압력과 문호개방이라는 명분으로 동아시아지역을 침략하는 정책을 노골화하였다. 이런 서구의 정책 영향으로 한반도의 중요성이 주목받았다. 일본의 침략은 우리나라에 정치적 위기가 되었을 뿐 아니라 복제개혁(服制改革)과 단발령처럼 민족 전통에 대한 파괴였다. 의암은 일제의 침략을 우리나라의 정신문화를 멸망하게 하는 것이라고 보았다. 그의 예견처럼 일본은 우리나라를 강제로 문호개방 한 이후 갑오왜란, 변복령, 국모 시해, 단발령 등 일련의 정신문화를 말살하는 행위를 강행하였다. 당시 입었던 좁은 소매 의복제도가 또 변하여 참으로 서양의 복장이 되었다. 혹자는 '군주와 조정 신하들이 먼저 입었다'라고 말하고, 혹자는 '각 부서(部署)의 사람들과 아울러 입었다'라고 말하였다. 조정에서 흑복(黑服)을 사용한다는 것을 들은 그는 통분하여 다음과 같이 말하였다.

> 아! 애통합니다. 당당한 천하 예의의 나라 군왕의 몸 위에 이런 옷을 걸쳐야 합니까? 당당한 천하 예의의 나라 공경대부(公卿大夫)의 몸 위에 이런 옷을 걸쳐야 합니까? 당당한 천하 예의의 나라 백성들의 몸 위에 이런 옷을 걸쳐야 합니까? 이른바 공경대부와 백성들이 모두 이런 옷을 입을 때 모두 마음이 편한지 모르겠습니다. 혹 몇 사람이 그 옷을 땅에 던져 버리고 통곡하면서 칼을 빼 스스로 목을 찔러 그 피로써 왜놈의 추장인 가오루[井上馨]와 박영효 · 서광범(徐光範) 이하 개화당인 여러 역적의 얼굴 위에 뿌리겠습니까? 팔도의 많은 백성 중에 어떤 사람이 분발하고 미워하면서 크게 울부짖고 의병을 일으켜 오랑캐의 부류를 제거하고 난적의 도당을 섬멸하여 군신과 백성들의 몸에서 그 옷을 벗기고, 선왕의 법복을 다시 입게 할지 알지 못하겠습니다. 지금 각 부서 밖과 바깥의 각

---

60) 한희민, 「개화기 춘천 지식인의 현실인식과 문학적 표현」, 강원대학교 대학원 석사학위논문, 2018, 6쪽.

도에서 잠시 천천히 하라고 하는 것은 일시에 한 나라의 인심을 선동하기 어려워 잠식할 계획을 하는 것입니다. 잎과 가지가 없어져도 뿌리가 살아 있는 것은 있지만, 어찌 뿌리가 상하고서 가지와 잎이 죽는 것을 면할 수 있습니까? 설령 뿌리가 이미 이와 같음을 면하더라도 나라가 오랑캐의 나라가 되었으면 다시는 예의의 나라가 되지 못하는 것은 결정적입니다. 아! 가슴이 아픕니다. 복희(伏羲) 이하로 중국의 정맥(正脈)과 공자 이후로 존화양이의 대법이 동쪽 기자(箕子)의 땅 소중화(小中華, 조선)에 옮겨져서 선대의 여러 군왕과 선정(先正)이 아껴 심고 배양하여 곁가지가 잘 뻗어 보기 좋았습니다. 이제 꺾이고 묻혀 광대한 하늘과 땅이 암흑의 세계로 빠지게 되었으니, 이 무슨 변이며 무슨 일입니까? 이른바 양기(陽氣)는 다 없어질 수 없다는 것이 어찌 헛말이 아닙니까? 만약 헛말이 아니라면 또 어디에서 찾아야 합니까? 돌아보면 글을 읽은 사람의 마음속에서 판별하여 얻는 데에 있지 않겠습니까? 그렇다면 오늘날 글을 읽은 사람은 그 책임이 더욱 중하고 그 일이 더욱 어렵습니다.[61]

기자(箕子)의 이름은 서여(胥餘)·수유(須臾)이다. 은(殷)나라의 현인(賢人)으로 주(周)나라의 무왕(武王)이 은나라를 빼앗자, 기원전 1122년 동쪽으로 도망하여 조선에 들어와 기자조선을 건국하고, 팔조금법(八條禁法)을 가르쳤다는 학설이 전해진다. 훗날 한나라 무제(武帝)에 의해 조선 왕에 봉해졌다고 하는데 이러한 동래설(東來說)은 중국의 사료(史料)에도 각기 사실이 서로 모순되고 시대가 맞지

---

61) 유인석,『국역 의암집』1, 의암학회, 2006, 478쪽. 嗚呼慟矣 堂堂天下禮義之郁 君王身上 乃服此乎 堂堂天下禮義之郁 士民身上 乃服此乎 不知所謂公卿大夫士民等 以其身擧着此服時 擧皆安於心乎公 或有幾箇墌地痛哭 拔劍自刎以頸血 濺於倭酋幷上醫及泳孝光範以下開化黨群賊面上者乎 不知八路衆士民中 有能憤淚大號擧起義旅 掃除夷類 殲滅逆黨 脫其服於君臣士民身上 而更服先王之法服者乎 今其部外及外道姑徐徐者 以其難於一時煽動一國人心 而以爲蠶食之計也 枝葉亡而根本得存者 或有之矣 豈有根本傷而枝葉得免者乎 設令得免根本已如此 則國之爲夷狄之國而不服爲禮義之邦決矣 嗚呼慟矣 自伏羲以下華夏正脈 自孔子以後尊攘大法 移在於東邦箕服小中華之也 列聖王群先正扶植培養 如傍枝之發達可好者 自此摧析剗埋 廣大底天底地 面渾爲黑陷界矣 此何變也 此何事耶 所謂陽無可盡者 豈非虛言乎 若謂非虛言 則又從何而覓 願不在讀書八方寸上判得郁 然則今日讀書人其責益重 而其事益艱矣.

않아 부정되고 있다. 1102년(숙종 7년)에 비로소 건립되었다는 기자묘중수기적비(箕子墓重修記蹟碑)의 사료가 있다. 지금은 기자조선 마지막 왕인 준왕(準王)의 성(姓)이 청주 한씨(淸州韓氏)라는 점을 들어 기자조선은 한씨조선으로서 우리나라 사람이 세운 부족국가라고 주장하는 학설이 있다. 여기에서 의암은 존화양이의 대법이 동쪽 기자의 땅이자 소중화인 조선에 '옮겨졌다'라는 표현을 쓰고 있다. 그리고 선대의 여러 군왕이 그 옮겨진 소중화를 아껴 심고 배양하여 곁가지가 잘 뻗어 보기 좋았다고 하면서 흑복의 사용에 대해 애통한 심정을 광대한 하늘과 땅이 암흑의 세계로 빠지게 되었다고 통탄하고 있다. 그가 이에 관하여 말하기를 "2천 년 공맹의 대도와 우리나라 5백 년 예악의 전형(典型)과 집마다 수십 대(代)의 의관 법도가 지금에 이르러 끊어지게 되었다. 독서하는 선비가 어떻게 대처해야 하겠는가? 선비가 지키는 것은 선왕의 道를 지키는 것이다. 선왕의 법복이 아니면 입지 않고, 선왕의 법언(法言)이 아니면 말하지 않고, 선왕의 법행(法行)이 아니면 행하지 않는다. 지금 선왕의 법복을 바꾸니, 이것은 그 지킴을 잃는 것이다. 그 지킴을 잃는다면 어찌 선비라 하겠는가? 이것은 천시에 죄를 짓고 성현에게 죄를 짓고 선왕에게 죄를 짓고 조상에게 죄를 짓는 것이니, 살아도 무엇을 하겠는가?"[62]라고 하였다. 즉 선왕의 道를 지키다 죽는 것이 선비의 의리라고 강조한 것이다.

김홍집·유길준 등이 강제로 삭발을 단행하였는데, 우선 임금과 세자에게 욕보이고, 다음에 대원군 이하 백관과 서울 사람에게 강제

---

62) 유인석, 『국역 의암집』 1, 의암학회, 2006, 479쪽. 二千年孔孟大道 本朝五百年禮樂典型 家家數
十世冠裳法度 今焉絶矣 讀書爲士者 如何處之爲可耶 士之所守 守先王之道也 非先王之法服不之
服 非先王之法言不之言 非先王之法行不之行也 今變先王之法服 是失其守也 失其守則烏足爲士
乎 是得罪天地 得罪聖賢 得罪先王 得罪父朝 生將何爲乎.

로 단행하였고 일시에 각 도의 여러 고을에 두루 단행하는 등 그 형세가 급물살을 탄 듯하였다. 의암은 일제에 대응하기 위해 다음과 같이 '처변삼사'[63]를 제시하였다. 첫째, 의병을 일으켜 적과 싸우는 일이다. 둘째, 해외로 망명하여 옛 정신을 지키는 일이다. 셋째, 자결하여 뜻을 이루는 것이다. 이처럼 극단적인 내용의 처변삼사를 제시할 만큼 당시의 사태가 절박한 상황이었다. 처변삼사의 내용은 국가의 자존이 내재하여 있고, 일제 항거운동만 있을 뿐이었다. 이런 급박한 상황에서도 그는 구국정신으로 사람들을 모아 선봉에서 자신이 그동안 축적하여 온 교육철학을 발현하였다. 의암은 "군대를 총괄하게 되자 말하기를, '저 적들이 나라를 압박하니, 의당 급하게 인심을 선동하여 저들의 기세를 꺾어야 한다. 또 대사를 이루려면 온 나라가 힘을 합치지 않으면 안 된다'라고 하였다. 급히 두 가지 격문은[64] 백관과 팔도에 공포하여 각각 떨쳐 일어나게 하고, 또 있는 곳에서 널리 민병(民兵)을 모집하여 진용의 형세를 장대하게 하였다. 경기·호서·관동 수십 군(郡)의 대가(大家)·명족의 관리(선비와 문학자와 재주가 있고 용맹한 자)들을 임명하여 군막 진영으로 부르자, 며칠이 안 되어 군대의 성세가 온 나라에 진동하였다."[65] 문인(門人) 이필희(李弼熙)·서상렬(徐相烈)·이춘영(李春永)·안승우(安承禹) 등 여러 사람이 거의하였다. 다음의 인용문은 당시의 급박한 상황을 뒷

---

63) 유인석, 『국역 의암집』1, 의암학회, 2002, 457쪽. "先生亟會士友 議處變三事 一曰 擧義掃淸 二曰 去之守舊 三曰 致命遂志 三事皆正當 而人之處地不同 可各事也." 선생은 급히 사우들을 모아 처변삼사를 논의하였다. 첫째, 거의하여 깨끗하게 한다. 둘째, 떠나서라도 옛것을 지킨다. 셋째, 목숨을 바쳐 우리의 뜻을 이룬다는 것이었다. 이 세 가지 일은 모두 정당하지만, 각자의 입장이 있으니 선택은 각각 할 것이다.

64) 이 격문은 『의암집』권45에 「격고팔도열읍(檄告八道列邑)」, 「격고내외백관(檄告內外百官)」으로 실려 있다.

65) 유인석, 『국역 의암집』1, 의암학회, 2006, 483쪽. 先生 旣總戎以爲 彼賊壓國 宜急煽人心而奪彼氣 且濟大事非通國合力不可 亟以二檄布示百官八路 使各奮起 又所在廣募民兵 以壯陣勢 畿湖關東數十郡 大家名族搢紳儒士文學才勇 皆以任名 召致幕陳 不數日軍聲震於一國.

받침하고 있다.

사우들에게 설명하였으니, 천지의 마음을 위하여 성현의 道를 위하여 종사(宗社)를 위하여 생민을 위하여 우리 집을 위하여 우리 몸의 처지를 위하여 하는 것은 거의로 대의를 삼지 않은 적이 없었다. 지평(砥平)에 거주하는 문인 이춘영이 안승우와 처음으로 원주에서 군대를 일으켜 제천으로 왔다. 서상렬·이필희·신지수·이범직이 모임에 가서 이필희를 추대하여 장군으로 삼았다. … "이 일의 성패와 날카로움·무딤은 미리 볼 수 있는 것이 아닙니다. 오직 대의를 천하 후세에 펴면 성패와 날카로움·무딤 사이에 모두 크게 성취할 것입니다. 이는 만 가지 모두를 온전하게 하는 거사라 할 수 있으며 천지를 저버리지 않고 우리 임금과 우리 조상을 저버리지 않으며 선성과 선사를 저버리지 않으며 우리의 배운 것을 저버리지 않았다고 할 수 있습니다. 이미 이와 같이 함이 옳으니 태연히 갈 수 있어 다시 의심하거나 두려운 것이 없을 것입니다. 다만 두려움이 없는 중에 또 반드시 일에 임하여 두려워해야 하며, 의심이 없는 중에 또 반드시 계획을 잘하여 이룩해야 합니다. 노력하고 노력하십시오"라고 하였다.66)

의암은 처변삼사 중 첫 번째 방법을 선택하여 1896년 호좌창의진 내장에 오르면서 의병 부쟁에 뛰어들었다. 호좌창의진의 성립은 화서의 제자인 이필희(李弼熙)·이범직(李範稷)·이춘영(李春永)·안승우(安承禹)·서상렬(徐相烈) 등이 모집한 민병과 맹영재(孟英在)·김백선(金伯先)이 이끈 포군이 주를 이루는데 그 수가 수백 명이었다. 이들은 연합 의병부대의 성격을 띤 것으로 제천에서 합류하여 1896

---

66) 유인석, 『국역 의암집』 1, 의암학회, 2006, 481-482쪽. 而爲說士友 爲爲天地之心﹑爲聖賢之道 爲宗社 爲生民 爲吾家 爲吾身之地 未嘗不以望義而大義也 門人砥平李春永與安承禹 始起兵原州 赴堤川 徐相烈李弼熙申芝秀李範稷往會 推李弼熙爲將 先生 卽馳書勗之曰 今日之變 天下萬古無上之大變也 古今日之 事天下萬古無上之大事也 諸公身上擔負天下萬古無上之大事 不亦重乎 勉旃勉旃 然此事成天地 不負吾君吾父鄆 不負先聖先師 不負吾所學也 旣如此卽可 泰然行將去 無復疑懼者 但無懼之中 又須有臨事而懼 無疑之中 又須有好謨而成資 勉旃勉旃.

의암 류인석의 교육철학

년 2월 3일 호좌창의진으로 편성하였다.67) 그는 제천에서 의병을
일으킨 후 의병진을 이끌고 충주성으로 진격하여 점령하였다. 그러
나 무기와 식량 부족은 우리 의병들의 패배로 이어졌고 이에 큰 타
격을 입었다. 그리고 제천전투에서 점차 곤경에 처하다가 결국 단양
으로 퇴각하게 되었다.68) 의암은 이에 굴하지 않고 유학의 춘추의
리를 강조하며 의병의 단합을 위해 선봉에 섰다.

　의암의 교육철학은 자신이 선봉에서 춘추대의를 구현하면서 의병
들을 통솔하여 힘을 모으고 처변삼사의 의지로서 구국 정신을 함양
할 것을 설득하고 있다. 1904년 이후 1908년 망명하기까지 그는 일
제의 침략을 보면서도 스스로는 심한 병으로 인해 활동이 어려웠다.
이후 그는 상황이 점점 더 어려워지고 국내에서 의병 활동을 할 수
없게 되자 이국행(異國行)을 결심하게 되었다. 이 시기를 전후하여
류인석과 함께 러시아로 망명한 인물은 다음과 같다. 박양섭(朴陽
燮), 우병열(禹炳烈), 김재철(金載鐵), 김병한(金秉僩), 이남기(李南
基), 박정빈(朴貞彬), 정인설(鄭寅卨), 김상여(金商與), 김병진(金秉
振), 차재정(車載貞), 박문선(朴文璿), 박규승(朴奎承), 변승수(邊承
洙), 이진룡(李鎭龍), 심노술(沈魯述), 백진해(白鎭海), 최우익(崔于
翼), 허승현(許承炫), 강진국(康進國), 박이채(朴彛采), 박병강(朴炳
彊), 김영섭(金榮燮), 안재희(安在熙), 김만송(金晩松), 안종석(安鐘
奭), 박용근(朴龍根), 우문선(禹文善), 박승연(朴勝衍), 김기한(金起
漢), 이병태(李炳台), 이석기(李錫驥), 허승렬(許承烈), 홍석우(洪錫
禹), 백경환(白慶煥), 백숭제(白崇濟), 김두운(金斗運), 한봉섭(韓鳳
燮), 성시원(成時源), 김봉래(金鳳徠), 석진재(石鎭哉), 강철북(康哲

---

67) 이상근, 「유인석 의병진의 북상과 항일투쟁」, 『毅菴學硏究』 제5호, 의암학회, 2008, 77쪽.
68) 위의 논문, 78쪽.

黙), 김영희(金永禧), 이 함(李 涵), 김성룡(金性龍), 이동섭(李東燮), 변완규(邊完奎), 김동려(金東勵), 이중희(李重熙), 지희전(池熙銓), 박재눌(朴載訥), 정승규(丁承奎), 정홍규(丁弘奎), 강기복(康基復), 현경균(玄敬均), 한상설(韓相說), 문승도(文昇道), 박영실(朴永實), 이철수(李哲洙), 안수만(安壽萬), 방서봉(方瑞鳳), 강규복(姜圭復) 등이다. 1908년 7월 블라디보스토크를 거쳐 연추로 들어가 의병 활동을 계획하는데, 이곳으로 오게 된 것은 최재형과 이범윤이 그곳에서 의병 활동을 하고 있었기 때문이다. 그런데 본국의 왜적을 토벌하러 갔던 의병들이 이내 패하고 돌아왔다. 만주와 러시아에서 독립운동을 한 그는 처변삼사의 첫 번째와 두 번째 방법을 함께 실행한 것이다. 이 때 그는 일제와 결탁하여 나라를 위기로 몰아넣고 있는 관리가 있다는 것에 통탄하였다.

의암은 국권을 회복하고 전통문화를 보존하며 민족을 지키고 인류를 구제하기 위하여 온 국민이 한마음으로 결속하자고 하였다. 그 것은 우리의 전통 의식인 윤리의식과 인류애를 바탕으로 한 애국정신이었다. 의병이란 민군이므로 국가가 위급할 때 즉시 義로써 분기하여 조정의 징발령을 기다리고 있지 않고 종군하여 성내어 직대하는 자이다.[69] 의병운동은 국내의 정치·경제적 상황에 대한 사회변혁을 주장하면서 일본의 침략 정책에 대한 반외세·반제국주의적인 민중운동으로서의 성격을 띠고 있다. 의병의 개념은 신분과 시대에 따라 차이가 있다. 그 기본개념에 대하여 박은식은 '의병은 국가의 명령을 기다리지 않고 자발적으로 일어나 국가와 민족을 위해 싸우는 민중의 의용병'이라고 하였다.[70] 의병은 우국 의식에 기초하여

---

69) 朴殷植, 『朴殷植全書 上』, 단국대학교 동양학연구소, 1975, 465-466쪽. "義兵者民軍也 國家有 給 直以義起 不待朝令之徵發 而從軍敵愾者."

70) 김의환, 『항일의병장열전』, 정음사, 1975, 9쪽.

국난을 극복하기 위해 스스로 목숨을 내건 사람들의 집단으로 엄격히 말해서 정규군은 아니다.[71] 그러나 의병집단은 자신의 희생을 바탕으로 국난을 해소하기 위해 자발적으로 목숨을 건 우국충정의 단체로서 '정의'와 국가의식을 전제로 한 '국가적 정의'를 실현하는 것을 목표로 하였다.[72] 이처럼 의병은 구한말의 시대적 변화 속에 자발적으로 형성되었고 국난에 대처하기 위해 정신적 일체감을 조성했다. 역사의 반복성이 삶의 내성을 만들어내듯이 과거에 선조들은 위기에 대처하는 자발적인 활동을 하였다. 의병 역시 그 시대에 국권 회복을 위해 내성에 따라 위기에 대처하는 문화 양상으로 드러났다. 그리고 의암의 구국정신과 처변삼사의 의지는 의병 문화로 확산되는 데 일조하였다.

4. 의병(義兵)정신과 「관일약(貫一約)」

본 장은 의암의 교육철학이 잘 드러나는 「관일약」에 관한 세부적인 논의이다. 이 글에서는 그의 관일약에 관한 논의가 비중 있게 다루어졌다. 그 이유는 관일약이 그의 애국사상에 관한 사상적 구현이면서 구체적인 실현에 관한 것이기 때문이다. 그가 관일약을 시행하게 된 배경과 목적은 다음과 같다. 첫째, 국가와 더불어 성리학적 가치를 소중하게 인식한다는 의지를 표출한 것이다. 둘째, 모든 항일세력을 '하나로 관통하는', 즉 貫一의 대상으로 삼는다는 것이다.

---

71) 윤천근, 「의병, 의병문화, 의병정신」, 『민족문화와 의병사상』, 안동대학교 안동문화연구소, 박이정, 1997, 4-5쪽.

72) 윤천근, 「의병, 의병문화, 의병정신」, 『민족문화와 의병사상』, 안동대학교 안동문화연구소, 박이정, 1997, 12쪽.

셋째, 관일약을 시행하면서 투쟁의 대상으로 설정한 것은 일제였다. 관일약은 곧 의암이 연해주에서 의병세력 통합 운동을 전개하는 과정에서 자신이 견지한 성리학적 가치를 구현하기 위해 만든 일종의 의병 전위 조직이었다.[73] 그러므로 관일약은 애국 실현에 관한 구체적인 지침서이다. 그는 대중의 추천으로 십삼도의군도총재가 되어 장군이 되었다. 그는 미석(渼石) 이재윤(李載允, 1849-1911)이 왕실의 근친으로 충의가 있으므로 그를 추천하고자 편지를 써서 사람을 보냈는데 오지 않았다. 이에 이범윤·이남기·이상설 등이 그에게 몸소 임해 줄 것을 청하여 이날 재구(梓溝)에서 단상에 오르고 '복국존사부도보민기(復國存社扶道保民旗)'를 걸고 군대 의식을 갖추어 행하였다. 그리고 십삼도의 대소동포에게 다음과 같은 내용을 통고하였다.

> 생각해 보면 왜적이 매우 강하여 약간의 의병으로는 반드시 적을 대항하여 이길 수 없다. 반드시 이천만 동포를 살리려면 마음과 힘을 하나로 하여 이천만을 위하라. 살려는 마음만 있으면 모두 죽을 것이나 모두 죽을 곳에 있게 되면 함께 살 희망이 있다. 동포들이 살아남으로 인하여 종묘와 사식, 강토와 도맥을 회복할 수 있다. 이 일을 그만둘 수 있겠는가? 그만둘 수 없다. 그래서 미천한 내가 마음속에 맹세하고 죽을 각오로 앞을 향해 나아가니 일의 성공은 오직 온 나라 대소 동포가 일제히 마음을 모아 함께 죽기를 각오하는 데에 달려 있다. 여기서 파견한 많은 임원은 13도 각 읍에 분포해 있는데, 임원으로 있는 이들은 마땅히 맡은 임무를 다하여 죽기를 각오하고, 임원이 아닌 사람도 모두 충의와 선량의 마음을 다 바쳐 죽을 각오를 하고, 온 나라 이천만 백성도 일제히 죽음을 각오해야 한다. 죽을 각오를 하면 살 수 있고 일도 성공하여, 이를 우리 군신

73) 朴敏泳, 「연해주 망명 시기 柳麟錫의 의병세력통합운동」, 한말 의병의 본거지 강원도 항일의병 투쟁의 재조명, 毅菴學會, 2013, 158-159쪽; 유성선, 「화서학파 한·중지역 독립운동의 사상적 가치 및 전망」, 『한중인문학연구』 66, 한중인문학회, 2020, 16쪽.

과 함께하고 우리 부자와 함께하고 우리 친척·벗들과 함께할 수 있다. 무릇 우리 관리와 사농공상의 동포들이 원수 오랑캐를 물리쳐 멸하고 혼란을 일으킨 적들을 다 없애야 중흥과 태평의 즐거움을 누릴 것이니 이것이 미천한 나의 절대 소망이다. 바라나니 우리 온 나라 이천만 대소 동포들이여, 여기에 마음을 둘지어다.[74]

의암은 나랏일이 갈수록 어려워지고 잘 진행되지 않음을 염려하였다. 그래서 인심이 점점 모이고 향응해 오므로 결단코 바로 의거를 실행해야겠다고 생각하였다. 그가 관일약을 추진하는 9월에 두 가지 중요한 사건이 있었다. 하나는 그가 이상설(李相卨)과 연계를 하기 시작한 것이다.[75] 이상설은 1907년 헤이그 이후 영국·미국·프랑스·독일·러시아 등을 차례로 방문하여 외교 활동을 하였고 블라디보스토크에 건너간 후 연해주 지역 국권 회복 운동계에서 지도적인 인물로 활동하고 있었다.[76] 이상설은 의병에 관해서도 고무적으로 평가하고 있었다. 이상설과의 조우는 그가 그간의 침체에서 벗어나 관일약의 조직 활성에 나서는 계기가 되었을 것이다.[77] 다른 하나는 이 시기에 안중근(安重根)의 이등박문(伊藤博文) 처단의거(處斷義擧)가 있었다는 것이다. 그는 안중근의 이등박문 처단 소식을 듣고 '만고의협지수(萬古義俠之首)'라고 하며 크게 기뻐하였

---

74) 유인석, 『국역 의암집』 1, 의암학회, 2006, 580쪽. 第念 日賊極强 以如干義兵 必無以抵敵而濟事 必二千萬同胞之有生 一之心一之力爲二千萬 有生之無心不死 同置死地而望有同生 而宗社疆土道脉 至有怖復 此其可已歟 不可以已也 故踐劣誓心辨死向前 而其惟濟事 只在一國大小同胞之一齊同心而辦死耳 玆派許多任員 以布十三道列邑 其居任員 宜竭任職而辦死 雖非任員 亦莫不竭之忠義 善良之心 而爲之辦死 一國二千萬人 一齊辦死 辦死而得生濟事 于以同我君臣 同我父子 同我親戚友朋 凡我搢紳士農工商之同胞 減却醜夷殲盡亂賊後 同享中興泰平之樂 此賊劣之所千企萬望也 惟我一國二千萬大小同胞 包以爲心於此哉.

75) 『毅菴集』, 下卷, 年譜, 경인문화사, 1973, 701쪽.

76) 尹炳奭, 『李相卨傳』, 일조각, 1984, 99-126쪽.

77) 尹炳奭, 『李相卨傳』, 일조각, 1984, 99-126쪽. 이후 의암과 李相卨은 밀접한 관계를 유지하였다. 12월 安應七殺伊藤賊後 倭送侯爵於海港 偵探 先生 所在 李相卨 勤戒心 先生 議 二三老成然候 暫移處李鍾攝家.

다.78) 이 같은 안중근의 쾌거 역시 그의 활동을 재개하는 계기가 되었을 것이다. 이 시기는 그가 그동안 구상한 근거지론을 바탕으로 추진하는 첫 단계라는 점에 의의가 있다. 그는 관일약의 목적에 대해 국권을 회복하고, 화맥(華脈)의 문화를 보존하며, 백성을 멸망에서 구하는 것으로 요약된다.79) 그는 관일약의 성공 여부가 국권 회복의 성공과 직결되어 있다고 강조하였다. 관일약의 실천 강령(綱領)은 공동체의 가치를 중시하는 내용으로서 요(要)·실(實)로 이루어졌으며 그 개념은 다음과 같다.

> 목(目)은 애국심(愛國心)·애도심(愛道心)·애신심(愛身心)·애인심(愛人心)이며, 요(要)는 마음을 사애에 두어 모든 사람이 같은 마음으로 관일(貫一)이 되는 것이다. 그리고 실(實)은 정성을 하나로 하여 금석을 단투(斷透)한다.80)

의암은 명성황후시해사건과 단발령에 거의하였지만, 일제에 의한 국가의 멸망을 1984년 갑오왜란으로 인식하고 있었다. 1876년 우리나라 문호를 강제로 개방시킨 일제는 자국 내에 있었던 타국의 세력을 밀어내면서 한반도를 시작으로 대륙침략을 추진하였다. 그리고 1894년 동학농민운동을 기회로 일본군을 파견하면서 그 침략 의도를 노골화하였다. 또한 1894년 5월에는 내정개혁안을 조선 정부에 강요하였다. 조선 정부가 이를 거부하자 6월 21일 경복궁을 강제 점령하는 갑오왜란을 일으켰다. 갑오왜란은 일제가 조선에 대한

---

78) 유인석, 『국역 의암집』 1, 의암학회, 2006, 577쪽. 安應七事出 先生 稱以萬古義俠之首.

79) 유인석, 『국역 의암집』 1, 의암학회, 2006, 576쪽. 今大禍 至於國亡道蔑身不保 而人盡滅

80) 『毅菴集』, 「貫一約 約束」, 경인문화사, 1973, 141쪽 참조. 今當萬古天下所無之大禍 至於國亡道蔑 身不保 而入盡滅 入此貫一約 約有目曰 愛國心 愛道心 愛身心 愛人心 約有要曰 心乎四愛 貫以一之 衆萬同心 貫以一之 約有實曰 會精團誠 斷金透石 旣立約 有以盡其目 致其要 極其實 期免大禍事.

야욕을 구체적으로 실행한 첫 단계의 침략이었다. 이렇게 일제가 경복궁을 강제 점령한 상태로 부일개화파(附日開化派)에 의해 소위 김홍집(金弘集) 1차 내각(內閣)이 수립되면서 갑오왜란(甲午改革)이 단행되었다. 고종이 강제로 퇴위당하고 한일신협약이 이루어졌다. 이에 상심한 선각자들은 정치에서 물러나 나라를 되찾고자 다양한 방법을 모색하였다. 마침내 외국으로 망명하거나 국내에서 애국계몽교육을 하고 의병을 봉기하기에 이르렀는데 그는 의병운동으로 갱소(更蘇)하고자 하였다. 그는 관일약의 실시 이유와 목적을 다음과 같이 밝혔다.

> 관일약을 왜 만들었는가. 그만둘 수 없어서이다. 어찌하여 어쩔 수 없는가. 지금 섬 오랑캐의 화가 극에 달해 나라가 망하고 道가 없어져 몸은 보전되지 못하고 사람이 모두 멸망하는 지경까지 이르렀다. 그래서 이 약속을 맺었으니 이 약속은 장차 화를 벗어날 방법을 꾀하려고 하는 것이니 이 약속으로 화를 그치게 할 수 있겠는가?;[81] 오늘에 있어 중요한 것은 첫째도 관일약이요, 둘째도 관일약이다. 약(約)이란 엽전(葉錢)을 꿰는 것과 비슷하다. 비록 만전(萬錢)이 있더라도 흩어져 관제되어 있지 않으면 치용(致用)에 어려운 것과 같은 이치이다. 약속하여 관일 하면 일심(一心)을 얻어 관일 하고 중심을 얻어 관일 하고, 일인(一人)을 얻어 관일 하고, 십인(十人)을 얻어 관일 하고 백인천인만인(百人千人萬人)을 얻어 관일 하여 일국의 모든 사람이 관일 되지 않은 자가 없게 되면 어찌 국권 회복을 할 수 없겠느냐? 이렇게 하면 무한한 호사(好事)가 있을 것이다. 이것이 관일약을 시행하지 않을 수 없는 이유이다.[82]

---

81) 유인석, 『국역 의암집』 5, 의암학회, 2009, 279쪽. 貫一約 何爲而爲也 不得已也 曷爲不得已 今島夷之禍 抵極于國亡而道蔑 身不保而人盡滅 故爲是約 是約也將謀所以免禍

82) 『毅菴集』, 「貫一約序」, 下卷, 경인문화사, 1973, 296쪽; 『국역 의암집』 5, 의암학회, 2009, 280쪽. 今日 知事 一卽貫一 二卽貫一 約譬之貫錢 雖有萬錢 散而不貫齊數 致用 難疑 約而貫之得乎 爲心而旣一之 約而貫之 得乎衆心而 又一之 得一人卽貫之 得百人千人 萬人而貫之 以致一國之人 無不貫乎一者 果此則 何有乎免禍 過此而 亦有無限好事矣 約之爲不得爲也.

지금 만고천하에 없는 일을 당하여 나라가 망하고 道가 망하고 신
체를 보존하지 못하고 사람이 모두 멸망하는 데까지 이르렀다. 이
관일약을 세움에 … 약속의 요령이 있으니 사애(四愛)에 마음을 두
어 하나로 일관하고 중만(衆萬)이 동심(同心)하여 하나로 일관하는
것이다.

이처럼 관일약 실시의 최종적 목적은 국권 회복을 위한 것이다.
이 관일약은 그의 독립운동 근거지 구상과 전통 조직을 접목한 것
이라는 점에서 그 의미가 크다고 하겠다.[83] 즉 관일약은 '중민(衆
民)의 마음을 통관하여 하나로 이루는 약속'이다. 이에 덧붙여 그는
"마음속에 약속이 있으면 마음이 하나가 되고 중민(衆民)이 하나로
이룰 수 있다. 약속은 통관(通貫)하여 하나로 이루기 위한 수단이
다"[84]라고 하였는데 그의 숙고한 관일약의 의미가 잘 드러나고 있
다. 이는 관일약을 실시하여야 할 당위적 목적에 관한 신념이라고
할 것이다. 그는 관일약 실시를 강조하며 다음과 같이 말하였다.

「관일약」의 일은 국권을 회복하고 화맥(華脈)을 보존하며 인종(人
種)을 부활시키는 것을 준적(準的)으로 삼는다. 이 일은 지간지대
(至艱至大)한 일이므로 여러 약원은 일심(一心)으로 서로 간 돕고,
정신을 취회(聚會) 하며 서로 간 권하여 지혜를 내어 협력할 것이
다.;[85] 국권 상실을 면(免)하느냐, 혹은 면하지 못하느냐는 인심이
하나로 되느냐 못 되느냐, 관일약을 성공하느냐 실패하느냐에 달
린 것은 명확하다.[86]

---

83) 『毅菴集』,「貫一約序」, 下卷, 경인문화사, 1973, 295쪽.

84) 『毅菴集』,「貫一約序」, 下卷, 경인문화사, 1973, 296쪽, 約束束也 約束乎心 心可致一 約束乎衆
衆可致一 約所以貫以一之也.

85) 『毅菴集』, 下卷, 경인문화사, 1973, 145쪽. 約事 以復國權 保華脈 活人種 爲準的 事至艱至大
衆約員 一心胥勖 聚精會神 勤相爲謨 假相 協力.

86) 『毅菴集』, 下卷,「貫一約 約束」23항, 경인문화사, 1973, 142쪽. 禍之免不免 材乎人心之一不一
約之成不成則 昭然矣.

의암 류인석의 교육철학

의암의 관일약에 관한 의지가 드러나는 말이다. 여기에서 강조한 것은 '국권 상실을 면(免)하느냐, 혹은 면하지 못하느냐 하는 것은 인심이 하나로 되느냐 못 되느냐'라는 것이라고 한 것이다. 그는 1909년 12월 15일 「통고(通告)」를 발송하는데 이는 특정 지역에 국한한 것이 아니라 전 국민을 촉구한 것이라는 데 의의가 있으며 그 내용은 다음과 같다.

> 천지(天地)의 사이에서 태어난 것을 동포(同胞)라 하고 사해(四海)의 안에서 태어난 것을 형제라고 이릅니다. 하물며 일국에 함께 거주하고 군부(君父)를 함께 모시며 의상(衣裳)으로 함께 무리를 짓고 예의를 함께 계승하였는데 어찌 다만 동포·형제라고 말만 하겠습니까? 또 하물며 나라가 망함을 함께 맞이하고 유리(流離)되어 함께 곤란하였는데 그 서로 슬퍼하고 불쌍히 여기고 서로 응하고 서로 구하는 심정은 어떠하겠습니까? 몸을 하나의 몸으로 마음을 하나의 마음으로 해야 옳을 것입니다. 서로 응하고 서로 구함은 道에 있어서 마땅하고 한 몸과 한마음은 일에 있어서 마땅합니다. 이에 헤어지지 않고 외람되게 조약 하나를 만들어서 관일약이라고 하였습니다.[87]

의암은 간도 지방 한인들에게도 「근통고청령지우거첨존집사(謹通告淸領地寓居僉尊執事)」를 발송하며 관일약의 추진을 촉구하였다. 그가 관일약의 조직화 과정에서 주목할 것은 기존의 사상적 대립을 해소하기를 바라고 오직 단결할 것을 호소한 것이다.

> 일국에서 관일약을 시행하면서 그간 서로 원수였던 사이로 인해

---

87) 유인석, 『국역 의암집』 5, 의암학회, 2009, 31쪽. 「通告」己酉 11월 3일(1909), 生於天地之間 謂之同胞在於四海之內謂之兄弟同居一國同戴君父同族 衣裳同俗禮義奚管曰同胞兄弟又況同遭罔極同困流離其相悲相憐相應相求之情宜如何哉卽身一身心一心而後可也相應相求宜乎有道 一身 一心宜乎有事麟錫不揆猥越設得一約曰貫一約.

중요한 일에 방해되면 절대 안 된다. 어찌 사원(私怨)으로 공사(公事)를 방해하면 되겠는가?[88]

의암은 그간의 사원(私怨)을 극복하고 국권 회복을 위해 모두의 힘을 합쳐야 한다고 역설하였다. 이는 그가 망국의 책임을 물었던 개화파, 계몽운동자들도 포용하겠다는 의식상의 큰 변화였다.[89] 그는 1910년 6월 21일에 조직되는 십삼도의군, 1910년 8월 23일에 조직되는 성명회에서 계몽운동가들과 함께 참여하고 있는데[90] 국권 회복을 위하여 관일약을 결성하는 한편, 「의병 규칙」을 만들고 「의안(議案)」을 작성하였다. 의병 규칙은 35개조에 달하는데 주요 내용은 다음과 같다.

- 이 의거는 천추만대의 큰 의미이며 천하의 큰 업적이다. 사람이 누구나 한 번 죽음은 있는 것이니 죽어서 절의를 세운다면 이 죽음이 얼마나 영광스러우며 이 삶이 얼마나 보람이 있겠는가. 그런즉 우리는 죽고 사는 것을 염두에 두지 말고 큰 의리를 밝히며 큰 업적을 완수하자.
- 진군(陣軍)은 백 명으로 1대 삼아 제1대·제2대라고 칭하며 각 대에 용감하고 담력이 있으며 통솔력이 있는 사람을 대장과 분대장으로 삼아 각각 병졸 50명을 거느리게 한다. 언변이 있고 전투에 능한 자를 십장(什長)으로 삼아 병졸 10명을 거느리게 하며 신망 있고 용감하며 겸하여 여러 사람을 의거할 수 있는 자를 총영장(總領將)으로 삼는다.
- 군중에서는 신의(信義)로써 그 근본으로 삼는다.

---

88) 『毅菴集』 卷36, 雜著, 下卷, 「貫一約約束序」, 경인문화사, 1973, 143쪽. 一國同約 其間有相讐怨者 切不可以此爲有妨 夫豈以私讐怨 有妨於爲公事.

89) 유한철, 『유인석의 사상과 의병 활동』, 독립기념관 한국독립운동사연구소, 1992, 2155-2173쪽. 柳麟錫이 啓蒙運動家들과 연합했다고 해도 그 開化사상까지 수용한 것은 아니었다. 의암이 開化사상에 반대한 입장은, 극히 부분적인 변화는 있었다고 해도 거의 견지되었다.

90) 尹炳奭, 『國外韓人社會와 民族運動』, 일조각, 1990, 116-230쪽.

　　　　　　　　　　　　　　　　　　　　의암 류인석의 교육철학

- 기밀을 신중히 다루어라.
- 군수품 일관(一貫)이 가장 어려운 일이다. 무릇 행군 때에는 재정과 식량이 제일 중요한데 의병이 스스로 식량을 마련할 수 없고 돈을 지어 쓸 수 없으니 나라를 위하여 일하고 있으니 나라의 재물을 취해 쓰고, 백성을 위하여 일하고 있으니 백성의 재물을 취해 쓸 수밖에 없는 일이다.
- 오늘날 관찰사와 군수는 모두 왜적의 앞잡이니 일체 배척하여 그 명령을 받지 마라.
- 십삼도의 의병이 모두 일어났으므로 왜적들이 아직도 저희 마음대로 못 하는 것이다. 반드시 온 나라 사람이 모두 일어나야 한다.
- 군사를 징발할 때는 반드시 한유(閑遊)한 자를 취하고 농민은 보류해 두어 실농(失農)하는 일이 없도록 할 것이며 포수와 출전을 자원하는 자는 반드시 형제 중 한 사람을 취하고 독신은 보류한다.
- 각 읍에는 의리를 알고 지조가 있는 자를 추대하여 읍총재로 삼아 진장을 지휘하게 하고 각 도에는 덕망과 신의가 현저하여 일도(一道)의 영수(領首)가 될 만한 자를 추대하여 도총재로 삼아 열읍총재를 담당하게 하며 도통령과 열읍총재는 그 지휘를 받아 감히 어기지 못한다. 또 각 도에서 충의와 역량과 덕망과 좌지가 십삼도의 인심이 복종하고 향응할 만한 자를 추대하여 십삼도 도총재를 삼아 도통령(都統領)과 각 도의 총재를 담당하게 하며 도통령과 각 도 총재는 그 절제를 받아 감히 어기지 못한다.
- 무릇 우리나라의 지형은 백두산 부근에 있는 여러 고을이 가는 그곳마다 험준하여 일당백(一當百)의 요새지이며 또 청국과 러시아에 접경이 되어 군량을 저축하고 병기를 무역해 올 길이 있으니 이곳에 근거지를 정하면 족히 견고한 지세를 이룰 수 있을 것이다.
- 적을 섬멸하는 계책은 먼저 지방에 분포한 부대부터 소탕하고 다음에 그 근거지를 공격한다.[91]

---

91) 『毅菴集』卷36, 下卷, 경인문화사, 133-141쪽.

의병 규칙의 내용은 십삼도 도총재 지휘 아래 전국 의병의 조직을 연계시키고 있다. 전국적인 의병 조직의 구상은 이미 1908년 10월에 의병 규칙에서 준비되고 있었다. 그리고 의병 활동의 재원을 백성에게서 충당하는 것을 통해 의병 전쟁을 국가 간의 전쟁개념으로 인식하였다는 점이다. 그리고 백두산을 중심으로 근거지 계획을 구상하고 있는데 이는 그가 러시아로 망명하기 전부터 구상하고 있었던 계획이다. 또한, 일제 구축의 전략으로 '선지방 후경성(先地方後京城)'의 원칙을 분명히 하고 있다. 이는 1907년 말 십삼도 창의 대진소의 서울진공작전이 실패한 후 의병 전선이 막대한 손실을 보았던 것에 대해 의병 규칙에서는 소모전을 지양한 것이다. 따라서 의병 규칙의 구상은 당시 일제의 우세함과 의병 진영의 불리한 실정을 생각한 현실적인 계획이었다고 할 수 있다. 그는 1909년 7월에 의병 활동의 장기적 전개를 위한 구상의 하나로 관일약을 제시한 것이다. 관일약은 향약 제도의 일종으로 볼 수 있는데 국권회복운동의 하나로 실시되었던 점이 특징이다. 그는 통합군단인 십삼도의군의 창설, 의병 전쟁의 새로운 전술인 근거지론과 게릴라전에 관한 기본 전술을 구체적으로 밝혔다. 그러나 연해주 의병은 모험적이며, 분산적인 전투 형태를 벗어나지 못하고 있었고, 무기를 구할 수 있는 희망도 사라져 가고 있었다.[92] 관일약은 이러한 암울한 시기에 태동했다. 조직을 정비해 나가는 과정에서 안중근이 통감 이토 히로부미를 사살하는 쾌거가 있었기에 그는 러시아의 도움을 얻을 수 있는 우호적 조건이 형성되었다고 믿었다.[93] 그는 관일약을 확

---

92) 『毅菴集』 卷13, 「答李公厚」, 경인문화사, 1973, 303쪽 참조. 而特乏兵器, 只望管理之有起, 管理應起…今又以未滿百之兵, 彈丸無所具, 財錢無一分備, 前無應援, 後無繼續, 而往敵淸俄所畏天下莫强之賊, 自萬古用兵以來.

93) 『毅菴集』 卷13, 「與李汝玉李公厚」, 擧事遲速, 未可預期, 而宜自今日做起事端, 做端則事可漸集, 集事在好謀竭力也, 聞俄人此事出後獎異我人, 其於所營交涉事, 似亦有效, 因更緊着做交涉如何.

의암 류인석의 교육철학

대하는 데 애쓰는 한편 십삼도의군을 출범시키는 데 나섰다. 그리고 미리 준비하여 추진했던 「의안」이 있었는데 이에 관하여 그는 다음과 같이 정의했다.

> 「의안」은 지위가 높거나 낮은 뭇사람(大小衆人)을 두루 통틀어 무릇 왜적을 배척하고 나라를 되찾을 생각이 있어 함께 '의로운 사업을 할 수 있는 자(可同義事者)'가 있으면, 함께 이름을 적고 마음을 모으고 널리 합쳐서 사업을 이루려는 것이요, 이를 온 나라에 미쳐 반드시 사업을 완수할 수 있기를 기약한 것이다.[94]

이처럼 지위를 가리지 않고 항일 활동을 통해 나라를 되찾겠다고 각오한 사람이라면 누구나 「의안」에 이름을 올릴 수 있었다. 대저 「의안」을 만들어야 모아놓은 총수를 짐작할 수 있고 또한 한마음으로 뭉친 조직을 굳건하게 할 수 있다. 일이 이루어진 후에는 이 문서를 온 나라에 알리고 후세에 전하여 대의를 편 공로를 빛나게 한다.[95] 「의무유통」에서도 「의안」을 작성하는 항목, 즉 「입의안(立義案)」을 설정하고 그 대상을 특별히 몸소 사업에 나선 사람들만 적지 말고, 재물이나 무기를 제공한 사람, 마음과 노력을 쓴 사람까지 모두 적어서 그들이 나라를 위하고 충의를 숭상한 선행이 묻히지 않도록 한다고 하였다.

그는 사애사상으로 온 나라가 한마음으로 단결하여 자신을 지키고, 道를 지키고, 국권 회복을 하고 마침내 인류를 구하는 것을 지향하였다. 그러므로 나라사상·진리사상·자기사랑·인류사랑의 내용을 담은 사애사상은 의병의 의무이며, 민족의 이념이었다. 의병

---

94) 『毅菴集』 卷32, 雜著, 「散言」, 경인문화사, 1973, 43쪽. 吾爲貫一約 又爲同義案, 義案通大小衆人, 凡有排倭復國思想, 可同義事者, 同錄結心, 普合成務, 推及一國, 期必 有史.

95) 『毅菴集』 卷36, 雜著, 「義務有統」, '立義案.'

활동은 민족정신과 사회변화에 관한 지속적인 연계성을 도모하였고 그 실천을 위한 문화적 양상으로 나타났다. 그런 점에서 '의병운동'은 의병의 정신과 태도 그리고 문화 양상 등 문화의 총체적 성격으로서 '의병정신문화'로 나타났다고 볼 수 있다.[96] 그는 국내외 각지의 여러 의병 세력을 하나로 통합하기 위한 사전준비로 일종의 의병 결사체인 관일약 조직과 의병 서명록인 '입의안' 작성을 병행하였다. 그가 연해주와 북간도 일대에서 한인들의 항일무장세력을 규합하기 위해 관일약 시행을 구상한 것은 1909년 음력 7월경이다. 그의 국가와 성리학적 가치 질서를 회복하려는 강렬한 의지가 모든 항일세력을 대상으로 관일로써 단합을 도모한다는 것이었다. 그는 당시의 상황을 '나라와 道와 몸과 사람이 피폐한 상황'으로 보았고, 관일약을 통한 애국 활동은 그의 교육철학이 발현된 것이다.

5. 존화양이(尊華攘夷)와 『우주문답(宇宙問答)』

본 절에서는 『우주문답』에 나타난 그의 교육철학과 우국충정에 관하여 논하였다. 『우주문답』은 의암이 72세 되던 해 2월에 중화의

---

96) 정철현, 『문화정책론』, 서울경제경영, 2004, 16쪽 참조. 사회학자인 윌리엄스(Raymond Williams)는 문화를 3가지 방식으로 근거를 두고 정의하였다. 첫째, 문화는 지적·정신적·심미적인 계발의 일반적인 과정이라고 한다. 이는 인간의 생활양식에서 사고 양식, 특히 인간의 의식, 규범, 가치와 관련한 정의이다. 예를 들면, 우리나라의 문화는 홍익인간, 삼강오륜 등의 사상으로 말할 수 있다. 둘째, 문화는 한 인간이나 시대 또는 집단의 특정한 생활양식으로 정의된다. 이는 인간이 공통으로 갖는 행동 양식으로서 놀이문화와 여가생활 등에 관련된 정의이다. 셋째, 문화는 지적인 작품이나 실천행위로 정의된다. 이는 우리가 흔히 말하는 문화적 텍스트에서의 예술적 활동을 일컫는 것으로 사고 양식이 표현되고 생산되는 행위이다. 예를 들면 음악, 미술, 문학 등을 포함하는 문화의 정의를 말한다. 문화적 양상으로 나타난 것이 바로 의병 한시, 의병 가사, 의병 가요 등으로 살펴볼 수 있다.
서굉일, 「일제하 만주 북간도의 민족교육」, 『한국교육의 재인식』, 제3세계문화연구소 편, 한신대학출판부, 1988, 128쪽.

시국을 여러 사람에게 보이기 위하여 지은 것이다. 내용은 천지와 고금의 진퇴와 굴신(屈伸), 성쇠, 강약의 이치를 통괄하여 논하였는데 천리와 인심, 중외(中外)의 정치제도, 학술, 시비, 득실 등에 관한 그의 철학이 담겨 있다. 이와 별도로 그가 평소에 수학한 중화의 글을 편집하여 「이봉고소초(尼峯稿小抄)」라고 명명하고 이를 인쇄하여 배포하고자 하였다. 훗날 "김기한이 지난날 천진(天津)에 있을 때 800질을 인쇄했는데 경찰이 압수하였다. 그 후 백삼규(白三圭)와 김기한·이현초가 다시 난천산에서 인쇄하였는데 그가 세상을 떠나고 나서야 김기한이 중국에 가서 배포하였다."97) 『우주문답』은 그 제목처럼 문답 형식으로 구성되어 있는데 첫머리에는 우주의 대세에 관한 내용으로 시작된다. 객이 의암에게 질문하기를 "천지(天地)를 우(宇)라고 하고 고금(古今)을 주(宙)라 하는데, 우주의 대세를 들려달라"고 하자 대답하기를, "잠깐 일어나는 눈앞의 일도 알아서 말하기 어려운데, 우주의 대세를 어찌 감히 내가 알아서 말할 수 있겠는가? 그러나 이치에 근거하고 형세로 미루어 옛것을 바탕으로 새것을 헤아린다면 혹 말할 수 있을 것이다. 천하의 대세는 진퇴(進退)하고, 고금의 대세는 굴신(屈伸)할 뿐이다. 굴신은 성쇠(盛衰)요, 진퇴는 강약인데, 성쇠와 강약은 어떻게 하느냐에 있을 뿐이다"98)라고 하였다. 이치에 근거하고 형세로 미루어 옛것을 바탕으로 새것을 헤아린다면 천하(天下)의 대세는 진퇴하고, 고금의 대세는 굴신할 뿐이라고 하면서 성쇠와 강약은 어떻게 하느냐에 있다고 한 것

---

97) 유인석, 『국역 의암집』 1, 의암학회, 2006, 596쪽. 金起漢 前在天津 印得八百卷帙 爲警官査收 冬白三圭與金起漢李賢初 更印暖泉山中 先生 旣沒後 起漢往布中原.

98) 유인석, 『국역 의암집』 6, 의암학회, 2010, 187쪽. 客有問曰 天地曰宇 古今曰宙 宇宙大勢 可得 聞歟 曰 面前暫時者 且難知而言之 宇宙大勢 豈敢曰知而言之 雖然據理推勢 執古測新 或有可得 而言者 天下大勢 進退而已 古今大勢 屈伸而已 屈伸盛衰也 進退强弱也 盛衰强弱 亦在爲之如何 而已.

은 온고지신(溫故知新)을 통한 실천력을 설명한 것이다. 의암의 우주의 대세에 관한 대답은 다음과 같이 이어진다.

> 하늘은 바깥이고 땅은 가운데이며 하늘은 조화하고 땅은 형성(形成)을 이룬다. 하늘이 열리고 땅이 운행하여 조화와 형성을 이루는데 빠름과 늦음이 있고 먼저 함과 뒤에 함이 있다. 하늘은 하나이다. 천체(天體)의 운행과 기후의 변화는 바름과 치우침이 있고 느긋함과 급함이 있다. 땅도 하나이나 땅의 위치와 운세(運勢)의 상황에는 가운데와 변두리가 있고 멀고 가까운 곳이 있다. 땅의 중심이 되어 하늘의 정도(正道)를 만나면 조화하여 이루어지고 앞서며, 땅의 중심이 되어 하늘의 치우침을 만나면 조화하여 이루어짐이 늦고 뒤지며, 급하고 멀수록 더욱 늦고 뒤지는 것이다.[99]

의암은 『우주문답』에서 당시의 국제정세에 대응하는 자기의 생각을 자세히 정리해 주고 있다. 여기에서도 유도를 계승하고 지키는 것을 강조하고 유학적 삶을 지향하며 공자의 道를 추구하고 있다. 그의 순도적(殉道的) 자세는 천명의 자각을 통해 삶의 가치와 의미를 실천하고자 하는 철학이다. 그는 "성패와 생사를 생각하지 않고 다만 혈충(血忠)과 대의를 주관해서 일어난 깃이니, 국가가 배양해 준 은택과 천하의 정직한 기운이 정형의 몸에 이르러 드러났습니다"[100]라고 결연한 의지를 보였다. 우주의 대세에서 가장 강조한 것은 중국의 위상이다. 마지막 장의 낙서에도 다시 이 점을 강조한다.

---

99) 유인석,『국역 의암집』6, 의암학회, 2010, 187쪽. 天外而地中 天化而地形 天地開運化形 有早晚先後 盖天一也 辰度氣候 有正偏歟劇 地一也 區形局勢 有中邊邇遠 以地之中 當天之正 則化形也早而先 以地之邊 當天之偏 則化形也晚而後 愈劇而遠 則亦愈晚而後 大地有中國 中國中者也 故風氣早開 人而國焉 居先而極久矣 有外國 外國邊者也 故風氣晚開 其曰國焉 居後未久而叄差矣 此其理勢有不得不然也 人曰地形如鷄子之卵圖 豈有中邊之分 是不知鷄子卵圖 而心腹翅足森具其形 自有其中邊也.

100) 유인석,『국역 의암집』3, 의암학회, 2007, 174쪽. 不計 成敗 舍生 而只管主血忠大義而起 國家培養之澤 天下 正直 地氣 至左右身而見矣.

그는 "모든 우주를 통해서 한 나라 한 사람이라도 중국에 복종하지 않은 자가 있다면 이는 하늘을 거역하는 것"이라고 주장했다. 또한, "이 이치가 지극히 바르고 그 의리가 지극히 엄중하니 이를 순종하여야 하늘과 땅이 제자리를 찾을 것이며, 만물도 본분을 얻게 될 것"이라고 했다. 만일, 이처럼 하지 않는다면 천지는 뒤바뀌고 만물은 사라질 것이므로 중국이 언제나 황극(皇極)을 가져야 한다고 주장했다.101) 그가 우주의 대세를 전망하는 방법은 "이치에 근거하고 형세를 미루어 옛것을 바탕으로 새것을 헤아리는 것"이다.102) 구체적인 현실을 무상시(無常時) 하는 것은 아니지만, 진리를 아는 것은 이치와 옛것에 관한 추구와 획득을 한다는 것이다. 현실에서부터 사실과 상황 그리고 형세를 확인한 결과로 그 내면의 진리를 이해하는 것보다는 이치를 산정한 후 그 이치에 따르는 형세를 살펴 보완하는 것이다.103) 그는 그들의 이익을 나의 이익으로 보고, 그들이 얻는 것을 내가 얻은 것과 같이 생각하고, 그들이 잘되는 것과 같이 내가 잘되는 것으로 생각하며, 그들이 강해지는 것을 내가 강해지는 것으로 여겨서, 예전과 같이 상호 간 해치는 일이 없어야 한다고 하였다. 그리고 서로 소원하게 여기지 말고 반드시 서로 믿고 친해져서 이해득실(利害得失)과 성쇠강약(盛衰强弱)을 함께해야 하며 진실로 이렇게 하면 마침내 모두 이롭고 강성해지며 잘될 것이라고 하

---

101) 『毅菴集』 卷51, 「宇宙問答」; 『국역 의암집』 6, 의암학회, 2010, 250쪽. 有一國一人不服中國者. 乃逆天也. 爲士而不慕中國, 非所謂士也. 此理至正, 此義至嚴, 此有順焉, 天地定位, 萬物得所. 此義逆焉, 天地崩倒, 萬物乘滅. 嗚呼其有凜然者矣, 使此理義順而無逆, 都在中國皇建有極而已矣.

102) 『毅菴集』 卷51, 下卷, 「宇宙問答」, 경인문화사, 1973, 508쪽. 客有問曰, 天地曰宇, 古今曰宙, 宇宙大勢, 可得聞歟, 曰 面前暫時者, 且難知而言之, 宇宙大勢 豈敢曰知而言之, 雖然據理推勢, 執古測新, 惑有可得而言者.

103) 의암은 드러난 형세에서 구하면 오히려 막히는 것이 있다고 하면서 천지의 올바른 이치는 진실로 간단하고 쉬운 것이라고 하였다. 『毅菴集』 卷51, 「宇宙問答」. 彼不識理, 故有此妄說也, 於理反矣, 爲求著象, 又多窒礙矣. 且以大爲動, 以地爲淨則簡易也, 見其爲說, 虛妄 且置, 亦甚煩難矣, 天地 正理, 實簡易也.

였다.

　의암은『우주문답』에서 서양 문명은 문명이 아니라 '경쟁'이라고 표현하고 있다. "서양의 모든 문명적인 세부 단위, 예컨대 민주정치 사상(평등·자유·천부인권설), 민주정치 제도(대통령제=공화제·입헌제·국회의원제), 자본주의 경제 및 군사(빈익빈 부익부 현상·군비확장정책), 사회(남녀자유교제·여권신장·이익사회활성화), 교육(남녀평등교육·여성교육 등), 종교(천주교·기독교) 등의 측면에 경쟁 논리가 내포되어 있다"[104]라고 하였다. 그의 학문이 화서에서 중암, 성재로 이어지는 학통이고 그 사상은 당시의 역사적 일련의 사건들과 맞물려 있다. 1866년 병인양요를 시작으로 신미양요, 갑오왜란, 명성황후시해사건, 20세기 초반의 을사늑약과 일본 제국주의의 한반도 강점을 선언한 1910년 경술국치(庚戌國恥), 그리고 그가 사망할 때까지 그의 교육철학은 일관적인 흐름으로 이어진다. 그는 우주의 모든 나라, 모든 사람은 중국을 종주로 삼고 순종해야 한다고 주장했다. 그것이 지극히 바르고 지극히 엄중한 이치라고 믿었다. 중화 질서에 대한 확고한 신념은『우주문답』의 처음에서 마지막까지 그 전체를 관동하고 있다. 그는 동서의 문명을 조명하면서 동서양의 비중보다도 중국과 외국의 구분을 더 큰 범주로 보고 크게 나누고 있는데 다음과 같이 논하고 있다.

　　'중국'은 나라가 한가운데 있어서 그 행하는 것이 상달(上達)이므로 상달이란 도리(道理)에 통달하는 것이다. '외국'은 변두리에 치우쳐 있는 나라로서 그 행하는 것이 하달(下達)로서 형기(形氣)에만 통달하는 것이다. 상달은 중국의 장기(長技)요, 하달은 외국의 장기이다. 상달과 하달의 장기가 서로 달라지는 것은 풍기(風氣)와

---

104) 金度亨,「의암 유인석의 정치사상 연구」, 연세대학교 석사학위논문, 1979, 121-126쪽 참조.

　　　　　　　　　　　　　　　　　　　의암 류인석의 교육철학

품격(稟格)이 서로 달라서 그렇게 되는 것이다.[105]

　의암은 중국과 외국을 중앙과 변방이라는 지리적인 요소와 상달과 하달이라는 문화 수준의 차이를 가지고 변별하며 풍기와 품격의 차이가 그 원인이라고 하였다. 중국과 외국을 이분법적으로 구분하고 있는데 중국은 일찍 문명을 이루었고, 성군이 나왔고, 전통왕조가 이어졌으며, 성현과 철인이 이어져 윤리·예악·제도·문물과 도덕 경술이 빛났으므로 상달의 중국이 된다. 중국의 도리는 원래 천지와 더불어 높고 크며, 중국의 풍토는 천하에서 가장 문명한 곳이라고 하였다. 그에 반해 외국은 거친 곳에서 문명이 시작되었고, 도리도 밝지 못하며 윤상예제(倫常禮制)도 어긋나 나라도 늦게 이루어졌으며 형기의 사욕만을 추구하여 좋은 음식, 사치한 옷, 웅장한 집, 예리한 무기, 기이한 재주와 교묘한 술책 등으로 우위를 다투기 때문에 하달이 된다. 그들은 공리(公利)에만 급하며 욕심이 불같이 일어나 천리를 알지 못한다.[106] 이것이 중국과 외국을 비교하는 그의 논리이다. 그는 구한말 밀려오는 외국 문물에 위정척사의 논리로 대응한 것은 화서에게 전수받은 것이다.

　『우주문답』은 대외적으로 실천적인 활동하기 어려운 여건 속에서, 어느 정도는 목적의식적으로 저술된 것이다. 오영섭(1997)은 이 저작이 신해혁명 후 중국에서 공화제가 시행된다는 소식을 전해 들

---

105) 유인석, 『국역 의암집』 6, 의암학회, 2010, 187쪽. 中國國以正中, 其爲也上達, 上達達乎道理也. 外國國以偏邊, 其爲也下達, 下達達乎形氣也. 上達中國之長技也, 下達外國之長技也, 上達下達, 長技之異致, 出於風氣稟格之自異而爲然也, 此其大分而有不可移易也.

106) 『毅菴集』 卷51, 「宇宙問答」, 下卷, 경인문화사, 1973, 500쪽; 『국역 의암집』 6, 의암학회, 2010, 188쪽. 中國自鴻濛初闢而文明已久矣, 及有伏羲神農黃帝堯舜禹湯文武之爲君而建上達之極. 漢唐宋明承其典型, 有契益伊周孔曾思孟之爲臣爲儒而宣上達之化. 關上達之學, 先正後哲, 循其規程, 倫常禮樂, 制度文物, 道德經術, 隆隆赫赫焉矣, 此其上達而所以爲中國也. 外國荒僻層開而爲國寢緊 昧茫道理 反背倫常禮制, 爲國之愈晩愈遠而愈昧愈反. 惟形氣之務窮其欲, 珍食侈衣, 壯居利兵, 與凡奇技巧術, 爭相鬪優而已, 此其下達之所以爲外國也.

은 의암이 공화제의 부당성을 군부 실력자 원세개(袁世凱)에게 호소하기 위해 지은 책이라고 밝혔다. 그러나 그 역시 이 책이 서양의 근대사상과 제도 및 문물을 총체적으로 지적한 종합적인 서양 비판서로서 한국 근대 유교사상사에 주목할 만한 저작이라고 밝혔다. 의암이 1913년 지어 펴낸 우주문답은 위정척사를 주장한 강력한 현실 참여적인 보수와 지식인의 글이지만, 오늘날에도 시사하는 바가 있는 자료라고 할 수 있다. 우주문답은 "그의 의병 투쟁 과정을 통해서 그 자신과 화서학파의 위정척사사상을 설명한 최종 결정판이라고 할 수 있다. 『우주문답』에서 그는 당시의 국제정세에 대응하는 자신의 사고를 최종적으로 정리해 주고 있다. 그는 마지막까지도 위정척사사상을 견지해 나가면서 부분적인 사고의 변화를 보여주었으며, 서양 문물에 대한 부분적인 수용의 사고를 남겼을 뿐 척양과 척왜로 대표되는 일생의 사고를 크게 바꾸지 않았음을 제시하고 있다."107) 그는 중국·조선·일본이 마땅히 서로 사랑과 걱정으로 서로 권하고 도우며 어우러져서 하나가 되어야 하는 처지인데 그 반대로 서로 패망시키니 본래 지극히 외롭고 위태로운 중에 더욱 외롭고 위태로움을 재촉하니 나중에 어떻게 할 것인가?108)라고 하며 다음과 같은 글을 남겼다.

　　슬프다! 일본이 요즘 동양에서 조금 강하다 하여 신의가 적어지고 많이 난폭해졌다. 가까운 이익만 탐하고 먼 앞날에 대해 깊은 생각을 하지 않으니, 그것은 만부당한 일이며 동양의 재앙을 짓는 것이

---

107) 李愛熙, 「의암 류인석의 國外根據地論의 構想과 理論的 推移」, 한말 춘천의병의 전개와 의암 류인석 의병장의 해외 항일의병투쟁(제15회 의암학술대회보), 의암학회, 2014, 120쪽; 유성선, 「화서학파 한·중지역 독립운동의 사상적 가치 및 전망」, 『한중인문학연구』 66, 한중인문학회, 2020, 17쪽.

108) 유인석, 『국역 의암집』 6, 의암학회, 2010, 197쪽. 三國宜相愛相憂 相勸相助 打成一片以爲之地 惜乎不能然而自相破敗 素極孤危之中 又自速孤危 至末如何之境矣.

다. 일본은 중국으로부터 본래 경멸을 받아오던 처지였다. 예로부터 자주 침략했다. 근래에 와서 일본이 명분 없는 군사를 움직여 전쟁을 일으키고는 땅을 빼앗고 재화를 징발해 갔다. 또 중국에 의화단(義和團)의 난(亂)이 일어나 연합군이 들어올 때 일본이 선두에 서서 포악한 전투를 하였다. 그래서 중국의 약점을 열강에 드러내어 더욱 멸시를 당하게 하였다. 대체로 서로 도울 처지에 쉽사리 업신여기고 누르기만 하여 중국이 깊이 울분을 머금도록 하였다. 조선에 지난 일은 그만두고라도 중국에 버금가는 나라라고 권하여 독립을 시켜놓고 보호한다고 꾀더니 이어서 합방하여 땅을 빼앗고 총독부를 두었다. 국모에게 시해를 가하고 함부로 임금을 폐하고 세우며 위호(位號)를 깎아내려 조선을 대하는 태도가 차마 말할 수 없는 지경에 이르렀다. 충신과 절개 높은 자는 앞뒤로 서로 바라볼 뿐 어떤 생각을 못 내고 의사들이 피를 뿌림에 봉기하지 않는 고을이 없었으니 끝내 구제하지를 못했다. 심지어 일본인 서판풍(西板豊)이란 자가 불법을 한 것을 가슴 아프게 여겨 마침내 화를 입어 자살하였으니, 일본에도 합방이 옳지 않다고 주장하는 사람이 또한 많았으나 개의하지 않고 강행하였으며, 조선의 온 나라에 상하 대소 모든 사람의 마음에 피맺힌 원한을 남기고 말았다. 일본의 형상으로 말할 것 같으면 억지로 서법(西法)을 본받아 한때 억센 기운이 뻗치는 것이 비록 강한 것 같지만, 실속은 극히 허약하고 극히 외롭고 위험하다. 왜냐하면 전쟁이 자주 일어나면 부채가 쌓여 헤아릴 수 없을 것이요, 강한 러시아의 원망을 사고 부유한 미국과 틈이 벌어지며, 각국에 두루 미움을 사게 되기 때문이다. 이웃 나라를 돌아볼 때 모두가 분하고 원망하는 마음이 쌓이고 천지도 재앙을 내릴 것이다. 해일이 크게 일어나며 지진이 일어나 변고가 없지 않을 것이다. 정부와 백성은 서로 다투어 등져서, 나라가 흔들려 난리가 날 것이다. 이렇게 되고도 운영될 나라는 없을 것이니, 또한 슬픈 일이다.[109]

---

109) 유인석,『국역 의암집』6, 의암학회, 2010, 197-198쪽 참조. 惜乎日本爲近日東洋之稍强者 而少信義多悍暴 貪急利忘遠慮 爲萬不當之爲 爲作東洋之孽也 日本之於中國 素敢輕侮 自古多侵軼 而挽近動無名之兵而戰之 奪地徵金 又於中國有義和團之亂 而聯合兵之入也 居先强戰 暴中國之短弱於列强 致盆輕慢 又凡相與 輒加凌壓 使中國爲深含慍蓄憤矣 其於朝鮮 往事已矣 卽先貳之中國 勸使獨立 旋曰保護 繼云合邦而奪地 爲總督府 加害國母 勒行廢立 而仍貶降位號 待

제4장 의암 교육철학의 실현(實現)   133

의암은 이 글을 통해서 일본이 생각을 돌이키고 허물을 생각하여 뉘우쳐야 하며 중국에 화합하고 앞날을 도모하는 길을 깊이 강론해야 한다고 하였다. 그리고 조선에 사죄하여 나라를 돌려주고 서로 권면하여 자강책을 마련해야 한다는 것을 강조하였다. 또한, 삼국이 서로 손발을 맞추어 굳은 우정을 맺고 물이 섞이듯 우호를 증진하고 신의로써 정리(正理)에 따라 나라의 위아래 없이 공정하게 하나가 되어 강한 결실을 이룰 것을 강조하였다. "동양 삼국이 하나가 되고 강해져서 중국이 종주국이 된다면 비단 삼국뿐만 아니라 실로 세계의 종주국이 될 것이다. 이렇게 종주국이 되면 명분도 바르고 서로 세력도 강해져서 한때의 강약으로 계교를 부리지는 못할 것이다. 몽고와 서장도 삼국이 하나가 되면 어찌 다른 마음을 낼 것이며, 이미 패망한 안남 등의 나라도 이에 따라서 생기를 발할 것이다. 진실로 이같이 하면 서양도 반드시 스스로 물러설 생각을 할 것이니, 동양이 스스로 영원히 존립할 것이다"[110]라는 것이 당시 그의 생각이었다. 서양은 이미 부강하고 토지를 점유한 것이 광대하니 부족함이 없어서 서로 해치고 전쟁을 일삼지 않아도 될 것이며 동양이 우뚝 존립한 것을 본다면 오히려 공경하고 두려워할 것이라는 논리를 펼쳤다.

의암에게 객이 묻기를, "사람들이 모두 옛날과 지금 시대는 변하고 바뀌었다는데 현재 서양이 왕성하여 그들의 법이 통한다. 그를

之至不忍言 忠臣著節 前後相望而不之顧 義士沫血 無邑不起而不之恤 至有其人西板豐痛行不法 終致禍殃而自殺 其國亦多有不可之論而不以爲意 盡其罔極行爲 使通朝鮮一國上下大小人人心心 埋血寃矣 至其自國形狀 强效西法 肆一時悍氣 雖若有强 其內實極虛極弱 極孤極危 戰爭屢興 債積無筭 結怨於强俄 攓譽於富美 遍憎於各國 回顧比鄰 皆積憤怨 加之天地示災 水蕩火噴 山鳴土陷 無變不有 政府民權 頡頏反背 國擾人亂 未有如此而能爲國者 其亦可哀矣.

110) 유인석, 『국역 의암집』 6, 의암학회, 2010, 199쪽 참조. 東洋三國有如斯 克一克强而中國以爲之宗 蓋中國非特三國之宗 實一世界之宗 爲宗於是 名正而勢可立 不可以一時强弱計較也. 至於蒙藏三國一焉 豈亦貳之 如已陷之安南等國 從而發生氣也. 苟如此則西洋必亦有思自退 而東洋自可永立矣.

따르는 지금 시세(時勢)는 마치 겨울 가죽옷을 입어야 하는데도 여름 갈포 옷을 입은 것과 같다고 말하는데, 이 말은 어떠한가?"111)라고 하자 다음과 같이 대답하였다.

겨울에 가죽옷을 입고 여름에 갈포 옷을 입는 것은 때에 따라 옷을 변통(變通)하는 것이다. 옷으로 말한다면 본래 입는 이유가 있는 것이고 통하는 것으로 말하면 옷을 덜 입고 더 입는 것이다. 중국과 조선이 서양의 법을 따르면 서양의 옷 입는 이유와 같아서 우리의 옷을 버리는 것이니, 결국 옷을 벗고 알몸으로 있는 것과 같다. 옛날 중국에서 무력을 떨치기도 하고 그치기도 하며 전쟁을 하기도 하고 쉬기도 한 것은 때에 따른 것이었는데, 오늘날의 시세는 무력을 숭상하지 않을 수 없게 되었다. 서양의 전쟁기술과 병기와 그 밖의 장점을 취하고, 또 그런 방식으로 계속하여 서양의 것들을 취하는 일은 실로 부득이한 것이니, 이것이 이른바 '겨울에는 가죽옷을 입고 여름에는 갈포 옷을 입는다'라는 것이다. 만일 시세에 따라 우리나라가 독립되지 않고 윤상대도(倫常大道)·성현정교(聖賢正敎)·의발중제(衣髮重制)의 모든 예의를 버린다면 이것이 이른바 '의복을 벗고 알몸이 된다'라는 것이다. 그리고 시세에 따라 반드시 내가 할 바를 버린다면, 공자가 춘추시대에 살면서 어째서 당시에 숭상되던 바를 하지 않으면서 '문왕(文王)과 무왕(武王)의 道가 모두 책 속에 들어 있다'라고 했겠는가. 또 맹자가 전국시대에 살면서 어째서 당시에 숭상되던 바를 하지 않으면서 '선왕의 법을 준수하여 잘못이 있는 자는 없었다'라고 하였겠는가?112)

---

111) 유인석, 『국역 의암집』6, 의암학회, 2010, 205쪽. 問曰 人皆曰古今時代變易 今西洋盛而法通行 從之爲今時宜 如冬裘而夏葛 其言何如.

112) 유인석, 『국역 의암집』6, 의암학회, 2010, 205-206쪽. 冬裘而夏葛 在衣服而隨時變通者也 衣服言之所因也 變通其損益也 中國朝鮮而從西法 爲並所因而棄之 脫衣服而裸其身者也 昔中國奮武偃武 貫革作息隨時也 當今時勢 不得不尙武崇兵 取西之兵技兵器及他所長 又或推此類爲取固有不得已者 是所謂冬裘夏葛也 如曰從時而棄我所以爲國 棄倫常大道 棄聖賢正敎 棄衣髮重制 棄凡禮義所在 是所謂脫衣服裸身也 如從時而必棄我所爲也 孔子在春秋之世 何不爲其時所尙 而曰文武之道 具在方冊也 孟子在戰國之世 何不爲其時所尙 而曰遵先王之法而過者 未之有也.

의암은 옷을 벗어 알몸이 되면 더위·비·눈이 엄습할 때 병을 얻을 것이요, 나라가 되는 실(實)을 버리고 그 나라를 허(虛)하게 하면 주변국에서 호시탐탐 엿보는 무리로 인해 나라를 보전하지 못할 것이라고 하였다. 만약 우리나라의 장점을 모두 버리고 서양 법을 따른다면, "이것이 비록 '때에 마땅한 것을 따르는 것이다'라고 하지만, 실은 때의 마땅함을 잃어버림이 심해져서, 이른바 '겨울에 가죽옷을 입고 여름에 갈포 옷을 입는 것'이 아니라, 겨울에 갈포 옷을 입고 여름에 가죽옷을 입는 것처럼 되고 만다"[113]라고 하였다. 『우주문답』은 실천적 유학자인 그가 생을 마치기 2년 전에 '문명'이라는 주제를 중심으로 자신의 사상을 정리하여 저술한 것이며 천지고금(天地古今)을 일컫는 우주에 관한 문답을 통해 당대 동서양의 문명을 반성하여 살피고 이를 토대로 우리 민족의 미래와 나아가야 할 방향을 제시한 것이다. 그는 정치에 대하여 크게 두 가지를 중요시한다. 첫째는 법치(法治)가 아닌 선정(善政)이고, 둘째는 정전(井田) 회복을 해야 한다는 것이다.

선정과 법치는 정치의 근본과 말단이다. … 법은 세상의 흐름을 따라간다. 진실로 고금을 참작해 보면 배부르게 먹고 균등하게 가난이 없게 하기에는 정전(井田)만 한 것이 없다. 정전은 비단 농사 한 가지만을 지칭하는 것이 아니라 백 가지의 모든 것이 이로부터 정해져 다스려진다. 정전에 기반하지 않으면 구차하게 될 뿐이다. 후세에 이 아름다운 제도를 회복할 수 없다고 생각하니 슬프다.[114]

---

113) 유인석, 『국역 의암집』 6, 의암학회, 2010, 206쪽 참조. 脫衣服而裸其身 暑雨冷雪之侵著 身得病矣 棄爲國之實而虛其國 前窺後伺之圍至 國不得保也 計無他矣 宜我益敎所因 斟酌有取於彼 爲微末之損益 此時宜之所在也 若全棄我爲國之所好 而悉從西法之異者 其雖曰從時宜 而實失時宜之甚矣 非所謂冬裘而夏葛 卽其如冬葛而夏裘也.

114) 유인석, 『국역 의암집』 6, 의암학회, 2010, 195쪽. 善法其本末也. … 法隨世移, 固有叅酌古今而不失其本可矣. 洪範八政, 一曰 食, 使民足食, 均而無貧, 莫如井田. 井田非特爲農一事, 百度皆由此定, 爲治而不呋井田, 苟而已. 惜乎後世之無能複此美制也.

의암은 정전제도의 중요성을 강조하면서 그 제도의 회복을 주장하였다. 정전은 백성의 기본적인 생활을 이끌어가는 것, 곧 배불리 먹고 가난하지 않게 하는 것이므로 인본주의적 시각으로 도출한 주장이라고 할 수 있다. 그는 인륜이 밝아지면 천하에 서로 친애하지 않을 사람이 하나도 없게 된다고 하였다. 그런데 "인인(仁人), 군자(君子)는 나라가 이 꼴이 되어가는 것을 앉아서 보기만 하고, … 道가 망해 가는데도 국력을 진작(振作)시키고 부지(扶持)할 바를 생각하지 못한단 말인가? 나라의 어른 되는 자들은 나라가 이 지경에 이르렀는데도 앉아서 당하기만 하고, 지위(地位)가 고립되고 세력이 곤궁해졌는데도 눈을 크게 뜨고 바로잡을 것을 생각하지 않는단 말인가?"115)라며 한탄하였다. 그리고 천하의 사물은 제각각의 이치를 갖추고 있어서 각각이 지극히 당연하다고 하면서 "사람 중에 행동하기만 하고 물러나지 않는 자는 마음에 그 곧음을 잃었기 때문이다"라고 하였다. 그는 곧음이란 道라고 하면서 만약 "道를 얻었다면 어찌하여 마땅하지 않은 것을 따르겠는가? 어찌하여 불손한 것을 버리겠는가? 이와 같다면 큰 것에 처해도 작은 것보다 큰 것이 없고 작은 것에 처해도 큰 것보다 작은 것이 없으며 어려움에 부닥쳐도 쉬운 것보다 어려운 것이 없으며 쉬운 것에 처해도 어려움보다 쉬운 것이 없다"116)라고 하였다. 그는 『우주문답』에서 서구 문화를 비판하고 동방의 전통문화를 유지할 것을 주장하였다. 특히 국권을 회복하기 위해서는 인재 양성에 힘써야 한다고 강조했다. 이처럼 그

---

115) 유인석, 『국역 의암집』 6, 의암학회, 2010, 215쪽 참조. 仁人君子坐見國有如許華沒道亡 而其可不思所以振力扶持乎 長國家者坐當國至如此位孤勢困 而其可不思所以明目糾正乎.

116) 유인석, 『국역 의암집』 4, 의암학회, 2009, 23쪽. 天下事物 各各具理 各各至當 難易大小 實無行不去處 人有行不去者 心失其直故也 直者何也 道也 但得道在 何應不當 何去不順 如是則處乎大而 無大於小 處乎小而無小於大 處乎難而無難於易 處乎易而無易於難.

의 우주문답에는 그의 예리하게 꿰뚫어 보는 철학적 논의가 아우러져 있다.

6. 사상 체계의 집대성 『도모편(道冒編)』

의암은 자신이 평생 실천한 애국 이념과 학문 그리고 사상 체계를 집대성하기 위하여 『도모편』을 저술한 다음 해인 1915년 74세에 세상을 떠났다. 이날 잠시 잠이 들었다가 깨어나서, '심성설(心性說)을 짓고자 한다'라고 말하고, 자면서도 심성설을 이야기하였다. 『도모편』 저술에 관하여 문인의 다음과 같은 기록이 전해진다.

> 의암이 젊어서부터 말하기를, 천지의 조화와 제왕의 치세(治世)와 성현의 교육, 이 세 가지를 이해하여 강령과 조목을 얻어서 가가호호마다 보고 완상(玩賞)하게 하는 것이 대장부의 극진히 쾌활한 일이라고 하였는데, 『화동사(華東史)』를 편찬할 때도 이 3조항을 앞에 가장 크게 하라고 하였다. 이때 이르러 이 세 가지로 제목을 만들어 여역하여 찬술하였는데 범위는 한정이 없고 가상 요점이 되는 것으로 절충하여, 만세 사도(斯道, 우리 유학)의 표준으로 삼았으니, 한때 시국의 필요에만 그치는 것이 아니었다. 병고의 갖은 어려움 속에서도 정신을 가다듬어 반드시 일을 마치려 하였고, 중·하 두 편은 대략 초고를 완성했으나 상편은 고증할 부분이 필요해 빠진 부분이 많았다. 하늘이 얼마의 시간을 더 내주었다면 거의 편찬을 마쳐서 세도(世道)와 후학에 큰 도움이 될 것인데 완성하지 못하였으니 이것은 천고의 지극한 한이다.117)

---

117) 유인석, 『국역 의암집』 1, 의암학회, 2006, 596쪽. 先生 子所謂 天地之化 帝王之治 聖賢之敎 這三事理會得網條 各開萬戶千門一着 玩來 大丈夫極快活事 此序華東史亦首大件三爲言矣 至是 以此三者 入門做題 敷演纂述 盖將範圍無外 折衷至要 立萬世斯道之準的 非特爲一時時局需用 而已也. 病患萬難之中 揀神少醒而必有事 中下二編 略幾成章 惟上編待得考據文字 而尤多闕置 天加時月歲年 庶可卒編 而大爲世道後學之辛 而未完焉 此爲千古至恨.

의암 류인석의 교육철학

당시 이직신·백삼규가 박병강·김두운의 의견에 따라 동문과 의논하기를, "의암이 道意를 강론하고 의리를 밝힌 글들이 각지에 흩어져 있는데 이것을 수습하는 것이 시급하다. 이를 인쇄하여 널리 배포해야 옳으나 아직 겨를이 없으니 우리 스승의 자리가 비어서 가르침을 받을 수 없고 또 험난한 세상에 단권의 책으로는 보전하여 지킬 수 없으니, 활자로 책을 인쇄해서 나누어 보관하여 강론하고 가슴에 담는 자료로 삼지 않을 수 없다고 하였다. 그래서 정사년(1917) 1월에 요동에 간행소를 설치하여 7월에 일을 마쳤다. 문집이 완간(完刊)되자 왜적이 그 일을 알고 이듬해 1월에 갑자기 보관한 곳으로 와서 40여 질을 압수해 가서 불에 태웠다."[118] 의암은 『도모편』 서(序)에서 다음과 같이 논하고 있다.

> 돌아보면 나는 道 안의 한 물체일 뿐이다. 동쪽 외진 곳에서 만대(晚代)에 태어나서 용렬하고 어리석고 나약한 채로 몸에는 얻은 것이 없고 세상에는 도움이 된 바 없이 풍상에 시달리며 훌쩍 고희를 넘겼다. 다만 헛된 삶에 쓸데없는 죽음을 벗어나지는 못하게 되었으나 다행히 일찍이 화서, 중암, 성재 세 분의 현사에게 가르침을 받아 道에는 큰 것이 있어 천지의 고금이 바로 道의 체(體)와 용(用)이요, 시작과 끝이며 그것이 한 집안의 일임을 들어서 알았다. 천지는 부모로 존엄하고 제왕은 종자(宗子)로 계승하고, 성현은 학문을 이어받아 앞이 되고 뒤가 되니 道는 그것을 위하여 본과 말이 되고 기수(氣數)의 성쇠로 씨줄과 날줄이 된다. 눈으로 중국과 우리나라 대소화(大小華)의 운이 망극함에 이름을 보게 되니 비분, 통박하여 道로 마음 삼지 않을 수가 없다.[119]

---

118) 유인석, 『국역 의암집』 1, 의암학회, 2006, 598쪽. 文集旣成 倭知其事 翌年正月猝至藏所 押取四十餘帙以去焚焉.

119) 유인석, 『국역 의암집』 6, 의암학회, 2010, 251쪽. 顧余道中之一物耳 生於東偏之晚 庸愚懦殘 無所得於身 無所補於世 風霜顚沛 稀年遽過 祗不免虛生浪死矣 幸嘗得奉教於華西重庵省齋三賢師 聞知道之有大 而覆載古今 乃其體用始終 便亦一家間事 天地父母而嚴尊 帝王宗子而繼承 聖賢師承而先後 道爲之本末而經緯氣數盛衰 目見中國吾東大小華之運至罔極矣 悲憤痛迫 莫之爲

의암은 오직 道로써 앞과 뒤를 꿰면 이루어짐도 허물어짐도 없다고 하였다. 천지는 변화를 지속하고 제왕은 다스림을 지속하고 성현은 가르침을 지속하니 그것이 비록 기수의 운행이 압박하는 바로 상(常)과 변(變), 흥(興)과 폐(廢), 긴장과 이완이 있지만, 그렇다고 해서 道가 무궁하지 않은 건 아니라고 하였다. 그 무궁한 것이 존재한다는 것을 알아야 비로소 선사와 옛 성현의 밝은 가르침을 채취하고 가끔 자신의 견해를 덧붙여 참작하여 『도모편』을 만들어서 만에 하나라도 그 기운을 되돌리는 자료로 삼으려 한다고 하며 그것이 "어찌 지금 천하의 사람들과 후세의 사람들에게 깊은 소망이 있지 않겠는가?"[120]라고 하였다. 그리고 공자는 존양(尊攘)[121]을 말하고 맹자는 한방(閑放)[122]을 자기 일로 여겼지만, 세상엔 성인이 없다고 하였다. 또한, 그는 맹자의 말을 인용하여 '성인을 따르는 무리는 말할 수 있다'[123]라고 하였고 주자의 말을 인용하여 '반드시 성인일 것은 없다'라고 했으며 비록 사람이 미약하더라도 크게 불가하지만은 않을 것이라고 하였다.[124] 글의 첫머리에서 그가 평생을 통해 강조하였던 道와 學 그리고 입지를 제시하고 있으며 기수의 운행이 입박하여 어려운 상황이지만, 성현의 가르침과 제왕의 다스

心矣.

120) 유인석, 『국역 의암집』 6, 의암학회, 2010, 251쪽. 惟道貫前徹後 無有成毁 天地之爲化 帝王之爲治 聖賢之爲敎 雖氣運所迫 未免有常變興廢張弛 豈其無與道無窮者存耶 知其有無窮者存 而乃就先師與古聖賢所發揮之明訓 有採取焉 間亦附己見 叅酌爲是編 爲斡旋氣運萬一之資 蓋深有望於今天下與後世也.

121) 존화양이(尊華攘夷)의 줄임말이다. 중화를 높이고 오랑캐를 물리친다는 뜻이다. 『논어』, 「팔일(八佾)」 夷狄之有君 不如諸夏之亡也.

122) 『맹자』, 「등문공장구(滕文公章句)」: 閑先聖之道 距楊墨 放淫辭. 선정의 道를 보호하여 양묵을 막으며 부정한 말을 추방한다.

123) 『맹자』, 「등문공장구(滕文公章句)」: 能言距楊墨者 聖人之徒也. 양묵을 막는 사람은 성인의 무리이다.

124) 유인석, 『국역 의암집』 6, 의암학회, 2010, 251쪽. 蓋孔子尊攘 孟子閑放 時其事而世無聖人矣 孟子言聖人之徒 而朱子亦曰不必聖人 則雖人之微末無似者 或無大不可也歟.

림이 천지의 변화를 가져올 것을 소망하지 않을 수 없다는 것이다. 그리고 그런 믿음은 반드시 성인이 아닌 미약한 사람이라도 가능하다는 말로 현재는 슬프고 분하며 분하지만, 道로서 밝은 미래를 희망하고 있다. 의암은 온 세상 사람이 똑같이 천지의 性과 氣를 선천적으로 타고 태어났다고 하면서 다음과 같이 말하였다.

> 다른 사람과 자기가 한 몸임을 밝게 알아 한 몸에 틈이 나게 해서 불화할 수 없으니 그렇게 하면 자기가 하고자 하는 바를 남에게 베풀고 자기가 하고자 하지 않는 바를 남에게 베풀지 않을 것이다. 하고자 하는 바를 베풀고 하고자 하지 않는 바를 남에게 베풀지 않으면 어느 곳으로 가든 그 和를 얻지 못하겠으며 이와 반대로 하면 어느 곳으로 가든 그 和를 얻겠는가. 불화로 가지 않게 하면 만물과 더불어 모두 봄이리니 그렇게 하면 나의 서(恕)를 행하여 나의 仁에 달하게 될 것이다. 사람이 종신토록 그렇게 행동하면 어찌 부족함이 있겠는가? 비록 자공이 恕를 종신토록 행하더라도 부족함이 없으니 부족함이 없는 것으로 앞으로 가는 것을 성(聖)과 仁이라고 말하니 어찌 미치지 못함이 있겠는가? 나는 또 들었다. 사람으로 불서(不恕)가 있는 자는 도심·인심에 경중이 있는 것을 알지 못한다고. 도심의 무거움을 알지 못하면 성명(性命)에 어두워 사사로움을 없애기 어렵고 인심의 가벼움을 알지 못하면 형기에 간절해 사사롭게 되기 쉽다.[125]

의암은 남에게 보이고자 학문을 하고, 이를 이용해 출세하려는 것이 유행을 이루었다고 하면서 그것이 이미 심해져서 옛것을 배우는 데에 뜻을 두었는데 서재를 세우고 이름을 학고재로 편액하고

---

125) 유인석, 『국역 의암집』 5, 의암학회, 2009, 291쪽. 明知人與己之爲一體 而一體不可使間隔不和 則己之所欲 施之於人 己所不欲 勿施於人焉耳矣 所欲施之 不欲勿施 則何往而不得其和 反是則 何往而得其和 無往不和 與物皆春 則行吾之恕而達吾之仁矣 人人終身行之 豈有不足 雖子貢行 之終身 無不足 無不足 己往 曰聖與仁 豈有不可及哉 吾又聞之 人之有不恕者 不知道心人心之 有輕重也 不知道心之重 則昧於性命而難公 不知人心之輕.

스스로 수양하면서 후진을 인도하려고 했다. 홍경래의 반란에 나라를 위해 군비를 제공하여 義를 지향했으니 이것은 주자가 말한 위기지학(爲己之學)으로 군신부자의 仁義의 道에 대해 그 한 부분을 드러낸 것이다. 그는 사사로움을 버리는 것을 어렵게 여기고 쉽게 사사로움에 매이는 것이 恕 하지 않는 까닭이라고 하였다. 그렇다면 도심 위의 일은 남을 책망하는 마음으로 자기를 책망하여 돌이켜 그것을 베풀고, 인심 위의 일은 자기를 이롭게 하는 마음으로 남을 이롭게 하여 먼저 그것을 베푸는 것이므로 이같이 하면 恕 하지 아니함이 없을 것이다.126) 그는 지금 천지가 폐색(閉塞)하여 양맥이 끊어진 것을 보고 있다며 극기복례(克己復禮)하여 仁을 행할 수 있으면 하늘과 사람이 느끼고 통하여 회복되는 道도 다른 데서 기다릴 필요 없이 여기에서 얻어질는지도 모른다고 하였다. 그가 통분을 참으며 기다린 것은 깊이 나라 안의 仁을 구하는 선비들에게 희망이 있었기 때문이니 장차 사람에게 고하고자 먼저 제군들에게 그것을 드러내니 제군들은 이 고심(苦心)을 헤아려 그것을 위로할 방법을 생각하라127)고 하였다.

의암은 나라가 보존 여부와 다스려짐의 여부는 그 나라의 말과 행동을 보면 알 수 있다고 하였다. 나라의 말과 행동이 예의 있고 선왕의 道이면 반드시 보존되며 다스려지고, 나라의 말과 행동이 예의가 아니고 선왕의 道가 아니면 보존되지 못하며 다스려지지 못한다. 그러므로 사람은 효제충신(孝悌忠信)에 대해 살펴볼 뿐이며 나

---

126) 유인석,『국역 의암집』5, 의암학회, 2009, 291 참조. 則切於形氣而易私 難公易私 所以 不恕 然則道心上事 以責人之心責己而反施之 人心上事 以利己之心利人而先施之 如是則無不恕矣.

127) 유인석,『국역 의암집』5, 의암학회, 2009, 294 참조. 見今天地閉而陽脉絶矣 余常謂陽脉無處 可求 當於讀書人方寸上求之 有能復禮而爲仁 則天人感通 來復之道 未必有待於他而庶或得之於 此矣 余之爲忍痛有待 深有望於海內求仁之士 將無人不告 而先於諸君發之 諸君其亦量此苦心而 思所以慰之也.

라는 예의염치(禮義廉恥)에 대해 살펴볼 뿐이다.128) 그는 사람이 효제로써 그 근본에 힘써야 근본이 설 수 있고, 근본이 서서 道가 생길 수 있게 하는 것은 평범하게 효제에 독실해서 함께할 수 있는 것이 아니라고 하면서 다음과 같이 논하였다.

효제란 작은 효제가 있고, 큰 효제가 있고, 죽은 효제가 있고, 산 효제가 있다. 구구하고 사사롭게 사랑함은 다만 아비를 좇고 형을 따르는 데에 미칠 뿐, 옮겨서 그 나머지에 이르지 못한다. 대단치 않은 작은 절조는 다만 옛날을 뒤밟고 지금을 밟는 데에 제한되어 있어 새롭게 개척하여 그 밖으로 넘어가지 않는다. 이것을 작은 효제, 죽은 효제라 한다. 이같이 하는 사람이 비록 독실하게 하더라도 어찌 근본이 설 수 있고 道가 생길 수 있게 되겠는가? 어버이를 친히 여기고 어른을 어른으로 여기는 道를 다하여 천하를 고르게 할 수 있음에 이르고, 仁義 예악의 실제를 얻어 악(惡)이 그쳐질 수 있게 함에 이르면 이것을 큰 효제, 산 효제라 이르니 이같이 하면서 독실하게 하는 사람에 대해 비로소 '군자는 인을 행하는 근본에 힘쓰니 근본이 서게 되면 온갖 행실의 道가 여기에서 생기게 된다'라고 말하게 될 것이다. 이같이 한 연후에 요순이 행한 道, 정자(程子)가 익힌 학문이 진실로 내 분수 안에서 미치지 못함이 없게 될 것이다. 돌아보면 지금의 천하는 크게 어지러워 아비도 없고 임금도 없고 나이 많은 사람을 능멸하고 위를 범해 천성을 잃어 이르지 아니하는 바가 없이 사람의 도리를 회복함이 없으니 반점(半點)이라도 살아 있는 道가 없다. 그러니 효제가 근본으로 서야 한다는 설로 세상을 향해 입을 열 수도 없다. 바야흐로 동지 사우들과 함께 이 道를 강(講)하여 道를 위하여 함께 힘쓰고 각자를 위하여 그 몸에 근본을 세워 道가 생기는 데에 이르게 하여 세상의 道를 당겨 돌리게 할 방법이 있어 집과 나라와 천하를 부지하여 얻도록 근심하고 슬퍼하니 다만 이 일에 있기를 원한다.129)

---

128) 유인석, 『국역 의암집』 6, 의암학회, 2010, 295쪽. 國之保不保ств不治 觀於國之行言而可知也 國之行言 是禮義是先王之道 則必保必治者也 國之行言 非禮義非先王之道 則不保不治者也.

129) 유인석, 『국역 의암집』 5, 의암학회, 2009, 312-313쪽 참조. 有小孝悌 有大孝悌 有死孝悌 有

효제에 작은 효제가 있고, 큰 효제가 있고, 죽은 효제가 있고, 산 효제가 있다고 한 것은 그동안 도덕적이고 윤리적이었던 효제에 관한 개념을 재정립한 것이다. 유가적 효제는 인간으로서 마땅히 지켜야 할 도덕 준칙이었다. 여기에 의암은 옛날을 뒤밟고 지금을 밟는 데에 제한되어 새롭게 개척하지 않으면 작은 효제, 죽은 효제라고 하였다. 그 이유는 효제를 실천하는 사람이 비록 독실한 마음이라고 하더라도 집안의 효제가 되므로 道가 생길 수 없다는 것이다. 그리고 친친사상은 道를 다하여 천하를 고르게 할 수 있으므로 仁義 예악의 실제를 얻어 악이 그쳐질 수 있게 하면 이것을 큰 효제, 산 효제라고 하였다. 이런 마음으로 독실하게 하는 사람이 비로소 군자이며 온갖 행실의 道가 여기에서 생긴다고 말한 것이다.

의암은 유자의 일에는 네 가지가 있으며 그것은 도덕(道德), 절의(節義), 사업(事業), 문장(文章)이라고 하였다. 그리고 이 네 가지는 하나의 일이라고 하였다. 도덕이 있으면 절의, 사업, 문장은 그 안에 있게 되기 때문이다. 절개와 의리를 도덕적으로 행하면 그것은 참된 절의이고, 도덕적으로 사업을 하면 참된 사업이며, 도덕적으로 문장을 지으면 참된 문장이라는 것이다. 그런데 도덕만 있으면서 절의·사업·문장에 능하지 못하면 실로 그것은 큰 도덕이 아니라고 하였다. 그는 네 가지 일로 네 가지 일을 나누면 잘못이라고 하면서 특히 문장만은 믿을 수 없고 한낱 문장만 숭상하는 것은 소인의 일이라고 하였다. 그는 "재주에 능하지 아니하나 군자가 된 사람은 있지

活孝悌 區區私愛 只及於趨父隨兄而推不到其餘 規規疎節 只局於跡古踐今而拓不過其外 是謂小孝悌死孝悌 如此者雖篤 安有爲本之可立 道之可生者哉 盡親親長長之道而至於可以平天下 得仁義禮樂之實而至於有以惡可已 是謂大孝悌活孝悌如此而篤者 方說君子之務爲仁之本 本之有立百行之道之卽此而生矣 如此然後堯舜之爲道 程子之爲學 固吾分內而無不可及也 顧今天下大亂無父無君 凌長犯上 失天性而無所不至 無復人理 無半點生道矣 孝悌本立之說 無與世開口 方願與同志士友同講是道而爲之同務爲各本立於其身 能致道生 有以挽回世道 扶持得家國天下 忉怛方寸 只在此事.

의암 류인석의 교육철학

만, 재주에 능하지 않으면서 소인이 된 사람은 있지 않다. 문장에 능하지 아니하나 군자가 된 사람은 있지만, 문장에 능하지 아니하나 소인이 된 사람은 있지 않다"130)라고 하면서 다음과 같이 말하였다.

> 德이 없는 재주는 재주가 없는 것보다 훨씬 못하고 道가 없는 문장은 문장이 없는 것보다 훨씬 못하다. 타고날 때부터 문재(文才)를 가지고 태어난 사람은 큰 잘못에 대해 스스로 신중해야 한다. 道에는 체(體)가 있고 용(用)이 있으니, 체에 용이 없을 수 없는 것은 용에 체가 없을 수 없는 것과 같고 용에 체가 없을 수 없는 것은 체에 용이 없을 수 없는 것과 같다. 학자가 道를 행할 때 반드시 체와 용으로 행하니 체와 용은 반드시 서로 구한다. 용에 체에 근본하지 아니함이 있는 것은 물이 흐르게 됨에 그 근원이 없는 것과 같고, 체에 용에 대해 베풀지 아니함이 있는 것은 나무에 뿌리가 있으나 가지가 없는 것과 같다. 만약 선학(禪學)이 체를 위하는 데에만 오로지 한다면 혹시 체를 위할 수 있는 것인가? 아니다. 어떻게 용이 없으면서 체가 그 체 됨이 있겠는가? 만약 속학(俗學)이 용을 위하는 데에만 오로지 한다면 혹시 용을 위할 수 있는 것인가? 아니다. 어떻게 체가 없으면서 용이 그 용 됨이 있겠는가. 그러므로 이단은 仁하지 아니하고 속학은 義가 없다. 仁하지 못하면 역시 義를 잃고 義가 없으면 역시 仁을 잃는다. 131)

德이 없는 재주는 재주가 없는 것보다 훨씬 못하고 道가 없는 문장은 문장이 없는 것보다 훨씬 못하다는 것은 德 없이 재주와 문장

---

130) 유인석, 『국역 의암집』 6, 의암학회, 2010, 307쪽. 儒者事有四 曰道德節義事業文章 四者一事也 有道德則節義事業文章在其中矣 以道德而爲節義 眞節義矣 以道德而爲事業 眞事業矣 以道德而爲文章 眞文章矣 有道德而不能於節義 不能於事業 不能於文章 實非大道德矣 四事分作四事則非也 四者亦有分作所長 雖非眞大 可特可取也 惟文章有不可恃也 不能於才而爲君子者有矣 未有不能於才而爲小人者也 不能於文而爲君子者有矣 未有不能於文而爲小人者也.

131) 유인석, 『국역 의암집』 6, 의암학회, 2010, 307-308쪽. 道有體有用 體之不可無用 猶用之不可無體也 用之不可無體 不可無用也 學者爲道 必以體用 體用必以相須 用之有不本於體 如水之爲流而無其源者也 體之有不施於用 如木之爲根而無其枝者也 如禪學專於爲體 其能爲體者乎 非也 安有無用而體爲其體也 如俗學專於爲用 其能爲用者乎 非也 安有無體而用爲其用也 故異端不仁 俗學無義 不仁則亦失於義也 無義則亦失於仁也.

을 쓰는 사람은 용으로서 仁을 잃기 때문이다. 그는 학자들이 道를 행함에 "농사지을 계획은 세우지 않고 어찌 농기구를 장만하고, 먼 길을 갈 계획을 세우지 않고 어찌 노자만 후히 준비하겠는가? 단조롭고 서툴러도 또 다스릴 수 없는데 하물며 선을 실행함에랴! 또한 어찌 이단(異端)의 불인(不仁)과 구별되겠는가. 성을 알고 마음을 기르는 것을 나는 믿지 않는다. 그래서 말한다. '어찌 일을 그만두려고 하는가?'라고. 세상을 덮을 큰 사업을 하려고 큰 것만을 하면 이것이 용을 사용함에 잘하는 것인가. 농기구를 갖추지 않고 어떻게 농사를 지을 수 있으며 노자를 후하게 준비하지 않고 어떻게 먼 길을 갈 수 있겠는가. 찢어지고 터지고 갈라진 틈을 메울 수 없는데 하물며 선을 실행함에랴! 또한 義 없음과 어찌 구별되겠는가?"132) 라며 경계의 말을 하였다. 그리고 체가 세워지고 난 후에야 용이 행해질 방법이 있다고 하면서 "서지 않고 어떻게 갈 수 있겠는가. 어려서 배워서 장성해서 그것을 행하려고 한다고 말하지 않았는가. 행하지 않는다면 배움을 어디에 쓰겠는가?"133)라고 하며 道의 실행을 강조하였다. 그는 군자는 道를 얻을 뿐이며 "경(經)을 다만 지키는 것이라고만 생각하면 하나만을 고집하는 병폐가 있고, 경을 지키지 않아도 되는 것이라고 여기면 사방으로 달려 나가는 폐해가 있다"134)라고 하면서 다음과 같이 말하였다.

---

132) 유인석, 『국역 의암집』 6, 의암학회, 2010, 308쪽. 學者爲道 亦或是病焉 曰知性養心 爲吾之大 何屑事爲 雖做盖世事業而爲小 是能善於爲體者乎 不計作農 豈備鎡器 不計行遠 豈厚齎資 枯燥 生 且莫能貌 況能善乎 抑何別於異端之不仁 知性養心 吾斯未信 而曰何歇事爲 欲做盖世事業而 爲大 是能善於用者乎 不備鎡器 豈達作農 不厚齎資 豈達行遠 破綻罅漏 且莫能樣 況能善乎 抑何別於俗學之無義.

133) 유인석, 『국역 의암집』 6, 의암학회, 2010, 308쪽. 不曰體立而後 用有以行乎 不有立也 焉能行 不曰幼而學之 壯而欲行之乎 不以行也 焉用學.

134) 유인석, 『국역 의암집』 6, 의암학회, 2010, 309쪽. 君子得於道而已 經之爲徒守則有執一之病 經之爲不守則有四走之弊.

의암 류인석의 교육철학

경과 권에는 상(常)과 변(變)의 구분이 있으니 상을 지녀 그 변화를 제어하고 변화에 처하여 그 상을 보존하면 道를 얻을 수 있다. 또한 완전하게 갖추어 다 잘하기를 요구하지 않고 좇는다면 상도를 지킨다고 말하는 자는 잃는 것이 적게 되나 권도를 쓴다고 말하는 자는 많이 잃게 될 것이다. 道에서 얻을 것을 얻지 못하면서 경을 지킬 수 있겠는가. 또한 이해를 돌보고 편의를 취하며 상도를 지킨다고 말하는 자가 있는데 이는 함께할 수 없는 자이다. 군자가 크게 여기는 것은 나아가고 머무름에 말하고 말하지 않는 의리, 나아가고 물러남에 사양하고 받는 절개이다. 德을 지켜 강직함으로 중도를 얻고 이치를 밝혀 사적인 연계를 분명하게 끊어서 합당함을 얻는 일이 어렵기 때문이다. 사람에게 생(生)이 있는 것은 천지의 中을 받아서이니 中은 사람됨에서 얻어진다. 요·순·우는 中으로 주고받고 탕은 中을 세우니 문무 또한 이것을 道로 삼았다. 공자, 안자(顔子)가 중용(中庸)을 道로 삼으니 자사는 그것을 서술하여 전후의 성현이 모두 이것으로 道를 삼았다. 이 道는 선천적이니 어찌 사양하겠는가. 성인은 나의 소유를 먼저 깨우쳤다. 어찌 그것을 의심하겠는가.[135]

이 글에서 의암은 공자의 "중용은 지극하다. 백성들 가운데 능한 이가 드문 지가 오래되었다"라고 한 말을 '완전하게 갖추어 다 잘하기를 요구하지 않고 좇는다면 상도를 지킨다고 말하는 자는 잃는 것이 적게 되나 권도를 쓴다고 말하는 자는 많이 잃게 될 것이다'라는 말로 중용을 강조하고 있다. 그리고 공자가 말한 "능한 이가 드문 까닭은 사심이 있어 마음이 바름을 얻지 못하기 때문이며 욕심이 있어 일이 바름을 얻지 못하기 때문이다. 먼저 바르게 하고 뒤에 中하

---

135) 유인석, 『국역 의암집』6, 의암학회, 2010, 308-309쪽. 經權有常變之分 持常以制其變 處變以保其常 能得於道也. 抑不責備而與其次 則言守經者失之爲少矣 言用權者失之爲多矣 不得得於道者 可矣其守經乎 亦有顧利害取便宜而言守經者 是則不可與者也 君子所大 出處語默之義 進退辭受之節 持德剛中 照理明絶私系 得於當故難矣 人之有生也 受天地之中 中焉得乎爲人也 堯舜禹授受以中 湯建中 文武亦是道焉 孔子顔子中庸焉 子思述焉 前後聖賢 皆以是道焉 是道也在我生所有矣 何辭焉 聖人先得我之所有矣 何疑焉.

게 되니 그 中하지 않은 것은 바름을 얻지 못했기 때문이다"라고 하면서 사심과 욕심을 버리고 제어해야 마음이 바름을 얻게 된다고 하였다.[136] 이는 '中을 향한다'라는 말은 중용이 실천할 수 있는 것이기 때문이며, 中을 향하는 것이 사람이 사는 道이기 때문이다.

의암은 "성현의 학문은 천지의 이치에 근본하고 이제삼왕(二帝三王)의 道에 근원을 두고 있으며, 기르는 것은 덕성이고 밝히는 것은 윤리이고 실행하는 것은 효제충신이다. … 사람은 성현이 행한 道로 가르쳐야 할 뿐이고, 천하는 성현이 행한 道로 가르쳐야 할 뿐이다"[137]라고 하면서 임금이 지향하여야 할 道와 일제의 앞잡이가 된 관료들을 빗대어 다음과 같이 말하였다.

> 임금이 힘써야 할 것은 천하의 사람에게 염치에 힘쓰게 하여 크게 여기게 하는 것이다. 천하 사람에게 염치에 힘쓰게 하여 추천받아 등용한 사람이 모두 염치가 있는 사람이면 천하가 확고히 선다. 천하 사람이 염치에 힘쓰게 하지 않아 추천받아 등용한 사람이 모두 염치가 없는 사람이면 천하가 패망한다. 임금에게 잘못이 있으면 道 있는 사람이 떠나가니 道 있는 사람이 임금을 떠나게 하지 않는 것이 道이다. 道 있는 자가 떠나면 道 없는 자가 조정에 있게 되니 道 없는 자가 조정에 있으면서 나라와 천하를 다스릴 수 있겠는가. 道 없는 자가 조정에 있어 그 무도함을 천하에 퍼뜨리면 천하가 모두 道가 없게 되니, 천하가 모두 道가 없게 하면 그 어지러워지게 됨을 알 수 있다.[138]

---

136) 유인석, 『국역 의암집』 6, 의암학회, 2010, 309쪽. 中庸其至矣乎 民鮮能久矣 蓋難之極也 難之極則是將屬之不能爲乎 不然也 曰中庸至矣 則益見其不得不爲也 曰民鮮能 則亦見其能則可能而民自鮮能也 只當求其鮮能之故而勉於能而已矣 鮮能之故也 以有私而心不得正也 以有欲而事不得正也 先正而後中 其有不中 不得正也 去有私而心得正焉 制有欲而事得正焉.

137) 유인석, 『국역 의암집』 6, 의암학회, 2010, 305쪽. 聖賢之學 本平天地之理 祖乎二帝三王之道 所養者德性 所明者倫理 所行者孝弟忠信…人而爲聖賢之道敎而已矣 天下而爲聖賢之道敎而已矣.

138) 유인석, 『국역 의암집』 6, 의암학회, 2010, 296쪽. 人主所務 使天下之人勵廉恥也爲大 使天下之人勵廉恥 進而用之者 皆有廉恥之人 則天下立矣 使天下之人不勵廉恥 進而用之者 皆無廉恥之人 則天下敗矣 君有失則有道者去 不使有道者去君道也 有道者去 無道者在朝 無道者在朝而

옛날에는 조정에 임금을 사랑하고 나라를 걱정하여 충의를 숭상하고 도리를 아는 군자가 많아서 팔공(八公)이 먼 땅의 사람들이라 자취가 잘 알려지지 않았지만 역시 그 사적을 일으켜서 간성(干城)의 충심으로 삼았는데, 지금은 조정이 모두 임금을 팔고 나라를 팔며 불충과 부도(不道)로 하나라도 나와서 나라의 변방 사람들을 위하는 자가 없어 이 사람의 무리가 백의의 비천한 몸으로 부득이해서 이 거사를 일으켜 생사의 전패(顚沛)에 이르게 되었으니 이 사람이 이에 오히려 여덟 분이 만났던 때를 부러워한다. 팔공이 삼관(三館)을 보호할 수 있어 효종이 귀국하여 예의를 중흥시킨 주인이 되게 하셨으나 이 사람은 국가를 보존할 수 없어 임금이 아직도 개나 양에게 더러운 욕을 뒤집어쓰게 하고 있어 이 사람이 이에 스스로 그 여덟 공의 죄인임을 자책한다. 비록 그렇더라도 이 사람이 이곳으로 와 장차 무엇인가 하려고 하니, 여덟 공께서는 나라의 일에 마음을 다할 수 있으셨고 또 일찍부터 이 땅에 대해 깊이 살피어 잘 아시니 그 충성스럽고 의연한 혼백이 아직도 죽음을 따라서 소멸하지 않았다면 명명의 세계에서 돌보아 돌아보시어 마침내 이 뜻을 이루게 할 방법이 있지 않겠는가?[139]

道가 없는 임금과 관료는 백성을 고통스럽게 한다. 道 없는 자가 조정에 있으면서 나라와 천하를 다스릴 수 없고 대도는 머물 자리가 없어진다. 의암은 성인의 대도에 관하여 말하기를 "한없이 넓게 펴지고 자라 지극히 높고 온화하게 예를 좇아 법도를 위엄 있게 하니, 연못처럼 고요하고 깊으면서 하늘처럼 한없이 넓다. 이것 역시 내가 소유하고 있는 性인 하늘과 통한다. 그러니 이미 그것을 道에

可以爲國天下乎 無道者在朝 播其無道於天下 天下皆無道 使天下皆無道 可知其爲亂也.

139) 유인석,『국역 의암집』5, 의암학회, 2008, 335쪽 참조. 然昔則朝廷多愛君憂國 尙忠義識道理 之君子 而八公以避士疎跡 亦起而爲干城腹心 今也朝廷 皆販君賣國 不忠不道 無一箇出而爲國 邊人者 而不佞之徒 以韋布卑賤 不得已爲此擧 至於死生顚沛 不佞於是反羨八公所遭之時也 八 公能保護三館 而孝廟歸作禮義中興之主 不佞不能保國家而使主上尙蒙汚辱於犬羊 不佞於是自 訟其爲八公之罪人也 雖然不佞之來此 將以有爲也 八公旣能盡心於國事 又嘗審熟乎此地 而其忠 魂毅魄 尙有不隨死而亡者 則倘有以眷顧冥冥而竟成此志否乎.

서 구했다면 성인의 문하에서 배워 그 큰 것을 보아 바다를 본 것과 같은 것"[140]이라고 하였다. 그리고 풍전등화와 같은 당시의 상황으로 인하여 "지금 성인이 없어 그 문하에서 배울 수 없다면 시렁에 쌓여 있는 만 권 가운데 사자육경(四子六經) 등의 책이 성인 문하의 큰 바다가 아니겠는가. 여기에서 노니는 것이 옳다. 여유 있게 헤엄치면서 그치지 아니하여 그 큼을 본다면 안목이 확 트여"[141] 역시 보는 방법이 있으리라고 하였다. 또한 그는 많은 성현의 말씀과 행적이 책에 나타나 있다고 하면서 그것이 "읽게 하여 듣고 보게 하니 책은 참으로 나를 즐겁게 하는 것이다. 책을 읽어 성현의 말씀과 행적을 듣고 보고 그의 말을 말하고 그의 일을 행하면 즐거움이 나에게 있고 좋은 일이 나에게 있다"[142]라고 하였다. 그는 학문의 중요성을 다음과 같이 강조하였다,

> 학문을 함에 끊임없이 연속하여 쌓고 또 쌓아야 발전이 있고 이룸이 있다. 한 번 채찍질하여 만 리 밖을 가볍게 뛰어넘을 수는 없으나 끊임없이 걷다 보면 스스로 안상을 벗길 날이 있을 것이다. 한번 몸을 뛰어 태산 위를 오를 수는 없을 것이나 오르고 또 오르다 보면 스스로 정상에 올라 지팡이에 몸을 기댈 때가 있을 것이다. 군자가 안다고 하는 것은 그 행하지 않을 수 없는 행함을 아는 것이니, 그 행함이 있지 않으면 안다고 여기지 않고, 군자가 행한다고 하는 것은 그 알지 않을 수 없는 앎을 행하는 것이니 그 앎이 아니면 행한다고 여기지 않는다. 비록 많은 말이 있어도 선하게 말하기는 어려우며 비록 선한 말이 있어도 말이 반드시 경우에 맞기

---

140) 유인석,『국역 의암집』5, 의암학회, 2008, 313쪽 참조. 夫聖人大道 洋洋焉發育峻極 優優焉 經禮威儀淵淵乎其淵 浩浩乎其天 是亦相通於吾所有之性天 旣求諸道則遊聖門而見其大 有如觀 海者.

141) 유인석,『국역 의암집』5, 의암학회, 2008, 313쪽. 如曰今無聖人 不得遊其門也 則架積萬卷中 四子六經等書 非聖門之大海乎 遊於斯可也 優之游之而不已 見其爲大 則眼目洪闊.

142) 유인석,『국역 의암집』6, 의암학회, 2010, 310쪽. 多大聖賢言語行事著於書 而使我讀而聞見 書眞樂我者也 讀書而聞見聖賢言語行事 言其言而事其事 樂在我而好事在我也.

는 어렵다. 비록 많은 행동이 있어도 선하게 행동하기는 어려우며, 비록 선한 행동이 있어도 행함에 지나치거나 미치지 못함이 없게 하기는 어렵다. 앎은 본말시종(本末始終)을 관통해야 하고, 행(行)은 점진과 선후가 있어야 하며, 말은 말로써 그치지 아니함을 귀하게 여겨야 하고 행동은 행동하다가 그만두는 것을 용납하지 않아야 한다.[143)]

  의암이 군자가 안다고 하는 것은 그 행하지 않을 수 없는 행함을 아는 것이라고 한 것은 실천의 중요성을 강조한 것이다. 사람의 걱정거리는 언제나 내가 남보다 나은 것만을 알고 남에게 미치지 못하는 것을 알지 못하는 데에 있다고 하였다. 그것은 언제나 남의 위에 있고자 하고 남보다 아래에 있고자 하지 않는 데 있고, 언제나 내가 남을 가르치기를 좋아하고 내가 남에게 묻는 것을 좋아하지 않는 데에 있다. 그것이 성현을 배우면서도 이르지 못하는 까닭이다. 그래서 언제나 앞서 본 것에 그르침이 있는지를 살펴야 하고, 언제나 얻은 것에 잘못이 있는지를 살펴야 하며 이렇게 하면 진전이 있을 것이라고 하였다. 또한, 사람을 해치는 가장 큰 것은 사의(私意)와 물욕(物慾)과 객기(客氣)[144)]라고 하면서 다음과 같이 말하였다.

  사의는 나라를 좀먹는 소인과 같고, 물욕은 가렴주구를 일삼는 탐

---

143) 유인석, 『국역 의암집』 6, 의암학회, 2010, 305쪽. 爲學 接續以積累 有進有成也 未有一加鞭而超忽萬里之外也 行行不已 自有卸鞍之日矣 未有一躍身而驀騰泰山之上也 登登不已 自有拄杖之時矣 君子之爲知也 知其所不得不行之行也 非其行則不爲知也 君子之爲行也 行其所不得不知之知也 非其知則不爲行也 雖有多言也 善言難矣 雖有善言也 言必有中難矣 雖有多行也 善行難矣 雖有善行也 行無過不及難矣 知則通本末始終 行則有漸次先後 言則貴不得已 行則有不容已.

144) 유인석, 『국역 의암집』 6, 의암학회, 2010, 306쪽. 人之患在常知我過於人而不知不及於人 常欲上於人而不欲下於人 常好我敎人而不好我問於人 所以學聖賢而不至也 常察先見之有誤 常顧所得之有失 有是則有進矣 當改有改 當爲有爲 如漢高祖卽日西都關中之爲則善矣 定都大事也 漢高祖聞婁敬一言而能如是 聞聖賢之多言而不能有爲 則末如之何矣 爲人之害最大者 曰私意物欲客氣.

욕스러운 신하와 같고, 객기는 발호하는 장군과 같다. 임금이 이 세 흉도를 제거하면 선한 나라로 만들 수 있고, 학자가 이 세 가지 해를 제거하면 군자가 될 수 있다. 악을 살피기를 혹독한 아전이 옥사를 살펴서 그 간악한 일을 밝혀내는 것처럼 하고, 자기를 극복하기를 맹장이 적을 물리쳐 그 소굴을 쓸어버리듯 하고, 객기를 다스리기를 우임금이 홍수를 다스려 그 물길을 순조롭게 유도한 것처럼 해야 한다. 공문(孔門)의 제자들이 인을 묻고 효를 물을 때 성인께서는 각기 그 부족한 것에 대해 언급하였다. 만약 내가 묻는다면 성인께서는 반드시 언급한 바가 있을 것이니, 나의 부족함을 알아 성인의 말씀에서 부족함을 찾는다면 성인이 나에게 언급할 내용을 얻게 된 것이니, 어찌 직접 가르침을 받는 것과 다르겠는가. 성학(聖學)의 대체는 말하자면 존덕성(尊德性) 도문학(道問學)이다. 두 가지에서 하나도 없애서는 안 되니 하나라도 없애면 학문이 아니다. 하나라도 없애서는 안 되는 중에서도 존덕성을 위주로 해서 도문학에 이르러야 한다. 도문학은 존덕성에 근본 할 뿐이다.[145]

의암은 새것을 좋아하고 기이한 것을 숭상하는 것을 끊는 법에는 오로지 성현의 평상을 배우는 것뿐이라고 하였다. 그리고 배우는 자는 그의 뜻이 희문(希文)의 뜻과 같으며 "성인의 혼연일리의 마음은 마음과 이가 하나이니 마음이 곧 이이고 이가 곧 마음이어서 마음이 발한 것이 이이다. 성인보다 조금 낮으면 마음과 이가 아직 하나가 되지 못했다. 먼저 천리의 준칙을 밝히지 않고 나의 심체를 밝혀 발한다면 어찌 모두 이를 얻겠는가. 하물며 성인과 거리가 먼 자가 준칙을 밝히지 않고 마음 하고픈 대로 한다면 망발하여 이에 어긋나지 않는 것이 드물 것이다. 준칙을 지극하게 밝혀 마음의 앎을 다

---

145) 유인석, 『국역 의암집』 6, 의암학회, 2010, 306쪽. 私意如蠹國小人 物欲如培克貪臣 客氣如跋扈將軍 人君除去三凶 得爲善國 學者除去三害 得爲君子 察惡如酷吏之察獄而發其奸 克己如猛將之克賊而掃其穴 治氣如大禹之治水而順其道 孔門諸子問仁問孝 聖人各於其所不足而及之 如我有問 聖人必有所及者 知我不足 求諸聖人之言 則得聖人之及我者矣 何有異於親炙哉 聖學大體 曰尊德性道問學 二者不可廢一 廢一則非學也 不可廢一之中 主尊德性 以致道問學 道問學而本之於尊德性而已矣.

의암 류인석의 교육철학

하는 데에 이르게 하여 심체를 바르게 유지하고 준칙을 한결같이 따라야 하니 이것이 성현을 배우는 것[146]이다. 이처럼 의암의 『도모편』은 그의 삶과 학문을 통하여 여러 가지를 모아 하나의 체계로 완성한 것이다.

---

146) 유인석, 『국역 의암집』 6, 의암학회, 2010, 323쪽. 夫聖人渾然一理之心 心與理一 心卽理理卽心 而心所發是理也 纔下聖人則心與理未一矣 不先明天理準則 明吾心體 發豈皆得理乎 況遠聖人者 不明準則而任心焉 則其不妄發而乖於理也鮮矣 極明準則 致盡心知 正持心體 一循準則 是聖賢之學也.

[의암의 관일약: 사애사상]

의암 류인석의 교육철학

제5장

의암 교육철학의 본체(本體)

앞 장에서는 의암 교육철학의 발현 방법을 논하였고, 본 장에서는 의암 교육철학의 중심이 되는 근원에 관한 의미를 논하였다. 즉 그의 교육철학이 갖는 의미를 분석하고 평가한 것이다. 그의 교육철학은 仁·義·道 교육과 애국심에서 비롯된 공동체 교육으로서 그 근원에는 화해(和諧)적 의미가 있다.

1. 인(仁)과 의(義) 교육

의암이 유학의 仁과 義를 교육철학으로 삼은 것은 "仁이 모든 도덕 가치의 근원이고 모든 미덕의 근원이며, 또한 인간의 도리 중 최고의 준칙"[1]으로서 仁을 행하는 것이 곧 義로 통하는 방법이라고 여겼기 때문이다. 그가 당시 일제가 조정을 장악하고 조선의 일부 관료들이 욕정에 사로잡혀 일제의 앞잡이가 되자 이에 통탄하며 다음과 같이 말하였다.

지극히 판단하기 어려운 것은 이치와 욕심의 사이에 있는 조짐이

---

1) 조원일, 「孔子의 聖人觀 研究」, 『동서철학연구』 제67호, 한국동서철학회, 2013, 277쪽.

고 지극히 판별하기 어려운 것은 사생(死生)을 결단하는 사이이다. 욕정(欲情)에 가린 자는 사생을 가리지 못하고, 명예를 사모하는 자는 사생 또한 주관한다. 군자는 사생에 있어서 이치를 좇아 순종할 뿐이다. 인간은 사생을 벗어날 수 없고 인간은 사생보다 절박할 수 없다. 인간이 이보다 절박할 수 없는 것은 사생이 중요하기 때문이고 인간이 이에서 벗어날 수 없는 것은 가볍기 때문이다. 사생이 가벼운 것을 알아서 이보다 가벼운 것이 없는 것은 달자(達者)의 정리(情理)이다. 사생이 중요한 것을 알아서 이보다 무거운 것이 없는 것은 상인(常人)의 정리이다. 사생이 가벼운 것을 알면 또 이보다 무거운 것이 없고 사생이 중요한 것을 알면 또 이보다 가벼운 것이 없으니 아마도 오직 군자의 정리일 것이다. 달자는 仁하지 않고 상인은 義가 없으나 군자는 仁義가 있을 뿐이다.[2]

의암은 욕정에 가린 관료들이 사생을 가리지 못하고 군자의 도리인 仁義를 저버린 것을 빗대어 '가벼운 인간', '장사하는 사람'으로 표현하고 있다. 당시 왜적을 토벌하러 갔던 의병들이 패하고 다쳐서 돌아오니 의병들의 사기가 떨어지고 있었다. 더구나 의병을 압박하고 일제와 결탁하여 나라를 위기로 몰아넣는 자가 있다는 것을 알게 된 그는 다음과 같은 「재격백관문」을 지었다.

의병은 비도나 역당이 아닌데 이것으로 압박하니 당시의 이목과 후인의 의론이 절로 있더라도 무슨 보탬이 되겠습니까? 설령 압박에서 벗어나지 못하더라도, 이러한 변고를 당하여 의병을 하지 않으면 이 같은 예의의 나라에 진실로 큰 결함된 일이 될 것인데 반드시 후세에 예의의 나라인지 의심받게 될 것입니다.;[3] 국경을 나

---

2) 유인석, 『국역 의암집』 4, 의암학회, 2008, 38쪽. 至難審者 理欲同異之幾 至難辨者 死生取舍之間 蔽於欲者 死生且冒之 慕乎名者 死生且攬之 君子之於死生 循理順之而已矣 人莫免焉 死生也 人莫切焉 死生也 人莫切焉 死生可重也 人莫免焉 死生可輕也 知輕死生而莫輕焉 達者之情也 知重死生而莫重焉 常人之情也 知輕死生而又莫重焉 知重死生.

3) 유인석, 『국역 의암집』 5, 의암학회, 2009, 407쪽. 義兵必不是匪徒逆黨也 而必以是加之 當時耳目 後人議論自在 則亦何益矣 設令加之而無免當此之變 無此之爲 以若禮義正邦 誠是大欠事 而必

의암 류인석의 교육철학

서서 고국을 돌아보니 비통함을 견디지 못하겠습니다. 차마 끝내 여러분의 바람을 어길 수 없고 또 여기에서 피를 쏟으며 받들어 포고합니다. 바라건대, 여러분께서는 전의 일을 경계하시며 도모를 바꾸시어, 자신보다 임금을 우선하며 가정보다 국가를 우선하고 원수를 토벌하여 융적을 응징하여 끝내 천지의 강상을 유지하며 끝내 종사의 전형을 회복하여 길이 공자 춘추의 대의에 죄를 짓지 않고서 지난날 행한 것을 보면 선과 불선이 어떠하겠습니까? 과연 이처럼 한다면 지난날의 불선을 누가 다시 따지겠습니까? 천지신 명이 그 노여움을 그치고 선왕·선정도 그 성냄을 풀며 임금은 그 충성을 허여하고 민중은 그 명철함을 우러러볼 것입니다. 그렇게 되면 인석은 비록 만 리 밖에 있더라도 기쁘게 춤을 추면서 은덕 에 감격하고 그날로 수레를 재촉하여 환국하여 여러분의 문 앞에 나아가서 두루 감사드리겠습니다. 여러분께서는 노력하십시오.[4]

이처럼 의암은 관직에 있는 사람들이 불의에 협력하여 나라가 무 너져 가고 있으니 이때 모두가 힘을 합쳐 義를 향하여 일어나야 한 다고 하였다. 그리고 나라를 위하여 일어난 의병들을 비도나 역당으 로 몰아가는 것에 관해 예의지국인 우리나라 사람이 하지 말아야 할 큰 결함이라고 말하고 있다. 주자는 의로움에 대해 '천리의 마땅 한 것'[5]이라고 하였다. 자로가 성인(成人)에 관하여 묻자 공자가 대 답하기를 "이로움을 보면 의로움을 생각한다"[6]라고 하였다. 이로움 을 보았을 때 의로운가를 생각한다는 것은 그 이로움에 관해 의를 기준으로 판단한 후 취한다는 것이다.[7] 즉, 義는 利에 맞는가를 판

使天下後世致疑吾國.

4) 유인석, 『국역 의암집』 5, 의암학회, 2009, 410쪽. 回望故國 不勝悲慟 且不忍終望於諸執事 又 此瀝血奉布 伏願僉執事戒轍改圖 先身以君 先家以國 讐賊是討 戎狄是膺 終扶天地之經常 終復宗 社之典型 毋永得罪於孔子春秋之大義 則其視前日之所爲 善不善何如也 果能如是 則前日之不善 誰復追之 天地神明息其怒 先王先正解其慍 君上與其忠 衆人仰其明 然則麟錫雖在萬里之外 將歡 欣踏舞 感激厚賜 即日促駕還國 遍謝於門屛之外矢 惟僉執事勉之.

5) 『論語集註大全』, 「里仁」; 義者 天理之所宜.

6) 『論語』, 「憲問」: 子路問成人 … 見利思義.

단하게 하는 기준이 된다. 일제와 결탁한 관리들은 利를 얻기 위해 의롭지 않았으며 이에 그는 비통한 마음으로 그들이 충성으로 관직에 임한다면 기쁘게 춤추면서 은덕에 감격하겠다고 설득한 것이다. 그의 교육철학은 자신이 선봉에서 춘추대의를 구현하면서 의병들을 통솔하여 힘을 모으고 처변삼사의 의지로서 구국 정신을 함양할 것을 설득하고 있다.

의암은 국가 위기 상황이라도 선비의 절개와 자세는 굳건하게 지키고 실천해야 할 것을 강조하고 조선에 외세가 침략하는 현실을 좌시할 수 없음을 강조하였다. 그리고 외세침략의 현실에 대한 저항으로 의병운동을 전개하였다. 그는 1895년 12월 제천에서 시작한 의병운동과 청풍·단양·충주 등에서 활약을 하였다. 그리고 1896년 2월에 호좌의진창의대장(湖左義陣倡義大將)으로 추대되어 3,000여 명의 의병과 의기투합하여 일본군 병참을 공격하기도 하였다.[8] 호좌창의진에서는 화서학파의 문인 중 류중교와 그의 유생들을 중심으로 지방병과 동학농민군도 함께하며 관군과 왜군을 상대로 활동하였다. 이때 류홍석도 의병 활동에 참여하여 호좌창의진의 실무를 관장하였다.[9] 그러나 1896년 고종이 의병 해산을 강요하였고 제천전투가 패배로 끝난 뒤 그는 크게 상심하였다. 그러나 여기에서 물러날 수 없었던 그는 강원지역으로 이동하여 지속적인 활동을 하였다.

인한 사람이란 다양하게 주어지는 관계적 상황에서 상대에게 자신의 할 도리를 실현하는 사람이다. 의암은 국권피탈의 상황에서 일

---

7) 『論語集說』, 「憲問」: 馬融曰 義然後取 不苟得也.

8) 義庵學會, 『義庵 柳麟錫의 抗日獨立鬪爭史』, 2005, 64-65쪽.

9) 金文基, 「義兵 柳麟錫 一家의 義兵活動과 義兵歌辭」, 『유교사상연구』 제8집, 한국유교학회, 1996, 292쪽.

의암 류인석의 교육철학

제의 앞잡이가 되어 사생을 가리지 못하는 관료들은 군자가 아니며 仁義가 없는 자들이라고 말하고 있다. 공자는 "의롭지는 않은데 돈이 많고 지위가 높은 것은 나에게는 뜬구름과 같다"10)라고 하였다. 이(利)에 관한 판단기준으로 義를 말하였지만, 부에 관한 판단기준으로 義를 말하고 있어서 의롭지 않은 부를 공자는 마치 하늘의 뜬구름을 보듯 자신과 상관없다고 여겼다. 공자는 義에 관하여 다음과 같이 말하고 있다.

> 군자는 세상일들에 대하여 반드시 어떻게 해야 한다는 것은 없고,
> 반드시 해서는 안 된다는 것도 없이 오직 義를 따를 뿐이다.11)

군자는 세상일을 판단할 필요가 없이 오직 義에 따르며 세상일이 의로우면 행하고 의롭지 않으면 행하지 않을 뿐이라는 것이다. 의암은 "인욕(人欲)에도 맑음과 흐림이 있다. 문장(文章)과 공업(功業)에서 그 명성을 좋아하여 구하는 자는 맑아지고자 하는 자이다. 의식(衣食)과 거처(居處)함에 그 몸이 좋아하는 것을 구하는 자는 흐려지고자 하는 자이다. 맑음과 흐림은 비록 같지 않으나 그 본심을 망하게 함은 하나이다. 맑은 자는 교만하고 흐린 자는 인색하니 교만하면 德이 없고 인색하면 道가 없다. 군자는 어진 것을 좋아하나 소인은 스스로 버리고 군자는 어질지 않은 것을 싫어하나 소인은 스스로 해친다"12)라고 하였다. 어떤 이가 '정당(正當)하면서 우열이 없다고 하는 것은 무슨 뜻입니까?'라고 묻자, 의암은 "삼사(三事)가

---

10) 『論語』, 「述而」: 子曰 飯疏食飲水, 曲肱而枕之, 樂亦在其中矣. 不義而富且貴, 於我如浮雲.

11) 『論語』, 「里仁」: 子曰 "君子之於天下也, 無適也, 無莫也, 義之與比."

12) 유인석, 『국역 의암집』4, 의암학회, 2009, 23쪽. 人欲亦有淸濁 文章功業 要好其名者 欲之淸也 服食居處 要好其身者 欲之濁也 淸濁雖不同 其亡本心則一也 淸者驕 濁者吝 驕則無德 吝則無道 君子好仁 小人自棄 君子惡不仁 小人自暴.

비록 다르지만, 유학의 道를 위한 것이며 우리 몸을 고결하게 하려 함일 뿐이다. 무릇 유학의 道가 지극히 위대하고 몸은 귀중하니 道가 끝나려 하는데 몸이 道와 함께하지 않을 수 없으므로 스스로 자결하여 뜻을 지킴이 정당하고, 道가 없어지려는 것에 참지 못하여 몸이 道와 함께 있기를 도모하므로 떠나가서 옛것을 지키는 것이니 이도 정당하며, 道는 동포와 함께 얻는 것이라서 몸이 道와 함께 보존되기를 도모하지 않을 수 없는 까닭에 거병(擧兵)하여 깨끗이 함을 말하는 것 또한 정당하다"13)라고 대답하였다. 이 대답을 듣고 다시 묻기를 "자결하여 뜻을 이룸이 실로 정당하지만, 몸과 道가 끝나면, 즉 몸은 참으로 깨끗해지나 道가 영영 끊어지는데 괜찮겠습니까?"라고 하였다. 이에 그가 대답하기를 "유학의 道가 크니 내 몸을 깨끗이 하고 道의 바름을 얻기 위하여 끝내고자 함이니, 몸이 깨끗하고 道가 바르게 되어 만세(萬歲)에 바름을 확립한다면 실제로는 道는 부지(扶持)되어 끊어지지 않는 것이다"라고 말하였다.14) 道와 처변삼사에 관한 관계에 대해 어떤 이와 의암의 대화는 다음과 같이 이어진다.

어떤 이가 묻기를 "나라를 떠나 옛 법을 지키는 것이 진실로 정당하지만, 천하가 모두 오랑캐로 누추하니 우리 유학의 道를 지킬 수 있겠습니까?"라고 물었다. 의암이 대답하기를 "옛것을 지킬 수 없는 곳에 있으므로 진정으로 지켜낼 수 있는 것이다. 옛날 공자께서도 동방 오랑캐 땅에 사시며 道를 행하고자 하셨으니,15) 오늘 道

---

13) 유인석, 『국역 의암집』 4, 의암학회, 2009, 30쪽. 曰正當無優劣也如何 曰三事雖異事 爲斯道而已矣 歸潔其身而已矣 夫斯道至大 身至重 道之將終 不可以不身與之俱終 故曰自靖逢志 是正當也 道之不忍將喪 不可以不身與之圖存 故曰去之守舊 是正當也 道之同胞共得 不可以不身與之偕保 故曰擧義掃淸 是正當也.

14) 유인석, 『국역 의암집』 4, 의암학회, 2009, 30쪽. 曰自靖逢志 誠正當 身與道終則身固自潔 道乃永絶可乎 曰斯道之大 以吾身潔而將終之得正 身潔道正 立正萬世 實則扶持道 不爲絶也.

를 지키기 위해 누추함에 거하는 것이 어찌 해가 되겠는가? 공자께
서 본디 거처하였던 곳은 노(魯)·위(衛) 등 화하(華夏)의 지역이었
으나 저 오랑캐에게 道를 행하고자 하셨거늘, 지금 금수로 떨어지
는 재앙을 만났으면서 유독 야만스럽고 누추한 곳이라고 道를 지
킬 수 없겠는가?"라고 하였다. 이에 다시 어떤 이가 묻기를 "의병
일으켜 깨끗이 쓸어내는 것 또한 정당하지만 거의하여 깨끗이 쓸
어냄이 반드시 이루어지는 것이 아니고, 또 글을 읽으며 道를 지키
던 유생이 어떻게 제 자리를 떠나 국사에 간여하여 스스로 난적(亂
賊)과 오랑캐 토벌을 자임(自任)할 수 있겠습니까?"라고 하자, 의암
이 대답하기를 "국가의 존망과 안위에 대해서는 벼슬하지 않은 선
비도 말할 수 있으니 지위를 벗어남도 아니고, 난적은 사람마다 벨
수 있다 함은 춘추의 대의이니 지위를 벗어난 것도 아니다. 하물며
오늘날의 사태는 나라가 망하려 할 뿐만 아니라 道가 곧 망하려
하니 道의 수호는 곧 선비의 임무이다. 선비가 道를 구하고자 이렇
게 하는 것이니 본연의 자리를 떠난 것이 아니다"라고 하였다. 16)

  의암은 자신의 저서에서 경전의 구절을 성찰하는 대목을 여러 차
례 사용하였다. 경전의 문구를 인용하여 자신의 주장을 강화하고 그
진리성을 확보하려고 하였다. 그의 저작에는 특히 『맹자』의 문구가
많이 인용된다. 공자는 "德으로 정치를 하는 것은 비유컨대 북극성
이 제자리에 있어서 별들이 그를 향하는 것과 같다"라고 말했다. 맹
자는 "차마 하지 못하는 마음으로 차마 하지 못하는 정치를 행하면
천하를 다스리기가 손바닥을 뒤집는 것과 같다"라고 말했다. 이처럼

---

15) 공자가 구이(九夷)에 가서 살고자 하였더니, 어떤 이가 묻기를 "더러울 텐데 어찌하시렵니까?"
   라고 하니 공자께서 대답하시기를 "군자가 그곳에 거처하니 어찌 더러움이 있겠는가?"라고 대
   답하였다.

16) 유인석, 『국역 의암집』 4, 의암학회, 2009, 30쪽. 曰去之守舊 誠正當 天下皆夷陋 陋可守吾之道
   乎 曰有不得守也 苟可得守也 昔孔子欲居九夷而行道 今爲守道而居陋何害 孔子所居魯衛華夏之
   地 而欲行道於彼 今所遭爲禽爲獸之禍 而獨不可守道於夷陋之地乎 曰擧義掃淸 誠亦正當 擧義而
   掃淸 不可必得 且讀書守道之儒者 豈可出位干國事 自任討亂賊醜夷乎 曰國家存亡安危 韋布可言
   之 非出位也 亂賊人人誅之 春秋義也 非出位也 況今日之事 非特國亡道乃亡也 道乃儒者之任也
   儒者救道而爲此 非出位也.

옛날의 정치는 모두 근본을 위주로 하여 말단까지 이르렀다.17) 맹자가 국가를 다스리는 도리에 관하여 말하기를 "성곽이 완비되지 않고 병기가 충분하지 않은 것은 국가의 근심이 아니고 국토가 개간되지 않고 재화가 축적되지 않은 것도 국가의 근심이라 할 수 없다. 윗사람이 예를 잃고 아랫사람들이 배우지 못하여 백성을 해치는 자들이 일어나면 나라가 망할 날이 머지않을 것이다"라고 했고, 땅을 깊이 갈고 번갈아 김매게 하여 장정들이 틈을 내어 효제와 충신의 도리를 익혀 집안에서 부형(父兄)을 섬기고 나아가서 윗사람을 섬긴다면 몽둥이를 들고서도 진(秦)·초(楚)와 같은 강한 나라의 무장한 병사들을 대적할 수 있을 것이다"라고 했다. 예의와 배움이 있어야 안으로 사람을 해치는 자들이 없게 될 것이다. 거기에다 道로써 행한다면 밖으로 강한 나라라고 할지라도 두려워할 필요가 없게 된다18)고 하였다.

맹자는 종종 자신의 논의를 정리하는 마지막을 유학의 고전인 『시』·『서』를 들어 마무리했다. 의암도 경전에 관한 신뢰는 매우 높은데 특히 맹자의 말을 신뢰하면서 그 가운데 당대를 보았으며 이것을 통해 미래를 전망했다. 『우주문답』의 문답 구성도 현실을 보는 내용과 정세에 많은 관심이 있었다는 것을 알 수 있다. 그는 옛것을 통해 강국이 되는 중요한 방법은 삼대에 걸쳐 계승된 학제를 회복하여 그 제도를 준수하는 것이라고 하였다. 8세가 되면 소학을 공부하여 양지양능(良知良能)과 덕성을 함양하고, 15세에는 대학을

---

17) 유인석, 『국역 의암집』6, 의암학회, 2010, 195쪽. 孔子 曰 '爲政以德, 譬如北辰居其所, 而衆星拱之.' 孟子 曰 '以不認人之心, 行不忍人之政, 治天下可運於掌.' '古之爲政, 皆主本而致末也.'

18) 유인석, 『국역 의암집』6, 의암학회, 2010, 219쪽. "孟子深知爲國之道, 曰 城郭不完, 兵甲不多, 非國之災也. 田野不闢, 貨財不聚, 非國之害也. 上無禮, 下無學, 賊民興, 喪無日矣." 曰 "深耕易耨壯者以暇日, 修其孝弟忠臣, 入以事其父兄, 出以事其長上, 可使制梃, 以撻秦楚之堅甲利兵矣." 若無禮學則, 內以賊民有可畏也, 有修道則外而强國不足畏也.

의암 류인석의 교육철학

공부하여 직분을 갖게 하면 실효가 있다는 것이다.[19) 桂奉瑀는 「의병전」에서 그의 만년 모습에 관하여 다음과 같이 말하고 있다.

> 선생은 좌와(坐臥)에 義 자 쓴 수기(手旗)를 항상 쥐고 義라는 그것은 백수모경(白首暮境)에 더욱 상모(尚模) 하셨다. 그리고 청년 지사를 만나는 대로 항언(恒言)하기를 속히 시세(時世)를 조(造)하여 수사노물(垂死老物)이 두만강만 도(渡)하게 하여 달라고 하셨는데 그것은 조도강이모사(朝渡江而暮死) 하여도 여한이 없겠다는 말씀이었다. 그리하다가 소지(素志)를 수(遂)치 못하고 육년 전 산동(山東) 곡부(曲阜)에서 별세하셨다.[20)

의암의 충성심은 유학의 義사상에서 나온 것이라서 1901년 요동에서 귀국 후 서북지역을 순회하면서도 의리를 강조하였다. 그렇게 하여 구국 투쟁에 나설 것을 선전한 강회 활동에서 훌륭한 의병장과 독립군 용장들이 배출되었다. 그는 의병 전쟁에서 한민족을 말하거나, 명나라 연호를 쓰던 것을 바꿔 대한제국(大韓帝國)이라는 연호를 썼다. 또 반개화 입장과 달리 발달한 서양 기술과 기계를 받아들이자는 '채서론(採西論)'을 주장하였다. 또 1896년 호좌창의대장에 취임하며 국내 주재 각국 공사(公事)들에게 보낸 격문에서 "역적들이 왜구들과 붙어 통상을 핑계로 이 땅을 짓밟으니 각국은 공동의 분(憤)을 발휘하여 공동으로 토벌하자"[21)라고 하였다. 그리고 서

---

19) 유인석,『국역 의암집』 6, 의암학회, 2010, 217쪽. 度萬事之復古, 無非爲致一自强 而其中最大者, 復三代學校, 實遵其制, 八歲小學, 人無不入學, 實皆養其良知良能, 厚其德性, 善其本領, 以致後來分士農工商, 無不有恒心, 有謹其事, 十五大學, 實使士者學得次第成德達材… 農工商及兵, 皆十五分項, 使各恭其職, 各善其事, 極有條理規模, 實致其效, 以成富强.

20) 桂奉瑀, 「의병전」 二, 상해:『독립신문』, 1920년 4월 29일 자. 한국민족운동사연구회 편, 『의병전쟁연구(상)』, 지식산업사, 1990, 44쪽 참조.

21) 李九榮 편역, 「告õ國公事文」,『湖西 義兵 事蹟』, 제천문화원, 1994, 996-997쪽. 噫 彼十逆之輩 符動倭寇 憑藉 通商 蹂躪猖獗 無小不至…惟願各國 齊發公共之憤 大行公共之誅 則不但一國之幸 寔天下萬國之幸.

양과 국제적 협력을 도모할 것을 제안하기도 하였다. 의암에게 객이 묻기를, "오늘날 천하의 일이 하나가 되면 성공하고, 하나가 되지 않으면 실패할 것임은 분명하다. 어떻게 해야 하나가 되어 성공할 수 있겠는가?"[22]라고 하자 다음과 같이 대답하였다.

> 선(善)을 가리킬 뿐이지 다른 방도가 없다. 중국과 조선의 근심은 사람들이 하나가 되지 못하는 데 있다. 사람들이 하나가 되지 못하는데 일을 이룰 수 있겠으며, 사람이 선하지 않은데 하나가 됨을 이룰 수 있겠으며, 사람을 가르치지 않고서 선하게 할 수 있겠는가? 가르침에 부류(部類)가 없고, 하나가 되는 데에는 강과 약이 구분될 수 없다. 옛날 무왕은 "나에게 억만의 신하가 있어서 억만의 마음이 있을 수 있으나, 나의 신하 3,000은 오직 한마음이다"라고 했다. 옛날 요순은 천하를 仁으로써 다스리니 백성들이 그를 따랐고, 걸주(桀紂)는 천하를 포학하게 다스리니 백성들이 그를 따랐다. 性은 인·의·예·지·신(仁義禮智信)일 뿐이고 인륜은 부자·군신·부부·장유·붕우일 뿐이다. 사람의 도리는 지극히 신실(信實)하여 망령되지 않고, 사람의 일은 매우 가깝고 절실하다. 구하면 얻지 못할 이유가 없고, 행하면 달성하지 못할 까닭이 없다. 본성을 본성답게, 윤리를 윤리답게, 사람은 사람답게 할 뿐이다. [23]

의암은 본성과 덕성은 고금이 같고 윤리도 고금이 같으며, 오늘날의 사람도 옛날의 바른 道를 지키던 사람이라고 하였다. 특히 오늘날에 사람을 가르치기를 옛날처럼 하면 일도 옛날과 같지 않

---

22) 유인석, 『국역 의암집』 6, 의암학회, 2010, 215쪽. 問曰 今天下事一則成 不一則敗昭然也 何以則有一而成乎.

23) 유인석, 『국역 의암집』 6, 의암학회, 2010, 215-216쪽. 在敎之以善而已矣 無他道也 夫中國朝鮮患在乎人之不一矣 有人不一 事可成乎 有人不善 一可致乎 有人不敎 善可得乎 有敎無類 有一無強弱也 昔武王曰 受有臣億萬 惟億萬心 予有臣三千 惟一心 昔堯舜率天下以仁而民從之 桀紂率天下以暴而民從之 夫人有性 仁義禮智信而已 夫人有倫 父子君臣夫婦長幼朋友而已 其理在人 至實而不妄 其事在人 甚近而且切 求之必無不得之理 行之必無不達之理 性其性倫其倫 而人其人而已矣.

의암 류인석의 교육철학

을 수 없다고 강조하였다. 그는 "옛날에 사람들에게 선을 가르칠 때 『소학』과 『대학』이 있었을 뿐이다. 『소학』은 사람의 귀천과 현우(賢愚)를 구분하지 않고 누구에게나 가르쳤고, 『대학』은 귀하고 현명한 사람에게 가르쳤으니 그 사정상 그러했다"24)라고 하며 다음과 같이 말하였다.

> 『소학』은 가르침의 근본이니 덕성을 갖추게 하고 지능을 길러 그 본성을 두터이 하는 것이다. 왕공(王公)은 이를 근본으로 하여 항상 배우고 德을 닦아 정치를 베풀었고, 선비 된 자는 이에 따르려 궁리(窮理)하고 수신제가 치국평천하 하였다. 농·공·상·고(農·工·商·賈)와 뭇 서민들도 모두 이를 배워 자기 직분을 성실히 행함에 잘못이 없고 윗사람을 친애하여 근본을 잃지 않으니, 천하는 선에서 나와 다스림이 완성되는 것이다. 후세에 『소학』을 가르침이 없어지면서부터 선을 잃게 되었다. 군신상하가 사사로움을 따르지 않는 자가 드물고, 선비들은 예의와 염치(廉恥)를 잃지 않는 자가 드물어, 명성과 실리를 좇게 되었다. 백성들은 방벽사치(放辟奢侈)하여 죄를 짓고 법을 어기지 않는 자가 드물어 천하가 다시는 다스려지지 않으니 진실로 슬프구나! … 오늘날 천하의 일은 첫째도 선을 가르치는 것이고, 둘째도 선을 가르치는 것이다.25)

의암은 사람들을 선으로써 가르쳐서 모두 선하게 된다면 천하의 일들을 해결할 수 있다고 한다면 이는 믿을 만한 말이라고 하였다. "맹자는 국가를 다스리는 도리를 깊이 통찰하여 성곽이 완비되지

---

24) 유인석, 『국역 의암집』 6, 의암학회, 2010, 216-217쪽. 夫性德古今同 倫理古今同 今之人亦古之直道之人也 今之教人同乎古 則事無不同於古也 古者教人以善 有小學大學而已 小學通貴賤明愚而無人不教 大學教人貴而明者 其勢則然也.

25) 유인석, 『국역 의암집』 6, 의암학회, 2010, 217-219쪽 참조. 然小學乃學之根本也 收其德性 養其知能 而厚其本領 王公既爲本此而典學修德 出其治 士焉者因此而窮理修身家國天下 並有所措農工商賈凡厥庶民 皆有此而恭其職事 順其行爲 親上而保極 天下一出於善而成治也 後世自小學之教廢而有失其善也 君臣上下鮮不徇其私 士鮮不失禮義廉恥名檢實行 民鮮不有放辟邪侈 陷罪犯刑 天下無復有其治 良可悲矣…今天下事 一則曰教人以善也 二則曰教人以善也.

않고 병기가 충분하지 않은 것은 국가의 근심거리가 아니고, 국토가 개간되지 않고 재화가 축적되지 않는 것도 국가의 근심이라 할 수 없다. 그러나 윗사람이 예를 잃고, 아랫사람들이 배우지 못하여 백성을 해치는 자들이 일어나면 나라가 망할 날이 머지않을 것이라고 하였고, 땅을 깊이 갈고 번갈아 김매게 하여 장정들이 틈을 내어 효제와 충신의 도리를 익혀 집안에서 부형을 섬기고 나아가서 윗사람을 섬긴다면 몽둥이를 들고서도 진·초와 같은 강한 나라의 튼튼히 무장한 병사들을 대적할 수 있다고 하였다. 그러나 예의와 배움이 없어진다면 안으로 사람을 해치는 자들이 생겨 크게 두려워하게 될 것이지만 道를 닦는다면 밖으로 강한 나라도 두려워할 필요가 없을 것이다"26)라고 하였다. 그는 학문은 道라고 할 만큼 교육열이 높았다. 그리고 자신이 오랜 세월을 거의하는 것에 대해 "측은한 마음을 다하는 것일 뿐이다, 나는 마음을 다할 뿐 일의 성(成), 불성(不成)은 하늘에 맡긴다"27)라고 하며 선비의 義는 내면의 순수한 仁의 발로여야 한다고 하였다. 이러한 그의 선비정신은 『우주문답』에 나타난 그의 교육철학과 우국충정을 통하여 보여준다. 또한, 『예기』에서 말한 "선비란 충과 신을 갑옷으로 입고, 예와 의를 방패로 들고, 인을 머리에 쓰고 행하며 의를 가슴에 품고 처하는 것"28)이라고 한 선비정신을 계승한 것이며 이는 그의 교육철학의 초석이 되었다.

---

26) 유인석, 『국역 의암집』 6, 의암학회, 2010, 219쪽 참조. 孟子深知爲國之道 曰城郭不完 兵甲不多 非國之災也 田野不闢 貨財不聚 非國之害也 上無禮 下無學 賊民興 喪無日矣 曰深耕易耨 壯者以暇日 修其孝弟忠信 入以事其父兄 出以事其長上 可使制梃 以撻秦楚之堅甲利兵矣 若無禮學則內而賊民有可畏也 有修道則外而強國不足畏也.

27) 『毅菴集』 卷12, 書, 「與禹仲悅」, 上卷, 경인문화사, 1973, 296쪽. 復國活人以終保華 要盡惻怛而已矣 盡我惻怛 事成不成天也.

28) 『禮記』, 儒生, 儒有忠信以爲甲冑禮義以爲干櫓戴仁而行抱義而處.

2. 도(道)와 덕(德) 교육

의암은 나라와 나라의 명맥인 '道'와 道를 실천하는 '몸', 그리고 삶과 가치를 함께하는 '사람'에 관한 사랑이 불가분의 관계라는 것을 깨달아야 하고, 그렇게 깨달은 이들이 굳게 단결하여 고난의 역사와 맞서야 한다고 보았다. 관일약을 확대하여 모든 사람을 하나로 묶을 수 있으면 나라와 道와 몸과 사람이 제자리를 찾을 것이라고 본 것이다. 그것은 연해주 한인 세력의 결집을 주장하는 분위기 속에서 태동하였다. 그는 국권피탈의 대안으로 떠오르고 있던 애국 계몽운동 세력과의 차별성은 분명히 하였지만, 나라 사랑이라는 논리로는 동일성의 의의가 있다. 그는 "사랑이 자신에 그쳐 남을 사랑할 줄 모르면 사람의 몸이 홀로 보존될 수 있겠는가? 사람이 모두 당한 일을 함께하고 애석히 여기는 것을 함께하려면 마음 쓰는 것을 함께해야 할 뿐이다. 수많은 사람이 마음을 같이하려면 하나로써 그것을 꿰어야 할 뿐이다"29)라고 하면서 자신만 사랑하고 인류애가 없으면, 그것은 사심이므로 진정한 사랑이 아니라고 하였다. 이는 자기애를 인류애로 승화하여야 하며, 인류애에 근거하여 자신을 사랑해야 한다는 것이다. 그의 교육철학은 다음의 글에서도 인본주의적인 가치를 중시하였다는 것을 알 수 있다.

> 사람이란 무엇입니까? 사람은 모두의 몸이 몸다워야 함께 귀해집니다. 부모를 함께하고 삶의 터전을 함께하여야 동포가 됩니다. 한 나라에 살고, 임금을 함께 떠받들고, 예의의 풍속을 함께하고, 좋은 사업을 함께 구상하고, 뜻을 함께하여 사귀고, 좋아하고 미워하

---

29) 『毅菴集』卷42, 「貫一約序」, 『국역 의암집』 5, 의암학회, 2009, 280쪽. 愛止於身而不知愛人, 人爲吾一體, 無人身其獨保乎, 人皆同所遭 而同所愛, 同乎爲心而已. 衆萬同心, 貫以一之而已.

는 것도 같이하고 고난을 함께하는 사람입니다.[30]

이처럼 의암의 교육철학은 각자 자신의 몸을 잘 지켜서 소외된 자가 없이 모두 동포가 될 수 있는 존재로 보았다. 나아가 사회적 가치를 함께하며 함께 살아가는 존재, 즉 가치 공동체로 규정한 것이다.[31] 개인이나 집단들은 각각의 욕구와 능력을 달리하면서도 상호의존관계를 형성하고 있다. 그는 道에 세 가지가 있고 일에 세 가지가 있다고 하였다. 그것은 "어버이를 친하게 여기고 군주를 귀하게 여기고 스승을 존중하는 것은 道의 큰 것이다"[32]라고 하면서 사람에게는 이보다 큰 것이 없다고 강조하였다. 그는 수신제가 치국평천하 정신의 실천을 道의 실천으로 보는 것이다. 그의 이런 생각은 다음의 글에 담겨 있다.

> 어버이를 친히 여기고 군주를 귀하게 여기고 스승을 존중하는 것은 일의 큰 것이다. 혈맥으로 전해 주고 길러주고 보호해 주었으니 어버이를 친하게 여기지 않겠는가? 중천 아래에 사해(四海)의 백성을 어루만지니 군주를 귀하게 여기지 않겠는가? 오상(五常)의 바름에 통달하여 오륜의 큰 것을 밝혀 자기에게서 얻어 다른 사람에게까지 미치게 하니 스승을 존중하지 않겠는가? 나를 태어나게 하여 나를 길러주시니 은혜가 망극하다. 나를 부르시고 나를 응대하시어 氣가 서로 감응하고 나를 걱정해 주시고 나를 기뻐해 주셔서 정이 서로 통하니 어버이를 친하게 여기지 않을 수 있겠는가? 나를 배불리 먹여주시고 나를 따뜻하게 해 주심에 그지없으시고 나를

---

30) 『毅菴集』卷42, 序, 「貫一約序」(1909.7.1.); 『국역 의암집』 5, 의암학회, 2009, 279-280쪽. 夫人如何 人皆以是身而爲同貴 共父母天地而爲同胞 同居一國 同戴君父 同俗禮義 同勸德業 而同聲同氣 同好惡同患難之人.

31) 『毅菴集』卷36, 雜著, 「貫一約束」, '取約之所以爲目'조 '약표'는 『龍淵金鼎奎日記』 상, 독립기념관 한국독립운동사연구소, 1994, 545쪽 참조.

32) 유인석, 『국역 의암집』 4, 의암학회, 2009, 36쪽 참조. 人莫大焉者 道在三事在三 父親君貴師尊 道之大者也.

이끌어주시고 나를 가지런하게 해 주심에 그 이루지 않음이 없으시며 나에게 위엄을 내려주시고 나에게 복을 내려주심에 지극하시니, 군주를 귀하게 여기지 않을 수 있겠는가? 道의 큰 것으로 그 가르침을 받고 또 가르쳐 주시고 德의 바름으로 그 완성을 우러르며 원대한 계통을 이어 전승하시니 스승을 존중하지 않을 수 있겠는가? 어버이를 친하게 여김은 백성의 德이 두터운 것이고 군주를 귀하게 여김은 백성의 뜻이 정해진 것이며 스승을 존중하는 것은 백성의 道가 세워진 것이다.[33]

의암은 道의 큰 것이 德의 바름으로 그 완성을 우러른다는 것은 道와 德이 함께 운행했을 때 인격적 완성에 이른다는 것이다. 그는 어버이를 친하게 여기고 군주를 귀하게 여기고 스승을 존중하는 것은 천하에 대한 존중의 근간이 된다고 하였다. "그런 까닭에 스승을 존중하는 것으로 말미암아 어버이를 친하게 여기고 군주를 귀하게 여기는 道가 드러난다. 그런 까닭에 스승을 존중하면 道가 융성해지고 道가 융성해지면 법이 분명해진다. 법이 분명해지면 천하가 다스려지니 천하가 어지러워짐은 스승을 존중하지 않음으로 말미암는다."[34] 그는 스승을 존중하지 않으면 천하가 어지러워지고 천하가 어지러워지면 이단(異端)이 성행하고 이적이 횡행한다고 하였다. 그리고 이단이 성행하여 횡행하면 사람이 그 사람됨을 잃고 금수가 된다고 하면서 道를 존중해야 이단과 이적이 반드시 그 어지러움을 거둘 것이라고 하였다. 또한 그는 율곡의 말을 인용하여 다음과 같

---

33) 유인석,『국역 의암집』4, 의암학회, 2009, 36쪽 참조. 親親貴君尊師 事之大者也 血脉而傳之 鞠育而保之 父不親乎 中天下而立 撫四海之民 君不貴乎 達五常之正而明五倫之大 得乎己而及 於人 師不尊乎 生我育我 恩焉罔極 呼我應我 氣焉相感 憂我喜我 情焉相通 可不親親乎 飽我煖 我 莫非其爲 道我齊我 莫非其成 威我福我 莫非其極 可不貴君乎 道之大而受之於其授 德之正 而仰之於其成 統之遠而接之於其傳 可不尊師乎 親親 民之德厚 貴君 民之志定 尊師 民之道立.

34) 유인석,『국역 의암집』4, 의암학회, 2009, 36쪽 참조. 親親 親於一人 不及他人也 貴君 貴於一 國 不及他國也 尊師 尊之以天下之大 萬世之遠也 故由尊師而親親貴君之道著焉 故師尊則道隆 道隆則法明 法明則天下治 天下亂 由師不尊也.

이 논하였다.

율곡이 말씀하시기를, "학자가 평생 글을 읽어도 성취하지 못하는 것은 다만 뜻이 서지 아니했기 때문이니, 뜻이 서지 않는 데는 병폐가 세 가지가 있다. 하나는 불신(不信), 둘은 부지(不智), 셋은 불용(不勇)이다"라고 하였다. 이른바 '불신'이란 성현의 말씀이 사람을 유혹하기 위해 베풀어진 것이라고 여겨 그 문장만을 감상하고 몸소 실천하지 않는 것이다. 그래서 읽는 것은 성현의 글이지만 옮기는 것은 세속의 행위이다. … 율곡이 말씀하시기를, "道가 밝혀지지 않고 실행되지 않은 지가 오래되었다. 유자(儒者)라는 이름을 가진 자가 천 명이나 道를 구하는 자는 한 사람이며, 道를 구하는 자가 천 명이나 道를 아는 자는 한 사람이며, 道를 아는 자가 천 사람이나 道를 행하는 자는 하나이며, 道를 행하는 자가 천 명이나 道를 지키는 자는 하나이다"라고 하였다. 이른바 유자의 이름을 가진 자란 공자의 의복을 입고 공자의 말을 외워 명예를 추구하고 이익을 좇아 구차하게 부귀만을 구하여 경전을 녹을 구하는 도구로 여기고 仁義를 분수 밖의 일로 여기는 사람이다. … 이른바 道를 구하는 자란, 세속에서 벗어나 마음으로는 道를 구하고자 하나 정학(正學)이 밝지 않고 이난이 길을 막아 고명한 자질이 아직도 속고 있는 사람이니 더구나 중인(中人) 이하의 사람이야 말할 나위가 있겠는가. 이것이 道를 구하는 자 천 명이지만 道를 아는 자는 하나인 까닭이다.[35]

의암이 '읽는 것은 성현의 글이지만, 지키는 것은 기질에 구속되는 것'이라고 한 것은 아무리 좋은 글이라도 道德이 갖추어져 있어

---

35) 유인석, 『국역 의암집』 6, 의암학회, 2010, 311쪽. 栗谷李先生曰 學者終身讀書 不能有成 只是志不立耳 志之不立 其病有三 一曰不信 二曰不智 三曰不勇 所謂不信者 以聖賢之言 爲誘人而設 只玩其文 不以身踐 故所讀者聖賢之書 而所蹈者世俗之行也…栗谷先生曰 道之不明不行 厥惟久矣 儒名者千而求道者一 求道者千而知道者一 知道者千而行道者一 行道者千而守道者一 所謂儒名者 服孔子之服 誦孔子之言 趨名逐利 苟求富貴 以經傳爲干祿之具 以仁義爲分外之事…所謂求道者 拔乎流俗 心欲求道 而正學不明 異端塞路 高明之資尙被所誣 況乎中人以下者耶 此所以求道者千而知道者一也 所謂知道者 發軔正路 不惑邪歧 窮理格物 知止有定 而人心惟危 道心惟微 天理之公 卒無以勝其人欲之私 此以所知道者千而行道者一也.

야 仁義로 펼치기 때문에 기질을 조절할 수 있다는 것이다. 의암이 말하기를 "송암공은 『격몽요결』을 가르치며 율곡을 가리켜 입지·수신으로부터 거가(居家), 처세(處世)에 이르기까지 모두 道로 갖추어졌으며 지극히 자세하고 적절하다고 하였다. 송암공이 그것을 중봉 선생에게서 받아 아침저녁으로 항상 읊조리며 평생토록 가슴에 새겼다. 너희는 모름지기 깊이 익혀 소득이 있은 연후에 다시 사자육경(四子六經)을 정밀하게 연구하라고 하니 공이 한결같이 그의 가르침을 받들어 착실하게 공부하여 지식과 견해가 환해지고 행위가 공경스럽고 부지런하여 모범이 되었다"36)라고 하였다. 의암도 송암공처럼 율곡을 공경하였다. 다음은 율곡에 관한 그의 생각이 담긴 글이다.

> 율곡 선생의 지팡이와 신발이 이른 곳은 모두 원(院)을 짓거나 정자를 지었는데 오직 이곳만이 없었다. 그래서 그곳에 사는 사람들이나 놀러 온 선비들이 그것 때문에 탄식했다. 병오년(1906) 봄에 여러 선비가 함께 일을 꾀하여 비로소 정자를 지어 강학하고 수계(修禊)하는 장소로 삼았다. … 선생은 천고의 성현의 적통을 이어 우리나라의 부자(夫子)가 되어 진실로 멀게는 천하에, 가깝게는 한 나라에서 함께 사모하는 분이다. 특히 해서(海西)는 선생이 사시던 마을이어서 사모함이 더욱 절실하여 오래 지날수록 그치지 않는 것은 이곳에서 수백 년 동안 한가하게 여기지 아니한 성대한 일이 있었기 때문이니 역시 선비의 기풍이 쇠하지 아니함을 보게 된다. '선생의 남기신 자취'를 꾸미는 것은 당일의 인지(仁智)의 참된 흥취를 깊이 체득하여 선생의 남긴 책을 탐구하여 익히고 도리의 실질적인 묘리를 정밀하게 탐구하고 선생이 남긴 향약을 읽어 모범의 대방(大方)을 근면하게 지켜 실제로 그렇게 하는 데에 있으니

---

36) 유인석, 『국역 의암집』 5, 의암학회, 2009, 324쪽 참조. 松庵公先授擊蒙要訣曰 此栗谷先生書也 自立志修身 以至居家處世 道無不該 且極精切 吾受之重峯先生 朝夕恒誦 平生服膺 汝須熟讀有所得然後 更精研四子六經 公一遵其教 實下工夫 知見通透 行爲敬謹 蔚然爲鄉邦之模楷.

그렇게 하면 선생을 사모하는 일은 크게 될 것이다. 모든 선비는 반드시 이렇게 하도록 해야 할 것이다. 만약 다만 선생을 사모한다는 명분으로 남긴 자취를 꾸며 한때의 아름다운 일로 여기고 탐구하고 공부하는 행위가 문방구를 내는 일에만 그칠 뿐이라면 어찌 모현정이라 하겠는가?[37]

수계(修禊)는 물가에서 노닐며 불길한 재앙(災殃)을 미리 막던 풍속이다. 진(晉)나라 왕희지(王羲之)의 난정수계(蘭亭修禊)에 대한 고사이다. 그리고 대방(大方)은 큰 道라는 뜻으로, 『장자(莊子)』에서 나온 말이다. 율곡은 왜구들이 난을 일으킬 것을 미리 염려하여 양병(養兵)의 계책을 내었는데 이것은 밝은 예지가 비친 것이며 우국충정의 마음이었다. 의암은 "돌아보면 지금 왜놈들이 끼친 재앙으로 나라가 망하고 사람이 없어져 버리는 데에 이르렀으니 율곡이 다시 생존케 한다면 그 걱정이 더욱 어떠하겠는가?"[38]라고 탄식하였다. 또한 그는 "율곡이 道로 여긴 것을 道로 여기고 율곡이 근심한 바를 근심으로 삼아 국운을 끌어당겨 되돌려 태평에 이르게 됨을 보면 나는 장차 늙은 몸을 부축 받아 가서 모현정에 올라 여러 선비에게 감사해하고 천석(泉石)을 즐기다가 돌아오리라"[39]라고 하며 자신의 우국충정을 다짐하였다.

---

37) 유인석, 『국역 의암집』 5, 의암학회, 2009, 326쪽 참조. 惟先生杖屨所到處 皆建院或作亭 而此獨闕焉 居人遊士爲之興歎 丙午春 多士同謀乃作亭 爲講學修禊之所 二處士後孫 極力於施爲 亭成 名之曰慕賢 而海州吳進士鳳泳 以多士命請記於余 感不鄙之盛意 且榮託名於楣間 有不爲固辭也 夫先生承千古聖賢之嫡統而作左海夫子 固遠而四海 近而一國之所同慕 而特海西先生卜居之鄕 所慕尤切 有愈久而不已者 所以於此爲數百年未遑之盛事 盖亦見士風不衰矣 其賁先生遺躅 深體當日仁智之眞趣 而講先生遺書 精究道義之實竗 讀先生遺約 謹守模範之大方而實有事在 則其爲慕先生也大矣 多士必有爲於是矣 如或只慕先生名而賁遺躅 爲作一時勝事 而講讀所爲 爲出於文具而已 則豈慕賢云哉.

38) 유인석, 『국역 의암집』 5, 의암학회, 2009, 327쪽 참조. 先生有豫慮倭寇之爲亂 發養兵之謀 是固明睿所照 而其心乎憂國 正如何哉 顧今倭禍至於國亡人滅 使先生而在者 其憂更若何 滔滔賣國之賊 餘皆不甚爲意 多士之慕先生者 宜其心乎先生之憂心 而有憂於斯乎.

39) 유인석, 『국역 의암집』 5, 의암학회, 2009, 327쪽 참조. 使之皆道先生之所道 憂先生之所憂 挽回國運 見致太平 則余將扶老往登慕賢亭而而謝多士 樂翫泉石而歸也.

의암은 하늘과 땅은 건(健)과 순(順)으로 德을 합한다고 하였다. 그리고 고(高)와 후(厚)로 체(體)를 합하며, 氣가 합해져 그것이 융화하여 사물을 만들어내는데 사물의 태어남은 끝이 없어서 움직이는 것, 심는 것, 나는 것, 물속에 있는 것 등이 무럭무럭 자라고 움직여 그 몸체를 수만 가지로 하고, 그것이 심겨 그 빛깔을 수만 가지로 하며 그것이 날아서 그 형체를 수만 가지로 하고 또한, 물속에 잠겨서 그 모양을 수만 가지로 한다고 하였다. 그래서 천지에는 넓고 미세하고 크고 작은 것들이 가득한데 넓은 것이 미세한 것을 빼앗지 않고, 미세한 것은 넓은 것에 빌리지 않고, 크나 작은 것을 억누르지 않고, 작으나 큰 것에 기대지 않고, 함께 길러 스스로 이루게 하니 천지의 仁은 이와 같다[40]라고 하였다. 그리고 천지는 어질고 의로우니 仁義는 사람에게 있어서의 道이므로 천지인(天地人)은 삼재(三才)라고 한다.[41] 천지의 이치가 이러한 것을 사물도 아는데 하물며 사람으로 태어나 오성을 갖고 오륜을 갖게 했으니 마땅히 천지를 모른다면 옳지 않다는 것이다.

의암은 뜻을 바로 하고 道를 밝히는 자는 당장 눈앞에서는 조금 막힘이 있더라도 점점 나아가 통하게 되는데 어떤 일을 미리 계산하고 사심으로 이익을 도모하는 자는 당장 눈앞에서는 조금 통하더라도 점점 막힌다고 하였다. 그래서 뜻을 바로 하고 道를 밝히는 것은 공간적으로는 천지의 큼이고 시간상으로는 고금의 아득함으로 보았다. 그 도달하는 곳을 한계 짓지 않고 이익만을 헤아리면 자신

---

40) 유인석, 『국역 의암집』 6, 의암학회, 2010, 281쪽 참조. 天地健順合德 高厚合體 氣合而絪縕 生生物來 物生不匱 動植飛潛 芸芸職職 動而萬萬其體 植而萬萬其色 飛而萬萬其形 潛而萬萬其樣 洪纖巨細 充充優優 洪而不奪乎纖 纖而不假乎洪 巨而不壓乎細 細而不依乎巨 幷育而自成 天地之仁 有如斯也夫.

41) 유인석, 『국역 의암집』 6, 의암학회, 2010, 281-282쪽 참조. 天地以此仁義也 仁義於人而道焉 曰天地人三才也.

을 용인할 곳이 없게 된다[42]라고 하였다. 그리고 "세속(世俗)에서 반드시 일을 잘 해결한다고 일컬어지는 사람이 있지만, 특별히 일을 잘 해결하는 사람이 있는 것은 아니고 다만 이치에 달통한 자가 일을 잘 해결할 뿐이다"[43]라고 하였다. 또한, 그는 옳고 그름에 관한 명확한 분별을 중시하여 실천할 것을 강조하면서 다음과 같이 주장하였다.

> 군자의 지(知)란, 행(行)하지 않고는 안 되는 行을 아는 것이다. 行이 안 되면 知가 되지 않는다. 군자의 行이란, 알아야 하는 知를 행하는 것이다. 知가 아니면 行이 되지 않는다.[44]

의암은 지행에 앞서 그 이전에 충신이라는 도덕적 수양이 전제되어야 한다는 점을 강조하고 올바른 민족운동의 실천 방향을 제시하였다. 유가의 이념에서 볼 때 그가 살았던 시대에 택할 수 있었던 길이 자연에의 은둔, 학문 몰두, 현실 참여를 통해 유가적 이념 실천 등이었는데 그는 현실 참여를 통한 이념 실천 쪽을 택한 인물이다.[45] 그는 지행을 중요하게 여기며 그 의지를 강조한 국난극복 정신을 추구하였다. 그리고 변복령에 대하여 道가 무너졌고 변복령을 따르는 것보다는 선왕의 道를 지키다 죽는 것이 선비의 의리라고 말하고 있다. 그는 성인에게는 위대한 세 가지가 있는데 그것은 도덕과 정사(政事)와 문사(文辭)라고 하면서 그것을 불가분의 관계로

---

42) 유인석,『국역 의암집』4, 의암학회, 2009, 15쪽. 正義明道 目前或少有塞而漸漸通 計功謀利 目前或少有通而漸漸塞 正義明道之至 天地之大古今之遠 不限其所至 計功謀利之極 無容身之所.

43) 유인석,『국역 의암집』4, 의암학회, 2009, 15쪽. 世俗必稱解事之人 非別有解事之人 達於理者解事耳.

44)『毅菴集』卷53,「道昌編」, 下卷: 君子之爲知也, 知其所不得不行之行也 非其行則不爲之也 君子之爲行也 行其所不得不知之知也 非其知則不爲行也, 경인문화사, 1973, 590-591쪽.

45) 서준섭,「의병장 유인석의 한시」,『의암유인석연구논문선집』I, 의암학회, 2004, 217쪽.

보았다. 즉 도덕이 있어야 정사가 있고 도덕과 정사가 있어야 문사가 있게 된다는 것이다. 그는 이와 관련한 생각을 다음과 같이 말하였다.

비록 도덕이 있다 해도 정사가 없다면 德이 천하를 덮을 수 없고 道가 만세에 드러나지 않는다. 비록 도덕이 있고 정사가 있다 해도 참으로 문사가 없다면 누가 이것을 이어서 온 세상에 이르게 하고 후세에 드리울 것인가? 도덕은 천하의 큰 근본이고 정사는 천하의 큰 용구이며, 문사는 천하의 커다란 그릇이다. 정사가 있지만, 도덕으로 말미암지 않으면 이를 일컬어 헛된 법이라 하고, 문사가 있으나 도덕과 정사로 말미암지 않으면 이를 일컬어 공허한 문장이라 한다. 헛된 법으로 법을 삼으면 문란하게 되고, 공허한 문장으로 문사를 삼으면 곧 병폐가 된다. 헛된 법과 공허한 문장을 행하면서부터 중화가 어지러워졌고 중화가 어지러워지자 오랑캐가 들어왔다. 지금 멀리 해외의 잡스러운 오랑캐들은 도덕도 없고 정사도 없으며 문사도 없으니, 도덕이 없고 정사가 없으며 문사가 없음은 오랑캐가 내려와 금수가 되어버린 것이다.[46]

오랑캐가 내려와 금수가 되어버린 것이라는 말은 당시 상황에 관한 통탄의 의미가 있지만, "안회가 스승인 공자를 위하여 대신 죽을 의리와 맹자가 말한 道를 따라 죽는다는 의리를 의미한다. 안회에 대하여는 『논어』, 「선진(先進)」의 子在 回何敢死의 집주에 공자가 불행하게 환난을 만난다면 안회는 반드시 생명을 버려 나아갈 것이라고 하였고, 맹자에 대하여는 『맹자』, 「진심」上에 천하에 道가 있으면 도리로 몸을 따르게 하고, 천하에 도리가 없으면 몸으로 도리

---

46) 유인석, 『국역 의암집』 4, 의암학회, 2009, 38쪽. 雖有道德 苟無政事 德不覆天下 道不顯萬世矣 雖有道德 雖有政事 苟無文辭 孰載之以達天下垂後世也哉 道德天下之大本也 政事天下之大用也 文辭天下之大器也 有政事而不由道德 謂之徒法 有文辭而不由道德政事 謂之空文 徒法而法乃紊 空文而文乃弊 自為徒法空文而中華亂 中華亂而夷狄入也 今遐外之雜夷 不有道德 不有政事 不有文辭 無道德無政事無文辭 夷狄之降而爲禽獸者也.

를 따르게 한다고 하였다."47) 당시 의암은 국내에는 흑복을 입으라는 명령이 두루 시행된 것을 통탄하였다. 그런데 제천 수령 김익진(金益軫)은 원래 왜적의 통역이었고, 박영효의 추종자여서 복장을 감독함이 특히 심하였는데, 선비들이 유독 법복을 지키고 있는 장담에서 더욱 혹독하였다. 이에 그는 '의관을 갖춰 입은 선비의 모임이 이로부터 영원히 온 천하에 끊어지겠구나!'라고 하였다.

의암은 사군(四郡)의 사우들을 급히 모아 춘추를 강론하였는데 의리는 마땅히 꺾이지 않을 것이라고 여기고 서로 함께 대항하여 강론을 베풀며 예의 시행을 서둘러 도모하였다. 주입암·서경은이 그것을 위해 사군(四郡, 제천·청풍·단양·영춘)의 사우들을 맞이하였는데 온 사람이 150-160명이었다.48) 그는 오직 의리만이 道의 길이라고 여기고 道를 따르기 위해서는 걸릴 것이 없었다. 훗날 그는 초산(楚山)에 이르러 진정하여 대죄하는 상소문을 올렸다.

나라가 지금 당한 일은 만세에 반드시 갚아야 할 큰 원수이므로 억만 신민들이 마음을 썩이고 뼈를 갈아서 만 번 죽음을 각오하고 힘을 다해야 할 일입니다. 여기에 그 힘을 다하지 않으면 우리 예의의 나라는 이로부터 삼강(三綱)이 없는 나라가 될 것이요, 온 나라 사람들이 삼강이 없는 사람이 되어 천지 안에서 살 수도 없고 만세에 용서받지도 못할 것입니다. 하늘이 이 사람을 내고 이 사람은 짐승과 다른 점이 있습니다. 예의와 제도가 생겨나지 않을 수 없으니 예의 제도는 천도(天道)의 실현이요, 드러냄이요, 사람됨을 이루는 것입니다. 반드시 한 사람이 하늘을 대신하여 道를 세우고 사람됨을 이루게 하니, 하늘의 마음 씀이 지극하다고 할 것입니다.49)

---

47) 유인석, 『국역 의암집』1, 의암학회, 2006, 473쪽. 天下有道 以道殉身 天下無道 以身殉道.

48) 유인석, 『국역 의암집』1, 의암학회, 2006, 480쪽. 時 先生撤移不幾日 國內均行黑服之令 而是 川倅金益珍 本是倭夷之通譯 而泳孝之驥從 督服特甚 尤詰於長潭 以士類獨守法服也 先生卽曰 衣冠之會 從此永絶於一天之下矣 且今日之義宜示不挫 而相與之抗 亟謨設講行禮 朱立菴徐敬殷 爲之 檄四郡士友至者百五六十人.

의암이 말하는 道는 일이 바른 것이면 그대로 따르고 바르지 않으면 따르지 않아야 하며, 일이 치욕을 씻고 중화를 보전하면 하고 치욕을 씻지 못하고 중화도 보전하지 못하면 하지 않아야 한다는 것이다. 신하된 사람이 바르면 가까이 두고 바르지 않으면 멀리해야 하며, 신하된 사람이 치욕을 씻고 중화를 보전하면 가까이하고 치욕 적이거나 중화를 보전하지 않으면 멀리해야 한다는 주장이다. 일체를 이처럼 한결같이 실천하면 하루에 하루의 효과가 있고 한 달에 한 달의 효과가 있으며 일 년에는 일 년의 효과가 있을 것이니, 당장 효과를 못 본다고 해서 그치지 말아야 한다는 상소이다. 이 상소에서 그는 "맹자가 등문공에게 성선설을 설명할 때 요순을 일컬어 말하면서, '제 말을 의심하십니까? 대개 道는 하나일 뿐입니다'"[50] 라고 하고 좋은 나라를 만들 수 있다는 뜻을 피력하였다. 그는 "죽음에 임하여 두려워함이 없고 세상을 등져도 번민함이 없는 것은 중정(中正)한 德 있는 자만이 할 수 있다. 강하지만 도량이 좁은 자는 항상 두려워하지 않을 수 있고 괴이한 행동을 하는 자는 항상 번민함이 없을 수 있다. 강하지만 도량이 좁은 자는 두려워하지 않음을 본성으로 삼아야 장차 일마다 두려워하지 않는 자가 된다. 괴이한 행동을 하는 자는 번민함이 없는 것을 道로 삼아야 어디서나 번민하지 않는 자가 된다"[51]라고 하였다. 이처럼 의암의 의병운동

---

49) 유인석, 『국역 의암집』 1, 의암학회, 2006, 510쪽. 國家今日之所遭 及萬世必報地大讐 萬億臣子 之所宜腐心切骨 出萬死而竭其力者也 此而不竭其力 則我禮義之國 從此爲無三綱之國也 一國之 人 從此爲無三綱之人也 而無以立於天地 不可容於萬世矣 天之生斯人 斯人之爲異於禽獸也 不得 不有禮義制度 禮義制度 乃天道之著顯 而成其爲人者也 必以一人繼天立道以成民人 天之用心其 至矣.

50) 『孟子』, 「滕文公」上: 世子疑吾言乎 夫道一而已矣.

51) 유인석, 『국역 의암집』 4, 의암학회, 2009, 17쪽. 臨死不懼 避世無憫 有中正德者能之 强褊者或 能不懼 行恠者或能無憫 强褊者以不懼爲性 將事事而不懼者也 行恠者以無憫爲道 將處處而無憫 者也.

은 충의에 기반한 충의군(忠義軍)의 성격을 갖고 국가 수호의식을 고취하며 일본 제국주의의 축출을 위한 의병 활동으로 반침략적 구국 항쟁의 실천이었다. 그는 복수토왜에서 기병(起兵)한 목적과 함께 의병 활동을 지속해서 수행하는 이유에 관하여 다음과 같이 밝히고 있다.

> 이제 이 의거는 두 가지 목표가 있다. 하나는 성인의 道를 지키는 것이고 다른 하나는 국가의 원수를 갚는 것이다. 국가의 원수를 갚으려는 3가지 이유는 다음과 같다. 첫째, 우리나라 5백 년 역사에 선왕(先王)께서 이루어 놓은 지극히 아름다운 법도가 왜놈에게 짓밟힌 것이다. 둘째, 임금께서 욕을 당하신 것이다. 셋째, 국모가 시해를 당한 것이다. 성인의 道를 보존하고 유지하는 것은 4천여 년 동안 전해 내려온 문명의 정맥인데 의병을 해산하는 것이 어찌 말이 되느냐?[52]

이처럼 의암의 의병운동은 그 정당성과 국권 수호와 주체성 회복을 위한 공통된 목적의식이 있었다. 그래서 의병운동의 실천으로 외세의 침략에 대항하여 우리 민족 내부의 힘을 굳건하게 결속하고 민족자존으로 국가를 수호할 것을 강조하였다. 이런 그의 확고한 의병 활동은 의병들이 국가수호 의지를 구축하는 데 기반이 되었다.

의암은 문명화된 중국이 외국에 의해 겁박 받는 처지가 된 이유에 관해 중국이 실(實)하면 외국이 복종하게 되고 중국이 허(虛)하면 외국도 침범하니 성쇠와 강약이 번갈아 왔다고 하였다. 그는 그런 형세가 점점 더 심화할 것이라고 보고 이 난국을 돌파하기 위해서는 "다른 방도가 없다. 잘하느냐 못하느냐에 달려 있다"라고 주장

---

52) 元容玉, 「義庵柳先生西行大略」, 독립운동사편찬위원회, 『獨立運動史資料集』 I, 독립유공자사업 기금운영위원회, 1984, 515쪽.

의암 류인석의 교육철학

했다.53) 여기에서 잘한다는 것은 중화 질서와 도덕 회복을 하는 것이다. 그는 천지개벽한 이래 중국을 제왕이 다스리는 것이 대일통의 규범이라고 하였다. 그리고 중국이 외국을 통할하여 일국이 만국(萬國)을 통제하면 그것은 정리(定理)라고 주장하고 하늘이 그 정리로서 낙서(洛書)를 내려 구주(九疇)를 다스리게 했다고54) 보았다. 그는 위계와 본분을 중시하였는데 "백성이 나랏일에 관여하는 것은 천하에 道가 없어서이다. 국민의 대표인 의원들이 국회를 구성하고 법에 관하여 의논하는 것은 道를 무시하고 기강을 그르치는 것"55)이라고 주장하기도 하였다. 또한, 그가 추구하는 중국다운 것은 황제로 대통을 세우고 공자로 종교를 삼으며, 오륜을 지키고, 전통적인 의발을 준용하는 것56)이라고 하였다. 그러나 이러한 이념적인 선언은 주장이 분명하지만, 그 주장을 뒷받침하는 구체적인 방안을 제시하기에는 어려운 상황이었다. 그렇지만 그가 주장한 나라와 나라의 명맥인 '道'와 그것을 실천하는 '몸', 그리고 삶과 가치를 함께 하는 '사람'에 관한 사랑이 불가분의 관계라고 한 것은 道와 德을 중시하는 그의 교육철학을 분명하게 보여주는 것이다.

---

53) 유인석, 『국역 의암집』 6, 의암학회, 2010, 188쪽. 故自古中實則外伏, 中虛則外軼, 盛衰强弱, 迭爲消長. … 甚矣外國之爲下達愈往愈極也, 蓋其極也. 至於爲强食弱肉, 相殘而自雄, 電�于天, 鐵絡于天, 舟車蕩人寰, 三才不安而自以爲能事矣. … 今欲中國土地者, 更有外洋之列强寧或甚, 而不爲不甚矣. 無他, 在乎善爲不善爲. 此其屈伸之機, 進退之勢, 可以觀乎!

54) 유인석, 『국역 의암집』 6, 의암학회, 2010, 189쪽. 帝王中國之從開闢以來, 爲立大一統之規. 中以統外, 一以統萬, 此其不易之定理. 故天以定理出書於洛, 爲有九疇.

55) 유인석, 『국역 의암집』 6, 의암학회, 2010, 190쪽. 且天下有道, 民不議事. 天地定經, 法自上行. 其曰評議立法, 取爲滅徒敗經.

56) 유인석, 『국역 의암집』 6, 의암학회, 2010, 190쪽. 治所以爲中國, 所以爲中國, 擧其大有四, 曰帝王大統, 聖賢宗敎, 倫常正道, 衣髮重制, 四者立則, 百度萬事次第擧矣.

3. 공동체(共同體) 교육

의암의 공동체사상은 국권 회복의 정신에서 비롯되어 관일약과 향약의 시행으로 드러난다. 관일약은 매달 초하룻날에 '작은 모임(小會)'을 열고, 3월 3일과 9월 9일에는 '큰 모임(大會)'을 열어 '망국단(望國壇)'에 나아가 본국을 향하여 절하고 나이 순서대로 앉아 집례(執禮)가 읽는 「관일약」을 경청했다. 특히 큰 모임에서는 집례가 오륜(五倫)과 남전향약(藍田鄕約)의 네 조목을 읽었다. 약장이 지명한 사람들이 나와 중국 삼국시대의 제갈량(諸葛亮)이 국운을 걸고 위(魏)를 정벌하기 위해 출정하면서 촉(蜀)의 황제에게 올렸던 「출사표(出師表)」, 주나라 선왕(宣王)이 전쟁에 나설 때의 상황을 노래한 것이라는 『시경(詩經)』의 「채기(采芑)」를 각각 읽게 하였다. 이는 군대를 길러 나라를 살리려던 중국적인 질서 속에서 그들이 시도했던 각오였다. 의식의 말미에는 기록해 놓은 약원들의 선적(善籍)과 과적(過籍)을 내놓고 당사자를 불러내어 권면하고 책망하도록 하였다.[57] 이것은 발전을 위한 반성과 점검의 시간이었다.

관일약 실시의 최종 목적이 국권 회복을 위한 것인데 약속의 실질적 효과가 있으니 정성을 묶어 모으면 쇠도 끊고 돌도 뚫을 수 있다(會精團誠 斷金透石). 이미 관일약을 세웠으니 그 조목을 다하고, 그 핵심에 도달하고, 실질적 효과를 극대화하면 큰 화를 면할 수 있을 것이다.[58] 이것이 관일약의 기본 논리인데 다음과 같은 내용으로 구성되었다.

---

57) 『毅菴集』 卷36, 雜著, 「貫一約約束」, 「讀約小會儀節」·「讀約大會儀節」 및 제천의병전시관 소장 자료인 「小會讀約笏記」, 「大會讀約笏記」 참조.

58) 『毅菴集』 卷36, 雜著. 「貫一約約束」. 今當萬古天下所無之大禍, 至於國亡道蔑, 身不保而人盡滅 立此貫一約, 約有目, 曰愛國心, 愛道心, 愛身心, 愛人心, 約有要曰心平四愛, 貫以一之, 衆萬同心, 貫以一之, 下卷, 경인문화사, 1973, 141쪽.

먼저, '약속의 조목'에서는 나라와 道와 몸과 사람이라는 사랑의
대상을 설정했다. 그것은 상호 의존적이기 때문에 불가분의 관계
이고, 어느 하나를 빠뜨릴 수 없는, 항상 함께해야 하는 존재라고
설명하였다. 다음에 제시한 '약속의 핵심'은 실천 과제를 말한다.
네 가지 대상 중 어느 하나에 치우치지 않은 고른 사랑을 항상 마
음에 새겨 하나로 꿰고, 대중들과 더불어 마음을 같이하여 꿰어야
한다는 것이다. 엽전도 꿰어야 편하게 쓸 수 있는 것처럼 사랑도
하나로 묶어야 한다는 것이다.[59] 마지막으로 제시한 '약속의 궁극
적 효과'는 네 가지 사랑의 마음을 한 줄로 꿰고 지극한 정성을 기
울이면 결국 큰 세력을 이루게 되어 불가능한 일이 없다는 주장이
다. 그리고 이러한 삼 단계의 논리는 관일약 약원들이 지니도록 한
약표(約標)에 그대로 반영되었다.[60]

의암은 1908년 연해주로 건너가 민족의 세력을 모아 단일군단을
만들고자 분투하였다. 당시 연해주에는 유림 의병, 애국계몽세력,
구국 단체인 국민회 그리고 연해주 거류민 등 다양한 세력이 있었
다. 그곳에서는 서울과 경기지역에서 온 사람들을 '경파(京派)'라고
하고, 북한 쪽에서 온 사람을 '평당(平黨)'이라 하여 지역적 갈등도
있었다. 그는 『경시제임원(警示諸任員)』·『경고(警告)』·『시무아어
(時務雅語)』 등에서 "단결하여야 성공할 수 있다. 사를 버리고 공을
회복하자"[61]라고 여러 차례 강조하며 국권 회복 운동단체와 구성원
들의 단결을 이끌었다. 그는 일약(一約)을 설정하고 다짐하며 그 마
음을 하나로 일관하고자 하였다. 이는 뜻을 함께하는 동지들이 먼저

---

59) 『毅菴集』 卷42, 序, 「貫一約序」; 『국역 의암집』 5, 의암학회, 2009, 280쪽. 譬之貫錢 雖有萬錢
散而不貫 齊數而致用難矣 約而貫之 得乎心爲心而旣一之 約以貫之 得乎衆心而又一之.

60) 『毅菴集』 卷36, 雜著. 「貫一約約束」, '取約之所以爲目'조 '약표'는 『용연김정규일기(龍淵金鼎奎
日記), 上』, 독립기념관 한국독립운동사연구소, 1994, 545쪽.

61) 유인석, 『국역 의암집』 4, 의암학회, 2008, 409쪽. 事之策, 結團體太上也, 備器械其次也 … 今
日 知事 合而一則成, 古語曰合則强, 分則弱, 曰公則一, 私則殊, 今不合不一, 自弱而私, 何能制莫
强之敵, 何能伸大義而濟大事乎, 爲今計, 去私而恢公, 棄弱而圖强, 求斯而已, 無他事也.

한 가지로 단결하고 그 후 온 나라에 퍼지어 단결하기를 바라는 것이다. 그에 우선 자신을 보존하고 道를 지키며 결국, 국권을 회복하고 인류를 구하려는 기약이었다.[62] 그는 매월 초하루에 모여 망국례와 약속문 그리고 공명의 「출사표」를 읽었다. 그리고 3월 3일과 9월 9일 두 차례에 걸쳐 대회를 개최하였다. 사애정신은 당시 민족세력이 서로가 다른 사상과 세력 차이로 인해 단결이 안 되는 것을 보고 민족의 단결을 위한 제시였다.

　관일약이 정비되고 입약자가 차츰 늘어나면서 의암은 대단히 고무되었다. 요동에 머물던 전 승지 이재윤에게 관일약에 합류하여 연해주에서 거사할 것을 청했다. 제대로 갖춰진 성묘(聖廟)도 없는 연해주가 누추하지만, 지금은 러시아에서 활동하는 것이 현실적이라고 권했다.[63] 그는 일찍부터 이재윤을 지도자감으로 점찍고 있었고, 나중에 십삼도의군을 출범시킬 때 그를 도총재로 추천하기도 했다. 이재윤은 구한말의 의병장이며 본관은 전주, 자는 성집(聖執), 호는 미석(渼石), 경기도 양주 출신으로 고종의 종척(宗戚)이다. 1905년 을사늑약이 강제 체결되자 매국 역적들을 참하자는 상소를 올렸다. 이듬해 스승인 최익현이 거의하였다가 일본군에 패하여 지도(智島)로 귀양 갔다가 온 뒤, 다시 거사 계획을 꾸미면서 후원하여 주기를 부탁하자 곧 가재를 털어 무기를 구입, 의병장이 되자 이에 따른 의병이 300여 명이었다. 양구군 설악산으로 집결할 때 일본군이 급습하므로 한강 상류 연안 민호리에서 대치하다가 미금면 금곡리에서

---

62) 유인석, 『국역 의암집』 5, 의암학회, 2009, 31쪽. 麟錫不揆猥越, 設得一約, 曰貫一約, 約以愛國愛道愛身愛人, 而同乎爲心, 貫以一之 也, 是將願 與同寓此地之僉賢, 先焉爲一心團體, 終致一國之爲一心團體, 先焉爲保身守道, 終期有以復國權而救人類也.

63) 유인석, 『국역 의암집』 2, 의암학회, 2007, 225쪽. 請援一事, 義旣不正, 勢亦莫及, 已無可慮, 且此地比遼上, 雖有加陋, 遼上屬淸, 淸猶勝俄, 又有聖廟依據, 雖若有優, 然以平時則遼亦不可居, 在今日而天地看作天地之天地

교전하고, 다시 광주군 서부면 송파장에서 결전을 전개하였으나 군량과 무기 부족으로 패하였다. 1907년 3월 항일구국운동을 목적으로 북경을 방문하고 위안스카이(袁世凱)에게 구원병을 보내 일제의 침략으로부터 우리나라를 구해 주기를 요청하였지만 중국도 망해가는 판에 그럴 여력이 없다는 답변을 듣고 실망하여 이듬해 10월에 돌아왔다. 1977년 건국훈장 독립장이 추서되었다.[64] 그가 종실이면서 최익현의 문인으로서 의병 노선에 적극적인 인물이었기 때문이다.[65] 의암은 관일약을 궤도에 올려놓으려면 국내 인사들의 참여가 필요했다. 먼저 가까운 북도(北道)의 인사들에게 손을 내밀었는데 다음과 같이 말하였다.

> 지금 이 속에 모여든 이들은 모두 한마음으로 단합하였습니다. 그리고 국내의 여러 도에는 제가 상관했던 이들이 많고 기맥이 서로 통하고 도모함이 서로 미치니 역시 모두가 호응할 만한 형세입니다. … 약속의 성공은 틀림없이 북도의 군자들로부터 비롯할 것이라 믿습니다. … 생각건대, 여러분께서 약속(관일약)의 일을 주선해 주시고 일제히 약속의 자리에 참석하여 방략을 다해 주시면 성공을 거두기 쉬울 터이니 용감히 몸을 빼 빨리 이곳으로 와 주시기를 바랍니다. … 혹 만일의 사고가 있어 몸소 참석하실 수 없으시면 멀리서라도 호응해 주시고 또 알고 계신 분에게 널리 연락하셔서 깊이 규합(糾合)해 주시고 거사할 날을 기다려 주십시오. 다만 널리 연락하시되 극히 조심하시고, 아무리 아는 사이라 해도 특히 신중하고 비밀스럽게 해주십시오.[66]

---

64) 한국정신문화연구원, 『한국인물대사전』, 중앙일보·중앙M&B, 1999, 1741-1742쪽.

65) 유인석, 『국역 의암집』 2, 의암학회, 2007, 224쪽. 要諦而以將復國扶道正身救人爲準的事, 固不可若是其幾也, 其於修人事待天命之道, 亦或庶幾而不爲過計也, 顧與多少同志同義, 此地居人留人, 先焉周旋, 而以及國內高德重望偉人志士.

66) 『毅菴集』卷25, 書, 경인문화사, 1973, 593쪽; 『국역 의암집』 3, 의암학회, 2007, 503쪽. 「通告北道 士林 書」今會此地者, 方皆一心團結, 而一國諸道, 擧多麟錫所相關, 聲氣之爲相通, 謀爲之爲相及, 亦卽皆有相應之勢…約事之有成, 必自北路君子, 而北路君子之所痛所事…第念僉尊大人

이처럼 의암은 연해주에 모여든 이들이 마음을 하나로 했다면서 각 도에 의병론자들과 통하고 있는데, 성공 여부는 북도의 호응에 달려 있다고 설명하고, 관일약에 참여해 달라고 요청하였다. 아울러 일이 누설되지 않도록 해달라고 했다. 이처럼 관일약을 정비하는 과정에 안중근의 하얼빈 의거 소식이 들려왔다. 그는 최재형에게 안중근을 위해 복수하기를 권하고,[67] 이범윤·이병순에게는 러시아와의 교섭을 요청하는 등 활발하게 움직였다. 그리고 10월 이후에는 국내 인사들에게 관일약 참여를 권하는 활동을 활발히 전개하였고 경성의 이희석(李羲錫), 회령의 정갑묵(鄭甲黙) 등 북도의 인사들에게도 관일약 참여를 요청하였다. 또한 임병찬·변석현·정형교·김영근·윤정학 등에게도 관일약을 호소하였으며 통고문을 통해 연해주 거주민에게도 관일약을 호소하였다. 그리고 그는 철저한 방략을 세워 의병 활동을 진행할 것을 주장했다. 군사를 일으키고, 일을 이루고, 해산할 수 있도록 군대를 잘 통제해야 한다는 점, 이를 위해 십삼도의군 도총재의 권위를 미리 세우고 통제권을 확보해야 한다는 점 등 의병 봉기와 관련한 구체적인 주의점을 단계별로 정리하면서, 이 모든 과정에서 광범하게 구축한 관일약 조직과 긴밀하게 결부되어야 한다고 단언했다. 그 밖에 전력을 다하며 소홀하지 말 것(盡力無泛)이라는 조목에서 그는 다음과 같이 언급했다.

대체로 지금의 이 일이 얼마나 큰일인데 어찌 경솔하게 할 수 있겠습니까? 일을 경영하는 요점이 어디에 있습니까? 끝을 생각하면

周旋約事, 必齊莅約, 可盡方畧, 易致有成, 乞望勇拔身而亟臨此地…如或有萬一之故, 不得拔身以臨, 遙賜相應, 而亦多及所知, 深致糾合, 以待擧事之有日, 雖必多及, 極宜愼密.

67) 유인석, 『국역 의암집』 2, 의암학회, 2007, 336쪽. 爲都憲計, 正宜身擔這事. 到底做去也, 以義以勢, 固宜擔之, 且況此事如何大義大事, 有大義大事而不做, 豈不可少, 能擔而做, 不亦可多, 做而成, 不亦可壯乎, 惟都憲深念之.

의암 류인석의 교육철학

서 시작하고 시작할 때 온갖 염려를 다 하여 끝마무리를 잘할 수 있도록 대비하는 데 있을 뿐입니다. 여러분은 시작도 마무리도 소홀하게 하지 마십시오.[68]

의병 노선에서 가장 주의할 부분이 시작할 때 철저히 하여 끝마무리를 잘할 수 있도록 대비하라는 것이다. 의암은 관일약의 목적에 대해 국권을 회복하고, 화맥의 문화를 보존하며, 백성을 멸망에서 구하는 것[69]이라고 하였다. 관일약의 조직은 약장(約長)을 최고의 위치에 두고 그 아래 별유사(別有司), 장의(掌議), 장무(掌務), 사규(四規), 찬의(贊議), 간무(幹務), 직월(直月), 사적(司籍), 사화(司貨) 등을 두었는데 각각의 임무는 다음과 같이 규정되어 있다.

> 약장은 약사(約事)를 총재한다. 덕량(德量)·병의(秉義)·이직(吏職)·사체(事體)가 있고 중망(重望)이 있는 자를 약장으로 삼는다. 별유사는 덕의(德意)와 개방(開望)이 있어 사람들의 신앙(信仰)을 받는 자로 삼는다. 약장과 더불어 제반 약사를 논의한다. 장의는 논의를 주발(主發)하고 약사를 주섭(周涉)한다. 모든 임원은 장의가 약장에 추천하고 모든 일은 장의가 약장에 질의한다. 장무는 사무를 통변(通辯) 한다. 사규는 一人은 찰법에, 一人은 집례(執禮)를 담당한다. 찬의는 일국에서 견식(見識)이 있고, 의논이 있고, 지간(智幹)이 있고, 사무를 풀 수 있는 사람을 취하여 정한다. 간무는 근민(勤民)·근실(勤實)한 사람으로 정한다. 사무를 간집(幹執) 한다. 직월은 약사를 모두 기록한다. 매월 한 사람씩 바꾸되 공정한 사람으로 정한다. 사적(司籍)은 서적(書籍)을 관장한다. 서적은 매우 긴중(緊重)하므로 반드시 신밀(愼密)한 사람으로 정한다. 사화

---

68) 『毅菴集』 卷36, 雜著, 「荒見奉示約中諸賢」(1910.1.1.) 下卷, 경인문화사, 1973, 155쪽;『국역 의암집』 4, 의암학회, 2008, 428쪽. 蓋今此事何許大事豈可輕遽草率爲哉經事要義何在在念終作始 終始要終而已諸賢忽于始.

69) 『毅菴集』, 下卷, 「貫一約序」, 경인문화사, 1973, 295쪽 참조. 왜 貫一約을 실시하는가. 부득이 하여 실시하는 것이다. 왜 부득이한가. 지금 섬 오랑캐의 禍가 極에 달하여 國家가 亡하고 道德이 滅하며 신체를 보존하지 못하며 사람은 모두 盡滅하였으니 이 約을 실시하는 것이다.

는 재용(財用)을 관장한다. 반드시 간변재(幹辨才)와 공정심이 있
는 사람으로 정한다.[70]

　　의암의 「의병 규칙」은 의병 직분에 대한 정명사상을 강조한 것이
다. 의병의 직분은 나라가 위태로울 때 더 강조된다. 그는 의병 전
쟁의 과정에 병사에 관한 통제를 해야 하는데, 이를 위해 엄격한 기
상을 세우고 장차 대규모로 확대할 관일약과 결부시켜야 한다고 생
각했다.[71] 이러한 생각은 의병 활동에서 염두에 두어야 할 요체를
규정한 '의사유요(義事有要)'에서도 그대로 되풀이되었으니, '흥병
(興兵)보다 제병(濟兵)이 어렵고, 해병(解兵)이 더욱 어려우며 제병
이 가장 어렵다'라는 평가도 똑같다.[72] 그 때문에 연해주 시절의 그
는 '시작을 신중하게 하여 마무리를 대비하라(慮始而要終)'라는 것
을 의체, 즉 투쟁 노선으로 삼을 정도였다.[73] 이런 면을 제대로 염
두에 두지 않으면 의병으로 시작하여 난군(亂軍)으로 마감하게 된다
는 것이 그의 걱정이었다.[74] 결국, 의병전쟁을 옳은 방향으로 끌고

---

70) 『毅菴集』, 下卷, 경인문화사, 1973, 141-145쪽; 『국역 의암집』 4, 의암학회, 2008, 410쪽.

71) 『毅菴集』, 下卷, 경인문화사, 1973, 141-145쪽; 『국역 의암집』 4, 의암학회, 2008, 410쪽. 約長
總裁約事 僉約員推有德量秉義理識事體 爲衆望所歸者 爲約長旣定 極尊敬信仰 一受指揮 不得有
違越 每有事 約長使掌議以下衆員謀議 別有司 衆推德義開望 爲人所信仰者定之 以同約長 上下
議論 掌議 主發議論 周涉約事 凡任員 掌議薦之約長 掌務通辦事務 定二人 以相商確 一察法 亦
稱可正 一執禮 贊議, 贊務 和成議務 凡一國有見識會議論 有智幹解事務者 幹務擇勤敏謹實者 直
月掌記事 月易一人 凡約事皆書之 必擇取公正人 司籍掌書籍 書籍皆緊重 必擇愼密有恒人以任之
司貨掌財用 必擇有幹辦才有公正心 能撙節兼能關狹者.

72) 『毅菴集』 卷36, 雜著, 「義事有要」; 『국역 의암집』 4, 의암학회, 2008, 419쪽. 兵固難興 興兵非
難 濟兵爲難 解兵尤難 而最難者制兵 制兵則難或不難矣 兵無統制則亂 軍亂在將 將亂在統制者
必有統制而得其人乃可 今日事 斯其爲要矣.

73) 『毅菴集』 卷36, 雜著, 「義事有要」, 下卷 경인문화사, 1973, 149쪽, (1908.10.) 의암은 1898년
여름, 요동으로 두 번째 망명한 구에 '만고 중화의 일맥(一脈)이 땅에 떨어진 나머지에 천신만
고하여 그 전형(典型)을 보전하고 영원히 회복을 다지는 것이 진실로 바라는 것이다. 비록 하
루를 더하더라도 그만두는 것보다는 낫다(萬古華夏一脈墜盡之餘 千辛萬古 準保其典型 永基來
復 固其望也 雖加一日 猶愈於已)'라는 지침을 제시했다.

74) 『毅菴集』 卷36, 雜著, 「義事有要」; 『국역 의암집』 4, 의암학회, 2008, 419쪽. 兵固難興 興兵非
難濟兵爲難 解兵尤難 而最難者制兵.

나가기 위한 핵심 집단이 필요했고 그것이 관일약으로 표현된 셈이다. 관일약을 결성하기 얼마 전인 1909년 초에 의암이 이승희(李承熙, 1847-1916)에게 보낸 편지는 그것을 정확하게 반영한다. 이승희는 영남 출신의 유학자로서 의암보다 한발 앞서 연해주에 건너와 국권 회복을 위해 노력하던 중이었다. 그는 이상설과 연결하여 재미교포들과도 손잡으려고 했다. 이런 상황에 그는 이승희가 애국 계몽운동 계열의 세력과 손잡는 것을 염려했다. 민회(民會)의 설립처럼 애국 계몽운동 노선을 걷는 이들과 함께하는 것보다는 '뛰어난 인물을 모아 별도의 조직을 만드는 것이 나을 것'으로 본 것이다.

의암이 향약을 실시하는 것은 1904년 10월인데 동학의 일부 세력이 일진회를 조직하고 친일행각을 벌이는 것이 계기가 되었다. 그는 일제의 세력 확장에 조직적으로 대항하기 위한 방책으로 향약을 구상하였다. 그의 본래 계획은 최익현(崔益鉉)·송병선(宋秉璿)·조병세(趙秉世)·이용원(李容元)·윤용구(尹用九) 등 중망 있는 인사들의 협조를 얻어 중앙에 도약소(都約所)를 설치한 다음 전국의 도·읍·면·리에 약소(約所)를 설치하는 대규모의 향약조직을 구상하는 것이었다. 그런데 이 계획은 최익현이 고종의 소환을 받아 서울로 올라가서 차질이 생겼다. 그래서 그는 우선 제천향약부터 시행하였다. 제천향약에는 제천 관내 8개 면이 참여하였는데 향선생(鄉先生)을 중심으로 운영되었고 향선생의 직책에는 모든 사람의 사표(師表)가 될 만한 인물이 추대되었다. 향선생의 직책에 적임자가 없는 경우는 도유사(都有司)를 선정해 향약을 운영하도록 하였다.

당시 제천 유림은 그에게 향선생의 직책을 맡을 것을 요청하였으나 그가 사양하여 이직신이 도유사로 추대되었다. 도유사의 아래에는 도약정(都約正)이 실제 업무를 통괄하였고, 그 아래 부약정(2인)·직월(21인)·부직월(27인)·장의(2인)·사정(2인)·집례(4인)·독물(5인)·상례(6인) 등이 있어 도약소의 임원은 70여 명이 되었다. 8개의 각 면에서의 향약은 위의 조직체계와 같은 형태로 운영되었다. 제천 향약이 실시된 후 인근 지역에서 이를 본받아 곳곳에서 향약을 실시하였는데 이 때문에 제천 및 원주 일대에는 일진회 조직이 침투하지 못했다. 그는 향약 조직을 발전시켜 이를 의병 조직으로 활용하려 했던 것인데 전통적인 민간 조직을 의병 조직으로 연계시킨 것은 유학자적 특징을 보여주는 것이었다.

1900년 중국에서 반외세 운동인 '의화단의 난'이 일어나자 중국 전역은 혼란에 휩싸였다. 의암도 중국에서 체류가 어렵게 되어 1900년 7월 귀국하였다. 이 시기 그의 나이 59세였는데 귀국 이후 1908년 러시아로 다시 망명하기까지 강회 활동과 향약운동에 치중하였다. 그의 강회 활동은 제천을 중심으로 중부 지역 및 관서 지역 일대를 순회하며 이루어졌다. 강회는 '존화의 義를 표창하고 사림의 모범을 건립하자'라는 내용으로 위정척사사상이 바탕을 이루었다. 큰 규모의 강회 활동은 다음과 같다.

의암 류인석의 교육철학

1) 1901.4.-8. 관서 지역; 평산(平山)·숙천(肅川)·태천(泰川)·철산(鐵山)·용천(龍川)·안주(安州) 등을 순회하며 강연하였다. 특히 숙천에서는 유생들이 수백 명이 모였다.	
2) 1901.9. 개천(价川); 숭화재(崇華齋)를 설립하고 강회.	
3) 1902.5. 용천(龍川); 용천의 유생 장세정(張世瀞)·문봉기(文鳳岐) 등이 옥산재(玉山齋)를 건립하고 의암을 초빙해 강회를 열었다.	
4) 1903.8.19. 제천; 청성묘(淸聖廟)에서 강학하였는데 약 1,000여 명의 유생이 참여하였다.	
5) 1903.9.15. 제천; 대노사(大老祠)에서 강학하였는데 약 3,000여 명의 유생이 참여하였다.	
6) 1905.2.7. 제천; 제천읍에서 맹자의 일치일란장(一治一亂章)을 강학하였는데 약 1,000여 명의 유생이 참여하였다.	
7) 1905.8. 만동묘에서 대규모 강회를 계획하였으나 의암의 각병(脚病)으로 열지 못하였다.	

이 외에 소규모의 강회도 많이 열렸다. 이 시기 의암의 강회 활동의 특징은 지역적으로 특정하지 않고 제천 일대를 중심으로 북부 지역에 이르기까지 광범위하게 전개되었다는 것이다. 그가 멀리 떨어진 북부 지역에까지 가서 활발히 강회 활동을 벌인 이유는 다음과 같다. 첫째, 관서 지방은 화서의 문인인 운암(雲菴) 박문일(朴文一)·성암(誠菴) 박문오(朴文五) 형제가 많은 제자(신석원, 채갈산 등)들을 양성한 상태였으므로 화서의 제자인 의암을 맞이할 학문적 토대가 이루어진 것이다. 둘째, 서북 지역에서의 강회는 전기 의병에서 의암이 구상했던 서북 지역을 근거지로 한 의병 재봉기의 계획과 맥락이 닿는다는 점이다. 그래서 그의 강회 활동은 의병 재봉기를 위한 과정이 되었으며 훗날 의암 문인들의 중기·후기 의병봉기의 정신적 토대가 되었다. 그가 강회를 하면서 이동한 경로는 다음과 같다.

1)	1900: 통화현 팔왕동→강계(江界)→개성(開城)→파주(坡州)→가정(柯亭)→제천(堤川)→평산(平山)
2)	1901: 구월산(九月山)→해주(海州)→평산(平山)→숙천(肅川)→태천(泰川)→철산(鐵山)→용천(龍川)→안주(安州)→묘향산(妙香山)→죽천(竹川)
3)	1902: 평양(平壤)→용강(龍岡)→선천(宣川)→용천(龍川)→개천(价川)
4)	1903: 송화(松禾)→해주(海州)→평산(平山)→연안(延安)→여주(驪州)→가정(柯亭)→개천(价川)
5)	1904: 평산(平山)→은율(殷栗)→구월산의 정곡사(停穀寺)→평산(平山)→강정 곡운(谷雲)
6)	1905: 제천→선주(宣州)→곡운(谷雲)→운담(雲潭)→평산→은율→개천→곡운
7)	1906: 서흥(瑞興)→평산→서흥 속령사(續令寺)→평산→은율→가정

  공자가 논한 정명사상(正名思想)은 모든 사람이 자기 역할을 다하고 명분에 맞는 德을 실현하는 것이다. 우리가 모두 각자의 직분을 다한다면 질서가 회복되고 많은 사람이 평안하게 살 수 있을 것이다. 정명사상이 공동체에 나아가 그 안에서 실현하기 위해서는 교육을 통해서 가르쳐야 한다. 개인과 공동체의 관계는 한 방향이 아니라 상호관계이기 때문이다.

  의화단의 난이 일어나 서간도 지역이 점차 열강의 각축장으로 변해 갔다. 그래서 황해도·평안도의 각지를 돌며 강습례(講習禮), 향음례(鄕飮禮)[75]를 통해 존화양이론에 입각한 항일의식을 고취하는

---

75) 『長潭講錄』, 한국정신문화연구원도서관 M.F. No. 16-00136 문서 No. 4261 참조. 온 고을의 유생들이 하는 일종의 부정기적인 집회를 말한다. 講訟의 有無에 따라 강습례와 향음례가 구별되는 것 같다. 강습례에는 講長, 賓長, 衆長, 諸生, 可禮, 讀篇, 可講, 司正의 순서로 講訟이 진행된다. 향음례는 오례 중 "嘉禮"의 하나로서 鄕飮酒禮(「儀禮」 篇名) 또는 鄕飮酒儀(「儀禮」 篇名)라고도 불린다. 周代에 "鄕學"에서 3년간의 학업을 끝낸 우등자를 임금에게 추천할 때 鄕大夫가 "主人"이 되어 베푸는 別送會에서 비롯된 것으로 보이며 우리나라에서는 고려 말기 성리학의 전래와 함께 전해진 듯하다. 조선 초에 이르러는 세종대에 비로소 그 의례가 정리된 듯하며(「세종실록」 권133 '五福' 條 참조), 성종 때까지도 제대로 행해지지 못했으며 조선 중기 이후 향약이 보급되면서 향음례 역시 보급된 것으로 보인다. 李泰鎭, 「士林派의 留鄕所, 復位운동」 하, 『雲檀學報』 35, 1973 참조. 조선조의 향음례는 의식 중에 향약을 읽는 "讀約" 순서가 있기도 했던 것으로 보아 유생들이 향약 또는 그 정신과 전파를 통한 백성의 교화에 향음례의 목적이 있었던 것으로 보인다. 「國朝五禮儀」에서 "충효를 권면하고 가정의 화목과 이웃과의 친목을 꾀하고 서로 敎誨하며 허물에 빠지지 않도록 한다"라고 기록하고 있음은 그를 말한다고 하겠다. 향음례의 의식은 主人(地方官 또는 老長)이 있고 그 아래에 품관 또는 나이에 따라 賓·介·衆·賓 등이 초대되며 순서에 따라 엄격한 의식을 치렀다.

데 주력하였다. 그리고 1907년 고종의 강제 퇴위와 정미칠조약(丁未七條約) 체결을 계기로 그는 연해주 망명을 결심하였고 1908년 7월 67세의 노령으로 부산에서 배를 타고 제2차 망명지인 블라디보스토크로 가는 배 안에서 지은 다음과 같은 시가 우국충정을 잘 표현해 주고 있다.

> 병들어 나약해진 이 몸을 싣고서
> 만 리에 가볍게도 돛 날린다네
> 나라 운명 지금은 어찌 되었나!
> 하늘의 뜻에 나의 길을 맡길 수밖에
> 풍운(風雲)은 시시로 변화하건만
> 오로지 일월(日月)만이 그대로 빛나네
> 옆 사람들 헛되이 웃고 떠들며
> 나의 심정을 알지 못하네.[76)]

　의암이 관일약을 추진할 당시 난제가 많았다. 그러나 공동체의 가치를 고취하기 위해서 관일약을 확대하고자 했던 그의 의지는 분명하였다. 국내외의 갑작스럽게 닥친 망국의 상황은 관일약의 확대에 결정적인 타격이었다. 그는 관일약을 통해 장기전을 기획하고 십삼도의군의 도총재로 추대되었지만, 뚜렷한 성과를 내기도 전에 이뤄진 한일병탄은 큰 충격이었다. 병탄 무효를 위한 외교적 선전 활동도 별다른 성과를 내지 못하였으며, 우병렬이 의암의 노선에 이의를 제기하고 떠나간 것도 그즈음의 일이었다. 강제 병합이 있고 나서 1년 동안 관일약 가입자가 거의 없었던 것은 그 충격이 얼마나 컸는지를 보여주는 것으로 보인다. 1911년 초에 의암이 거처를 운

---

76) 『毅菴集』 卷2, 詩, 「北海舟中作」; 『국역 의암집』 卷2, 의암학회, 2007, 130쪽. 病一身所 揚帆萬里輕 國命今同境, 天心付此行, 風雲時變化 日月獨年命, 傍人空笑語, 託昧我中情.

현(雲峴)으로 옮기고, 2년 뒤에 다시 목화촌(木花村)으로 옮긴 것은 의병봉기의 가능성이 점점 멀어져 가는 상황을 의미한다. 이 시기에 관일약에 들어오는 이들이 다시 있었고, 1912년 이후 1년간 20명이 넘는 새로운 회원을 확보했지만, 목화촌 시절의 관일약 모임은 간신히 명맥만 유지할 뿐이었다.[77] 의병봉기와 관련한 구체적 기록도 거의 나타나지 않는다. 의암은 관일약을 통해 어지러운 사회에서 하나 된 마음과 약속으로 공동체 함양을 고취하였다. 그가 지은 시처럼 그가 행한 위정척사운동과 의병운동은 국가수호를 위한 충의정신이며 그의 관일약 시행과 향약운동은 공동체 교육철학을 통하여 발현되었다.

4. 애국(愛國) 교육

의암은 나라를 위한 일곱 가지 방법으로 道·德·學·政·刑·文·武를 제시하였다. 그는 이것에 힘쓰지 않고 나라가 되지 않는다고 하였다. 공자는 언행을 일치하라고 가르쳤으며, 말을 앞세우기보다는 실천을 더 강조하였다. 군자에 관하여 묻는 자공에게 공자는 "먼저 실천하고 그런 뒤에 말이 따라야 한다"[78]라고 대답하였다. 이 글에 대하여 쌍봉요씨(雙峯饒氏)는 "군자의 행동은 말을 하기 전에 있고, 말은 행한 후에 뒤따르니 저절로 말과 행동이 서로 어긋나지 않는다"[79]라고 하였다. 이 말은 실천하고서 그에 따라 말함으로써 말이 실천 안에 있고, 실천과 말이 일치한다는 의미로 곧 언행일

---

77) 『毅菴集』 卷16, 「答許政舜鳳儀」(1913.9.10.); 『毅菴集』 卷3, 詩, 「木花村九日小會讀約」.

78) 『論語』, 「爲政」: 子貢問君子. 子曰 先行其言而後從之.

79) 『論語集註大全』, 「爲政」: 雙峯饒氏曰 君子行在言前 言隨行後 自然言行不相違矣.

치를 말한 것이다. 공자가 말하기를 "말을 하기 전에 행한다면 그 행동은 전일하고 힘이 있으며, 이미 행한 후에 말한다면 그 말은 진실하고 신뢰할 만하니, 바로 군자가 德으로 나아가고 수양을 하는 방도이다"[80]라고 하였다. 행동을 주관 있고 힘 있게 하며 말할 때 진실하고 믿음 있는 것이 곧 군자의 덕목이다. 이러한 덕목 역시 언행일치에 있다고 할 것이다. 공자가 "옛사람이 말을 가볍게 하지 않는 것은 실천이 따르지 못한 것을 부끄러워했기 때문이다"[81]라고 말한 것도 말과 행동의 일치를 가르친 것이다. 주자는 "군자는 말을 함에 부득이한 경우에만 말을 꺼내니, 말하는 것이 어려워서가 아니라 행하기가 어려워서이다. 사람들은 행하지 않으려고 생각하기 때문에 쉽게 말한다. 그러나 말이 그 행동과 같고, 행동이 그 말과 같아지려면 입으로 먼저 꺼내기는 어렵다"[82]라고 하였다. 일반적으로 사람은 말을 해놓고 그것을 행하기가 어렵다. 그 때문에 말과 행동의 일치를 위하여 말을 꺼내는 것을 가벼이 하지 않아야 한다는 것이다. 또한, 공자는 "군자는 말은 신중히 하고 행동은 민첩하게 하려고 한다"[83]라고 하였다. 의암도 배운 것을 통해 실천하는 것을 역설하였고 언행일치를 가르쳤다. 공동체적 삶을 살아가는 인간에게 규칙은 질서 있는 삶의 초석이 된다. 그것은 정명의 실현을 강조한 것이며 애국의 방법이 된다.

다음은 의암이 애국의 방법으로 道·德·學·政·刑·文·武를 제시한 것이며 그의 교육철학적 가치를 논한 것이다.[84] 道의 핵심

---

80) 『論語集註大全』, 「爲政」: 慶源輔氏曰 行之於未言之前 則其行專而力 言之於其行之後 則其言實 而信 正君子進德修業之道也.

81) 『論語』, 「里仁」: 子曰 古者言之不出, 恥躬之不逮也.

82) 『論語集註大全』, 「里仁」: 范氏 曰 君子之於言也 不得而 而後出之 非言之難而行之難也. 人惟其 不行也 是以輕言之 言之如其 所行 行之如其所言 則出諸其口 必不易矣.

83) 『論語』, 「里仁」: 子曰 君子欲訥於言而敏於行.

은 仁義이다. 그가 설명하는 학은 道와 德으로 구하여 자기가 간직하는 것이다. 그는 도덕은 학문이 아니면 구할 수 없다고 하면서 삼강오상(三綱五常)의 道를 근본으로 하여 육경사서(六經四書)를 강학해야 한다고 하였다. 그는 이에 전념하면 도덕이 이루어지고, 옛날의 이상적 통치를 회복할 수 있다고 하였다. 그렇게 하면 나머지 일은 염려할 것이 없다고 했다.[85] 道는 하늘이 있어서 하늘이 만물을 낳고, 땅이 있어서 땅이 만물을 키우고, 사람이 있어서 5상·5륜 그리고 백 가지와 만 가지의 일을 행한다. 그래서 이것을 잃으면 그 사람 되는 까닭을 잃는 것이다. 나라가 있어서 임금과 신하·백성·사물 그리고 여러 정사(庶政)를 행하니, 道를 잃으면 그 나라 되는 까닭을 잃는 것이다. 고금을 통하여 이루고 허무는 것도 없으며, 크고 작은 것을 막론하고 남고 모자람이 없는 것이 오직 道 하나뿐이다. 각기 스스로 道를 행한다고 자처하는 사람은 道를 그르치면 道가 아니다. 道의 요체는 仁義이니, 仁義가 아니면 道가 아니다. 사람은 道의 유무에 따라 살기도 하고 죽기도 하며, 나라는 道의 유무에 따라 존속하기도 하고 멸망하기도 한다.

德은 마음에 얻은바 착하고 진실한 것이다. 하늘로부터 명(命)을 받아 마음속에 가지되 착하고 진실한 것은 본래의 덕득지덕(德得之德)이요, 道를 행하여 마음에 가지되 진실한 것은 자득지덕(自得之德)이다. 본래의 가진바 德을 어찌 잃을 것이며, 스스로 얻는 德을 구하지 않을 수 있겠는가. 德이 착하면서 법칙이 있으면 진실하고

---

84) 유인석, 『국역 의암집』 6, 의암학회, 2010, 194-196쪽 참조.

85) 유인석, 『국역 의암집』 6, 의암학회, 2010, 217쪽. 求道與德而有諸己也, 非學則道德無可求也, 求道德而有之, 天下得治也, 唐虞之司徒典樂, 敎五倫之道直溫之德, 三代小學大學法寢備, 其時治果如何, 後世學不明之時, 果得治乎, 後世正學不明, 而名曰學者無限, 皆害道德害治者也, 今中國之所必務者, 異端雜流淫邪荒秘, 凡害道德害治者, 火其書反其人而汎掃之, 如雨霽雲捲, 惟五常三綱之道學之本也, 六經四子之書學之具也, 專事乎此, 則道德可爲, 古治可復, 古治復則餘事可無患也.

이치가 있는 것이요, 비록 착하더라도 법도가 없으면 德이 아니며, 비록 진실하더라도 이치가 없으면 德이 아니다. 이치와 법도에 따라 임금이 얻으면 밝은 다스림으로 성(盛)할 것이다. 이에 따라서 신하가 그것을 얻으면 공경과 양보의 미덕을 가질 것이요, 백성이 그것을 얻으면 공경과 양보의 미덕 그리고 충성과 화합의 미덕을 가질 것이다. 이처럼 상하가 함께 德을 가지면 천하가 평화로울 것이다.

학문(學)이란, 道와 德을 구해서 자기에게 간직하는 것이다. 학문이 아니면 도덕을 구할 수 없으나, 도덕을 구해서 간직하면 천하가 다스려질 것이다. 당우(唐虞)의 사도(司徒)와 전악(典樂)이 오륜의 道와 온화한 德을 가르쳐서, 3대에 소학·대학의 법이 차츰 갖추어졌다. 후세에 정학(正學)이 밝혀지지 않아 저마다 학문이라 일컫는 자가 끝없었지만, 모두 도덕을 해치고 정치를 해치는 자들이었다. 오직 삼강오상의 道가 학문의 근본이요, 6경 4서가 학문의 도구이다. 그래서 여기에 전념하여야 도덕이 이루어지고, 이상적인 통치를 회복할 수 있다. 의암에게 객이 묻기를 "서양 사람들의 학술이 온 세상 안에 퍼져 중국에서 널리 학교를 세우고 조선 역시 일시에 학교설립이 일어나니, 모두 그것은 크게 기뻐하며 '신학교(新學校)'라고 하지만, 실로 신학교란 불가한 줄 알면서도 그 불가한 줄을 설명할 수 없으니, 바라건대 자세히 설명해 달라"[86]라고 하였다. 이에 의암이 다음과 같이 대답하였다.

> 그렇다. 중국과 조선이 서구화되고 되지 않는 것은 모두 신학교에
> 달린 것이어서 그것을 크게 기뻐하는 것도 이에 있으나, 이에 있지
> 않다는 점을 말하지 않을 수 없다. 내가 중국과 조선이 서구화되어

---

86) 유인석, 『국역 의암집』 6, 의암학회, 2010, 210쪽. 問曰 西人學術遍宇內 中國廣設學校 朝鮮亦一時興設 皆大悅之而名之曰新學校 固知新學校之爲不可 而不能說所不可 願聞有說破.

서는 안 된다는 것을 이미 여러 번 말하였다. 안 된다는 내 말의
대요(大要)는 '도리에 상달하는 것과 형기(形氣)에 하달(下達)하는
것은 다르므로, 이것으로써 저것을 따르는 것은 불가하다'라는 것
이었다. 중국과 조선의 학교에서 배우는 것은 도리상의 일이지만,
신학교에서 배우는 것은 형기상의 일이어서 그 불가한 바는 여기
서 결정되는 것이다. 학교는 사람들이 부자의 친함, 군신의 의리,
부부의 유별, 장유의 차례, 붕우의 믿음이라는 오륜의 도리를 구하
여 다하게 하는 곳이다. 천하에는 오륜이 없는 사람은 하나도 없
고, 오륜의 밖에 있는 사람도 하나도 없다. 맹자께서 '학교는 인륜
(人倫)을 밝히는 곳이다. 인륜이 위에서 밝으면 백성들이 아래에서
친하게 된다'라고 하였는데, 인륜을 밝혀야 비로소 '학교'라고 할
수 있다. 인륜이 밝아지면 천하에 서로 친애하지 않을 사람이 하나
도 없게 된다. 중국과 조선이 인륜이 밝아지면 다스려져 강해지고,
인륜이 밝지 못하면 다스려지지도 않고 강해지지도 않는 것은 본
래 그런 것이다.[87)]

여기에서 의암은 學 자체는 가치 있는 것이지만, 서양의 신학교
가 공맹의 유도를 해칠 것을 염려하여 반대하는 것이다. 그는 "서양
의 학교에 어찌 부자의 친함, 군신의 의리, 부부의 분별, 장유의 차
례, 붕우의 믿음이라는 인륜의 도리를 위함이 있는가?라고 하며 형
기상(形氣上)의 일만을 구하여 욕심을 채울 뿐이라고 하였다. 그리
고 윤리에 있어서는 행하지 않을 뿐 아니라, 처음부터 서로 어긋나
니, 어찌 학교라 할 수 있겠는가? 윤리의 상도를 위배하고 형기의
욕심을 다하고 있으니, 이로써 다스려 강해진다면 그 다스림은 도리

---

87) 유인석, 『국역 의암집』 6, 의암학회, 2010, 210-211쪽 참조. 曰然 中國朝鮮之化西不化西 都在
新學校 大悅之在此 不可之在此 不可不說也 吾己多說中國朝鮮化西之不可矣 說不可其大要 曰
有上達道理下達形氣之異 而不可以此而從彼也 中國朝鮮學校所學道理上事 而新學校所學形氣
上事也 其所不可 可決於此矣 中國天下道德國 而朝鮮次之也 學校明人親父子義君臣別夫婦序長
幼信朋友之五倫道理而求盡者也 夫天下無一無五倫之人 無一外五倫之人也 孟子曰學校所以明
人倫也 人倫明於上 小民親於下 明人倫 可曰學校 倫明則天下無一人不親也 中國朝鮮有明人倫
而治而强 不明人倫而不治不强素也.

의암 류인석의 교육철학

에 어긋나서 다스림이 아닌 다스림이며, 그 강함은 도덕을 반하여 진실로 강한 것이 아니다"[88]라고 하였다. 그의 이런 생각은 "중국과 조선은 도리에 달(達)해 있고 서양은 형기에 달해 있는데, 그것은 각각의 품격에서 나온 것이며 서양 사람들은 그들의 품격에 따라 그들의 학교를 세우고 배우는 것을 연구하고 있어, 그 나름의 규율의 분별과 기술의 공교로움이 있다. 인격 역시 그 나름대로 길러지니 그래도 좀 볼 만한 것이 있다. 중국과 조선은, 제 나름의 품격을 가지고도 저들 서양을 배운다. 저들의 규율과 기술을 배우면 인격이 파괴되지 않을 수 없을 뿐만 아니라, 정대(正大)한 것을 경멸하게 되고 제 나름의 치강(治强)의 도리마저 잃어버리게 될 따름이다. 비유하건대 벼는 논에서 기르고 조는 밭에서 기르는 것인데, 논에서 기르던 벼를 밭에서 기른다면 잘 길러지겠는가? 우리의 옳은 것을 버리고 저들의 그른 것을 따른다면 어찌 옳겠는가?"[89]라는 주장으로 이어졌다.

정치(政)는 나라와 백성을 경영하여 다스리는 것이다. 정치가 일관적이지 않으면 나라는 어지럽고 백성은 혼란스러워진다. 사람만이 아니라 정치에도 근본과 말단이 있으니, 오직 착하게만 다스려도 정치가 될 수 없고, 오직 법으로만 다스려도 백성이 스스로 행하지를 않으니, 선정(善政)과 법치(法治)가 정치의 근본과 말단이다. 그래서 공자는 "德으로써 정치하는 것은 비유컨대 북극성이 제자리에

---

88) 유인석, 『국역 의암집』 6, 의암학회, 2010, 211쪽. 西人學校 豈有爲親父子義君臣別夫婦序長幼信朋友之人倫道理乎 求盡於形氣上事而窮其所欲而已 其於倫理 不惟不爲 未始不相背也 豈可學校之謂哉 背倫理之常 窮形氣之欲 以是而爲治爲强 其治也反道而非治之治 其强也反德而非强之强 反背倫理道德 而爲非治之治非强之强.

89) 유인석, 『국역 의암집』 6, 의암학회, 2010, 211쪽. 中國朝鮮爲達道理 西人爲達形氣 出於稟格也 西人因其稟格 爲其學校 究其所學 自有其規律之別術技之巧 人格亦因以長 猶自有可觀 中國朝鮮以自稟格而學彼 學彼規律技術不得 徒壞人格蔑正大 而失我自治强之道而已 譬如稻養於水田 菜養於旱田 以稻水田之養而爲菜旱田之養 養可得乎 舍我有可 從彼不可 如之何其可也.

있어서 뭇별들이 그를 향하는 것 같다"라고 했다. 맹자는 차마 하지 못하는 마음의(不忍人之心) 차마 하지 못하는 정치(不忍人之政)를 행하면 천하를 다스리기가 손바닥을 뒤집는 것과 같다고 했다. 형(刑)이란, 백성들이 잘못하지 않게 하고, 백성을 착한 데로 이끌려고 채찍질하는 도구이다. 벌주는 것은 사랑하는 방도에서 나온 것이요, 사형은 살리는 방도(生道)에서 나온 것이니, 이 모두가 또한 인술(仁術)일 따름이다. 형의 무겁고 가벼움은 각기 정도에 맞게 하여 仁의 체(體)가 두루 흘러 구석구석까지 미치게 할 것이다. 형이 그 죄보다 지나치면 형을 부과하는 이는 가슴이 아프고, 형을 받은 이는 원망을 하여 잔인함에 떨어질 것이다. 형을 받은 자는 방종해서 해이함이 떨어질 것이니, 둘 다 仁을 해치는 것이다. 옛날에는 형을 부과할 때 仁을 해치지 않고 형이 없어지기를 기약하여, 그 효과가 사방 바람이 일어나듯 미쳤다. 후세에는 가혹한 정책을 써서 많은 사람을 죽여서 곧 살게 하는 방도를 끊었고, 오늘날의 서양 법은 마땅히 죽여야 하나 사형을 시키지 않아 곧 죽음에 이르는 방도를 조장하니, 이 모두가 仁에 어긋나는 것이다. 무릇 형은 정치를 돕는 것이니, 서로 짝하여 통치를 완성하기 때문에 정치와 형벌을 밝히면 대국도 반드시 두려워할 것이다.

문(文)은 나라의 교화를 이루어 빛(光華)이 되는 소이이다. 해와 달과 별들은 하늘의 빛이요, 산천초목은 땅의 빛이요, 예악과 제도·법률(制章)은 인간의 빛이다. 옛날의 성왕은 예악과 제도·법률로 교화하여 천하를 이루니, 상하(上下)가 천지(天地)와 더불어 그 빛을 같이했다. 문을 닦으면 천하가 다스려지고, 문이 닦이지 않으면 천하가 다스려지지 않는다. 천하가 다스려지면 문이 드러나고, 천하가 다스려지지 않으면 문이 드러나지 않는다. 중국의 치란(治亂)과 성

의암 류인석의 교육철학

쇠는 오직 문으로부터 징험(徵驗)할 수 있으니, 문이 나라를 이룸에 크다. 의암은 "조선조 태조가 나라를 세운 것은 명나라 홍무(洪武) 때인데 중국과 군신의 의리를 정하고 제도는 모두 중국의 것을 따랐다. 이로부터 문치(文治)를 중히 여기고 정학(正學)을 숭상하여 선비의 무리가 일어나고, 도덕과 학술이 분열되지 않고 하나에서 나와 공맹의 학과 정주(程朱)의 학이 빠르게 번성했다. 임진왜란 때는 명나라 신종(神宗)이 한 집안의 일로 생각하고 원군을 조선에 파견하여 조선을 다시 일으키니 온 나라 상하가 의리로 생각했다. 그래서 중국과 조선이 비록 군신지간이나 은혜는 실상 부자지간으로 여겨 중국을 사모하는 정열이 더욱 두텁게 되었다"90)라고 하였다. 여기에서 군신지간이나 부자지간이라고 말한 의암의 생각은 공맹의 유도에 관한 존중의 의미이며 의리를 지킨 그 자체를 은혜로 여기는 것이므로 중국과 우리나라 간의 조건 없는 종속관계를 의미하는 것이 아니다.

무(武)는 나라의 위세를 세우는 것이다. 하늘은 봄과 여름에 화창한 날씨를 베풀어 문으로 삼고, 가을과 겨울의 숙연하고 찬 날씨를 무로 삼는다. 성인도 천덕(天德)과 합치하여 문과 무를 행하여 천하에 무위(武威)를 때로 떨치기도 하고 때로 거두기도 하는 것이 옛 중국의 道이다. 무는 사용하지 않으면 위태롭기 때문이지만, 무만 편중되게 쓰면 실책이 된다. 문은 무를 선양하는 것이요, 무는 문을 이루는 것이다. 서로 짝하여 두루 도모하되 편벽되어서는 안 되고, 문무를 함께 쓰는 것이 좋은 술책이다. 문교(文敎)를 일으키되 무위

---

90) 유인석,『국역 의암집』6, 의암학회, 2010, 241쪽. 本朝太祖立國 當大明洪武之世 卽定君臣之義 制度悉遵華夏矣 自此右文治崇正學 羣儒董興 道術無裂而純出一途 駸駸乎洙泗洛建之盛矣 萬曆壬辰之有倭亂 神皇內服以視 下降援師 有爲再造 則擧國上下以爲義雖君臣 恩實父子 益切拱辰宗海之誠矣.

(武威)와 화통(和通)해야 하고, 무위를 떨치되 문교와 짝을 지어야
한다.

　　1904년 의암은 국외로 가서 거의할 것을 계획하였으나 국내에서
수의하기로 마음을 바꾸었다. 이렇게 생각을 바꾸게 된 계기는 의당
박세화(朴世和, 1834-1910)에게 보낸 간찰을 통해 알 수 있다. 박세
화는 구한말의 의병으로서 자는 연길(年吉), 호는 의당(毅堂), 함경
도 고원 출신이다. 정통의 위정척사 계열 학자로서 서학(西學)의 전
파에 대하여 우려하였다. 1884년(고종 21년) 갑신정변이 일어나자
태백산으로 피하였으며, 1893년 조정에 추천되었으나 사양하였다.
다시 1895년 영릉참봉에 제수되었으나 나아가지 않는 등 개혁정치
에 반대하였다. 또한, 명성황후시해사건과 단발령 등 일본의 내정간
섭이 심화하자 문경 산중으로 들어가 거의할 것을 의논하던 중 문
경병참소에 붙잡혔다. 그리고 한성으로 압송되어 8개월간 구금되었
다. 1905년 을사늑약이 강제 체결되자 남현(南峴)에서 의병을 일으
켰으나, 청풍(淸風)에서 교전 중 붙잡혔다. 1910년 국권이 피탈되자
절식(絶食)하다가 23일 만에 순국하였다. 추후 1962년 건국훈장 독
립장이 추서되었다.[91] 다음은 의암이 국내에서 수의하기로 마음을
바꾼 계기를 알 수 있는 박세화에게 보낸 간찰이다.

　　　처음에는 수의하여 중화를 보존하려면 나라를 떠나야 할 수 있다
　　고 여기고 일국의 사우들과 함께 수의하려고 했는데 재고하니 국
　　내에서도 수의할 수 있다고 여겼습니다. 대체로 한 나라의 유생들
　　이 한 곳에서 한마음으로 수의하면 저 오랑캐 짐승들이 아무리 흉
　　악하더라도 우리의 대의정기(大義正氣)를 어떻게 하겠습니까? 이
　　렇게 하면 중화맥락을 보존할 희망이 있어 사람이 예의로운 사람

---

91) 한국정신문화연구원, 『한국인물대사전』, 중앙일보 · 중앙M&B, 1999, 728쪽.

으로 돌아오고 나라가 예의로운 나라로 돌아올 수 있습니다.[92]

　이때 의암은 나라의 존위가 위태로워 재차 망명하기 위해 잠시 해서(海西) 지역에 머물러 있었다. 많은 유생이 모여 있고 그들과 교유하면서 함께 국내에서 수의하기로 한 것이다. 나라의 존위가 위태로워도 모두가 한마음으로 수의를 결정한다면 난국을 해결할 수 있다고 믿었던 그의 생각이 담긴 간찰이다. 어떤 일을 해내겠다는 강한 의지는 성취하려는 동기를 강화해 주는 원동력이 된다. 그래서 동기와 더불어 불퇴전(不退轉)의 의지가 필연적으로 수반되어야 할 것이다. 조선은 1905년 을사늑약으로 국권을 상실하면서 서구 문물을 거부하고 춘추대의에 근거한 조선의 문화적 전통을 지키는 방향으로 나아가게 된다. 친일 개화파의 제도 개혁 정국과 애국·계몽 세력의 개화 언론에 대하여 반감이 있었던 의암은 다음과 같은 시를 남겼다.

中華夷狄薰猶似　중화와 오랑캐는 향초와 누린내 나는 풀처럼 서
　　　　　　　　로 다르건만
開化云云合理哉　개화 운운하니 이치에 합당하단 말인가?
如不可無開化事　어찌할 바 없이 개화해야 한다면
宜開吾化化他開　마땅히 나를 먼저 개화하고 남을 개화해야 순서
　　　　　　　　이다.[93]

　이 시는 1911년 신해혁명으로 중국이 전격적으로 전제군주제를 폐지하고 서양식 대통령제인 중화민국으로 국호를 바꾸면서 개화·

---

92) 유인석, 『국역 의암집』 1, 의암학회, 2006, 383쪽. 初謂守義保華, 去國乃可, 而欲與其一邦士友矣, 更思之, 在國亦可, 蓋一邦士類會一處而齊一心守之, 彼夷也獸也雖凶獰也, 如吾大義正氣何, 此一華脉庶幾得保, 而人還他禮義之人, 國還他禮義之國矣.

93) 유인석, 『국역 의암집』 1, 「責望中華」, 의암학회, 2006, 237쪽.

개방 정책으로 돌아선 것을 책망하며 쓴 것이다. 의암은 중국을 가리켜 '향초'로 표현하고 서양을 '누린내 나는 풀'이라고 하면서 개화를 운운하는 것이 가당치 않음을 역설하고 있다. 또한, 그가 보는 개화의 관점은 중국의 아름다운 예·악과 제도·문물을 수용하는 것을 의미한다. 그는 중국이 서양에 대해 개화·개방 정책으로 돌아선 것에 관하여 다음과 같은 시를 남겼다.

文明夢覺昏沈是　문명개화라는 꿈을 깨고 나니 세상이 혼미하도다
平等自由禮讓無　평등·자유만 있고 예의를 다하는 공손함과 사양
함은 없구나
罔極也人罔極世　망극한 사람들이여, 망극한 세상이여
低看孔孟小唐虞　공·맹을 낮추어 보고 당과 우를 하찮게 보네.94)

의암은 서양에 대한 개화·개방에 정신이 혼미하다고 하면서 평등과 자유를 강조하는 서양의 문명 속에는 정작 중요한 예의와 공손함이 없고 사양지심이 없다고 하였다. 그리고 유학사상을 낮추어 보며 중국 요·순 시대의 정치를 하찮게 보는 것에 슬픔을 표현하고 있다. 그는 개화로 인해 유도가 혼미해질 것을 근심하였다. 그리고 서구 열강에 대비하기 위해 모든 사람이 애국심으로 단결할 것을 호소하면서 애도에 바탕을 둔 애국을 다음과 같이 말하고 있다.

만약 사랑함이 나라에 미치는 데도 道를 사랑할 줄 모르면 道가
나라의 명맥이니 道가 없으면 나라가 존속할 수 있겠는가?95)

---

94) 유인석,『국역 의암집』1,「責望中華」, 의암학회, 2006, 161쪽.

95) 유인석,『국역 의암집』5, 의암학회, 2009, 280쪽. 或愛國乃於國而不知愛道, 道爲國命脉, 無道
國其得存乎.

나라 사랑은 그 영토나 주권만 중시하는 것이 아니고 그 나라의 전통 명맥을 사랑하는 것을 포함한다. 그리고 나라가 보존되려면 그 명맥이 보존되어야 하는 것은 마땅한 것이며 국가의 정신적 기반과 전통에 관한 기반 없이 단순하게 국가만을 위한다는 생각은 진정한 애국이 아니다. 의암은 거의 초에는 상중(從母喪)이어서 동지들과 함께 거병할 수 없었고 요·순의 고성(古城)에 가서 의관과 예의를 지키고 학문 연구에 전력하여 일루(一縷)의 화맥(華脈)을 고수할 뿐이라고 함으로써[96] 거수(去守)할 것을 결심하였다. 이에 안승우(安承禹)는 지평군(砥平郡)에서 먼저 거의하여 의병진을 편성하고 제천으로 행군하여 서상렬(徐相烈, 1854-1896),[97] 이필희(李弼熙)·신지수(申芝秀)·이범직(李範稷) 등과 의병진(義兵陣)을 재편성하였다. 그 후 이 의병진은 단양(丹陽)에서 승리를 거두게 되었다.[98] 이들이 단양에서 승리한 후 영월에 주둔하고 있을 때 그는 다음과 같은 격려의 글을 보냈다.

> 오늘의 변(變)은 천하만고에 더 없는 대변(大變)입니다. 그러므로 오늘날 우리가 하는 일은 천하만고에 더 없는 대변입니다. 두 분의 몸에 천하만고에 더 없는 대사를 짊어졌으니 어찌 무겁지 않겠습니까? 노력하고 또 노력하여 주십시오. 그러나 이 일의 성공·실패와 좋고 나쁨은 예측할 바가 못 되지만, 오직 대의를 천하 후세에

---

96) 독립운동사편찬위원회 편, 『독립운동자료집』 제1집, 독립유공자 사업기금위원회, 1970, 619쪽.

97) 『국역 의암집』, 제천문화원, 2009, 94쪽. 자는 경은(敬殷), 호는 경암(敬菴), 당호는 춘수당(春睡堂), 본관은 달성. 김평묵과 류중교 문하에서 수학했으며, 1890년 제천 장담마을로 이주했다. 1893년 류중교 사후에는 장담에서의 강학 활동을 실질적으로 이끌어 나갔다. 이필희 휘하에서 군사(軍師)로 활약했으며, 류인석은 의진에서는 소모대장이 되었다. 충주성 점령 후 영남 소모사가 되어 영남에서 소모 활동을 벌여 1896년 2월 상주 태봉을 공격했다. 그 후 류인석 의진이 서행할 때 도로장(道路將)이 되어 퇴각로를 개척하다가 낭천(화천)에서 전사했다. 문집으로는 『경암집』·『춘수당일기』가 있으며, 묘소는 봉양읍 구곡본동에 있다. 1963년 건국훈장 독립장이 추서되었다.

98) 『국역 의암집』 1, 의암학회, 2006, 383쪽.

편다면 성공하든 실패하든 좋든 나쁘든 간에 모두 성취인바 만전 (萬全)의 거사라고 할 수 있습니다.[99]

이 의병진의 여러 장수는 지위나 명망이 비슷하였기 때문에 누가 누구를 명령하기가 곤란한 형편이었다. 이에 여러 장수는 의논하여 의암에게 영도하기를 간청하였다. 충효의 일치론을 제시하면서 의병대장으로 추대하는 중론(衆論)을 의암이 수락하여 호좌의병대장 (湖左義兵大長)을 맡았다. 이로써 거수(去守)에서 거의(去義)로 전환하여 '복수보형(復讎保形)'의 기치를 내걸었다. 1896년(丙申) 2월 5일에 영월 관풍헌에서 취임한 그는 의병진을 제천으로 이동하게 하고 각 의병장의 역량에 따라 직무를 재편성하여 그 소임을 맡기었다. 그의 동문인 의신(宜愼) 이소응(李昭應)도 춘천에서 거의하였으나 후일 친일파의 신우균, 김구현이 지휘하는 관군에 의해 패하여 세력이 약화하자 제천의 의암 의병진에 들어가 참모로 찬책(贊策)하게 되었다.[100] 곧이어 12월 20일에 의암은 기병(起兵)을 호소하는 격문인 「격고팔도열읍(檄告八道列邑)」을 작성하였다. 그는 "임진왜란 때 거의지사(擧義之士)의 수는 한정이 없었으며 무릇 병자호란 때 역시 순절(殉節)한 사람이 많았다. 대개 신주(神州)가 어지러워진 이후 우리나라는 건조하고 청결하였다"[101]라는 것과 우리 민족은 대대로 국가가 위급에 처하면 부구지심(赴救之心)이 강하다[102]는 점

---

99) 『毅菴集』, 年譜, 上卷, 경인문화사, 1973, 418쪽;『국역 의암집』, 제천문화원, 2009, 94쪽. 今日 知事, 天下萬古無上之大事也, 二公身上, 擔負天下萬古無上之大事, 不亦重乎, 勉旃勉旃, 然此事 成敗利鈍, 非所逆睹, 惟伸大義於天下後世, 則成敗利鈍間, 俱是大成就也.

100) 李昭應, 『昭義新編』, 「軍中事務大綱」, 1975, 161-162쪽;『국역소의신편』, 의암학회, 2006, 269-270쪽.

101) 『毅菴集』 卷45, 下卷, 「檄告八道列邑」, 경인문화사, 1973, 356쪽. "王低不退擧義之士 建夫丙子亦多殉節之臣 蓋自神州之陸沉 辛有我國之乾爭."

102) 장공우, 「의암 유인석의 항일운동연구」, 단국대학교 교육대학원 석사학위논문, 1990, 8-16쪽.

의암 류인석의 교육철학

을 들어 대변란에 해당하는 위급 상황을 구하기 위해 기점(起點)할 것을 권하고 있다. 『대학』에서는 천하를 밝히고자 하는 사람은 그 나라를 다스리기 이전에 수신이 먼저라고 하였다.

> 옛날 천하에 밝은 德을 밝히려 하였던 사람은 먼저 그 나라를 다스렸다. 그리고 그 나라를 다스리려 하였던 사람은 먼저 그 집안을 가지런하게 했다. 그 집안을 가지런히 하려고 했던 사람은 먼저 그 몸을 닦았다. 그 몸을 닦으려 했던 사람은 먼저 그 마음을 바르게 했다. 그 마음을 바르게 하려 했던 사람은 먼저 그 뜻을 정성스럽게 했다. 그 뜻을 정성스럽게 하려던 사람은 먼저 그 지혜에 이르렀다. 먼저 그 지혜에 이름은 사물을 연구함이 있어야 지혜에 이른다.[103]

의암은 애국심으로 국외로 망명한 이후에도 연해주와 간도 등에서 다수의 독립운동가와 접촉하며 독립 활동의 기반을 다지기 위한 중요한 역할을 하였다. 의암의 국난극복 정신은 활발한 독립운동을 하는 데 정신적 기반이 되었다. 그는 "도리(道理)는 지극히 크고 또 중요하다. 道를 임무로 하는 자는 마땅히 공손하게 받아야 하고 용감하게 맡아야 한다. 道는 사람에게 있고 사람은 道로 행동하기 때문에 사람에 따라 행동을 달리할 수 있다면 道가 아니다"[104]라고 하였다. 그는 독립 활동을 하면서 특히 신의를 가질 것을 강조했는데 이것은 자신과의 약속이면서 동시에 좋은 성과를 내기 위한 발판이었으며 애국교육의 기반이 되었다.

---

103) 『大學』, 「經文一章」, 古之欲明明德於天下者 先治其國. 欲治其國者 先齊其家. 欲齊其家者 先修其身. 欲修其身者 先正其心. 欲正其心者 先誠其意. 欲誠其意者 先致其知. 先致其知 致知在格物.

104) 유인석, 『국역 의암집』 5, 의암학회, 2009, 18쪽; 유인석, 『국역 의암집』 4, 의암학회, 2009, 18쪽. 此道理至大且重 任道者當遜以受之 勇以擔之 道之在人也 人由道行 可以人行則非道也.

5. 화해(和諧) 교육

의암의 화해사상은 거시적 차원에서 자주성을 가지고 국가 간 관계가 균형을 이루면서 조화롭게 통일하는 것이다. 이는 쇄국인가 개화인가를 이분법적으로 분류하는 개념이 아니다. 오로지 각 국가의 차이는 인정하지만, 군사력이 약한 국가의 희생을 전제하지 않는다는 것이다. 이처럼 모든 국가가 쇄국과 개화 여부를 각 국가에서 결정하는 것이 평화적 화해정신이다. 『中庸』에는 천인 일관적 사유가 제시되어 있다. 천인 관계의 파악은 유학의 정신을 이해하는 중요한 관건이다. "『中庸』에 이르러 비로소 '성(誠)'은 '중(中)'과 더불어 천도와 인도를 관통하는 매개로 삼아 유학의 형이상학적 체계에서 핵심적인 개념으로 주목받았다."105) 화해사상은 『中庸』과 분리할 수 없는 연관성을 갖는다. 화해사상은 한쪽으로 치우치지 않는 것에서 시작하여 조화와 상생을 본질로 하기 때문이다.

『中庸』에서는 '誠은 하늘의 道이다'106)라고 말하고 있다. 그리고 '誠으로부터 밝아지는 것을 性이다'107)라고 하였으므로 性은 誠을 본질로 한다고 할 수 있다. 따라서 誠은 우주 만물의 운행 원리이므로 "하늘과 땅, 그리고 사람에 이르기까지 하나로 꿰뚫어 있다. 誠은 우주의 원리이고, 성실해지려고 하는 것은 사람의 도리라는 것이다."108) 우주의 운행 원리인 誠을 깨닫고 성실하게 실천하면, 천인(天人) 관계에서 합일의 경지에 도달할 수 있을 것이다. 또한 "中을

---

105) 민황기, 「중용에 있어서의 성(誠)사상과 천인(天人)관계 연구」, 『동서철학연구』 제87호, 한국동서철학회, 2018, 33쪽.
106) 『中庸』 제20장: 誠者, 天之道也.
107) 『中庸』 제21장: 自誠明 謂之性.
108) 민황기, 「중용에 있어서의 성(誠)사상과 천인(天人)관계 연구」, 『동서철학연구』 제87호, 한국동서철학회, 2018, 33쪽.

의암 류인석의 교육철학

천하의 근본이라고 하고, 和를 천하의 지켜야 하는 道라고 하였으며, 중화에 이르면 천지가 자리 잡게 되고 만물이 길러진다"109)라고 하였다. 유학사상은 화해를 강조·지향하는데, 그만큼 국가 간 다툼이 많이 존재한다는 말이다. 국가 간 관계는 다툼을 해결함으로써 화해를 이루고, 다툼을 해결하지 못함으로써 화해가 이루어지지 않는다. 그래서 이 두 가지는 완결 상태가 아닌 역동적인 상태이다. 국가 간 다툼이 있다면, 그 이면에는 화해가 출현하기 위해 도사리고 있다고도 볼 수 있다. 다만, 평천하를 위해서 각 국가가 仁義로운 정책을 통해 화해를 이루도록 하는 것이 국가 간 禮라는 것이다. 즉, 和는 차이를 전제로 하지만, 이는 동일성을 강조하는 것이 아니라 국가 간 차이를 인정하는 데에서의 조화를 강조한다. 자기 나라의 입장만을 내세우는 것, 자기 나라의 이익만 강조하는 것, 자기 나라를 드러내어 자랑하고 확장하려는 것 등은 조화를 방해하는 요건들이다.

유학에서는 中이 발(發)하여 외적인 적합성을 확보한 상태가 和라고 하였다. 和의 의미가 이러하다면 국가관계, 특히 열강이 신식 무기를 동원하여 약소국을 병탄하는 만행을 저질렀을 때 이에 대응하는 의암의 애국 활동은 화해의 실천이며 우주 만물의 운행 원리이다. 의암의 구국 활동이 지속해서 나타날 수 있었던 것은 가정적인 영향이 있었다. 특히 그가 가정환경에서 받은 것은 위정척사사상과 국난극복 정신이었다. 이와 관련한 인물로 의암과 유승석을 들수 있는데 의암은 화서학파의 종장인 화서와 김평묵, 류중교로부터 화서학파 척사론의 요체를 전수한 유학자이다.110) 의암은 여기에서

---

109) 『中庸』 제1장: 中也者 天下之大本也. 和也者 天下之達道也. 致中和 天地位焉 萬物育焉.

110) 金祥起, 『韓末 義兵 硏究』, 일조각, 1997, 183쪽.

의리와 명분을 중시하는 선비정신을 함양하였다. 그는 1866년 병인 양요에서 외세의 침략에 대해 민족의 전통과 국가를 수호해야 한다는 의견을 강조하며 개방을 반대하였다. 그리고 반제·반개화론을 강조하고 조선의 정맥과 전통을 보존해 나갈 것을 주장하였다. 또한, 갑오왜란의 목적으로 변복령이 내려지자 그는 수백 명의 문인을 모아놓고 일본 제국주의 침략에 대한 대응의 필요성을 강조하였다. 그 목적으로 선비의 신분으로 정당하게 처신할 수 있는 세 가지 방안을 제시하였다.

> 마침내 큰 화란이 이 지경까지 이르렀으니, 우리 유생으로서 처신할 길이 세 가지가 있다. 그 첫째는 거의소정(擧義掃淸, 의병을 일으켜 적을 소탕하는 길)이요, 둘째는 거지수구(去之守舊, 절개를 지키기 위해 떠나는 길), 셋째는 스스로 깨끗하게 몸을 지키는 길이니, 각자가 알아서 자기 뜻대로 할 것이다.[111]

공자는 學과 思 사이에 균형을 중요하게 여겼다. 여기에서 學은 배우고 익히는 것을 뜻하고, 思는 스스로 미루어 숙고함으로써 學으로 얻어진 것을 재인식하고 확산해 나가는 과정을 말한다. 공자는 다음과 같이 말하였다.

> 배우는 것만 하고 생각하지 않으면 종잡을 수 없어 터득하지 못하고, 생각만 하고 배우지 않으면 위태롭다.[112]

---

111) 『毅菴集』 卷27, 「雜著」, 上卷, 경인문화사, 1973, 633쪽. 弘集諸賊行勒削, 麟錫亟會士友, 議處變三事, 曰擧義掃淸, 曰去之守舊, 曰自靖遂志, 或曰, 處一變也, 宜一道, 今三事焉, 誰使各事, 事必優劣焉; 박성수, 「의암 유인석의 학맥과 존화양이 사상」, 『나라사랑』 제106집(외솔회, 2003), 182쪽.

112) 『論語』, 「爲政」: 子曰 學而不思則罔, 思而不學則殆.

의암 류인석의 교육철학

이는 배움과 사고의 관계를 잘 설명해 준다. '배우는 것만 하고 생각하지 않으면 종잡을 수 없다'라는 말에 대하여 황간은 "학문의 방법은 이미 그 문헌을 배웠으면 또 그 뜻과 이치를 찾고 생각하여야 한다. 만약 경전을 배웠는데 그 뜻을 생각하지 않으면 그것을 쓰고 행할 때 아는 바가 없다"[113]라고 하였다. 여기서 황간은 배우는 것을 문헌이라고 한정하였다. 경전을 배우기만 하고 그것을 숙고하지 않으면 막상 배운 것을 적용하려고 할 때 적용이 안 되어 아는 것이 없다는 것이다. 이는 배운 후 숙고의 과정을 거쳐야 비로소 배운 것이 지식이 될 수 있다는 것이다. 주자는 "학은 그 일을 배우는 것이다"[114]라고 하여 배움의 대상을 문헌에만 한정하지 않고 그 범위를 넓혀 말하였다. '생각만 하고 배우지 않으면 위태롭다'라는 것에 대하여 하안은 "배우지 않고서 생각만 하면 마침내 얻지 못하고 한갓 사람이 정신이 피곤하게만 한다"[115]라고 하였다. 사고의 과정이 중요하지만, 배우지 않고서 생각만 하면 결국 아는 것이 없는 것과 다를 바가 없다.

공자의 교육 중 하나는 실천을 중요하게 여기는 것이다. 공자의 가르침은 실천궁행으로서 도덕을 확립하는 것이 바로 학문의 핵심이기 때문이다. 즉 공자가 중요하게 여긴 교육의 목적은 이론적 지식을 쌓는 것이 아닌 배운 바를 실천하는 자세이다.[116] 공자 교육에서 실천을 중요하게 여겼다는 것을 다음의 문장으로 알 수 있다.

---

113) 『論語 執說(漢文 大系)』, 「爲政」: 皇侃云 學問 地法 旣得 奇文 又宜精思其義 若唯學舊文 而不思義 則 臨用行之時 罔罔然無所 知也.

114) 『論語集註大全』, 「爲政」: 朱子 曰 學是學其事.

115) 『論語 執說(漢文 大系)』, 「爲政」: 何晏 曰 不學而思 終卒不得 徒使人精神疲殆也.

116) 이광소, 「孔子의 教育 方法的 原理」, 『Journal of Korean Culture』 29집, 한국어문학국제학술포럼, 2015, 192쪽.

가르쳐 주면 게으름 피우지 않는 사람은 안회가 아닐까?[117]

이 글에 대하여 주자는 "가르쳐 주면 게을리하지 않는다는 말로써 실천 측면에서 안회가 게을리하지 않았음을 알 수 있다"[118]라고 해석하였다. 배운 것을 통하여 실천하는 데 성실하였으니 실천궁행이고 그것이 학행일치라고 할 수 있다. 안회는 그가 죽었을 때 공자가 깊게 슬픔을 표현할 만큼 아끼는 제자였다. 공자가 아끼던 제자를 통해 '가르쳐 주면 성실하게 실천하는 것'을 말하면서 다른 제자들을 격려한 것은[119] 배운 것은 실천하라는 공자 철학을 이해하는 근거가 될 수 있다. 또한, 공자는 덕행과 문의 관계를 제자들에게 말하면서 지식을 쌓기 전에 먼저 인간으로 해야 할 도리를 실천하라고 하였다.

> 젊은이들은 집에 들어가면 부모에게 효도하고, 밖에 나가면 어른을 공경하며, 말을 삼가되 말하게 되면 미덥게 하고, 널리 사람들을 사랑하며, 어진 사람을 가까이해야 한다. 이처럼 몸소 실천하고 여력이 있으면 문헌을 배운다.[120]

주자는 이 문장에서 말하는 여섯 가지의 실천 덕목을 '제자들의 직분'[121]이라고 하였다. 배우는 사람들을 대상으로 하였으니 이를 제자의 직분이라고 할 수 있겠지만 '제자'가 일반적인 젊은 사람들을 범칭 한다고 보는 것이 타당할 것이다.[122] 여섯 가지 덕목을 실

---

117) 『論語』, 「子罕」: 子曰 語之而不惰者, 其回也與!
118) 『論語集註大全』, 「子罕」: 語之而不惰 惟於行上見得顔子不惰.
119) 『論語集註大全』, 「子罕」: 雙峯饒氏曰 惟其心解 所以 逆行 夫子稱顔子 所以勵群弟子也.
120) 『論語』, 「學而」: 子曰 弟子, 入則孝, 出則悌, 謹而信, 汎愛 衆, 而親仁. 行有餘力, 則以學文.
121) 『論語集註大全』, 「學而」: 程子 曰 爲弟子之職…, 朱子 曰 無弟子之職以爲本 學得文 濟甚事.
122) 동양고전연구회 역주, 『論語』, 「學而」, 2017, 26쪽.

천하고 나서 배워야 한다는 문장은 옛사람들이 남긴 문헌이다.[123) 위 문장에서 말하고 있는 '몸소 실천하고 여력이 있으면 문헌을 배운다'라는 말은 언뜻 보기에 실천을 우선하고 문헌을 배우는 것은 뒤로한다는 것으로 보여 공자의 교육이 실천을 우선하는 것으로 여겨지는 면이 있다.[124) 그러나 이는 실천의 중요성을 강조한 것일 뿐 공자는 결코 배움을 멀리하라고 하지 않았다.

공동체 내 화해를 위해서는 동일성을 강조하는 것이 아니라 공동체 구성원의 차이를 인정하는 데에서의 조화를 강조한다. 구성원 중에는 정신이 약하거나 강한 사람도 있고, 지혜가 많거나 어눌한 사람도 있을 수 있다. 그래서 공동체 내 화해는 사회 구성원에 관한 포용하는 마음, 즉 역지사지하는 마음에 그 의미가 있다. 공자가 말하기를, "실질이 무늬를 이기면 조악하고, 무늬가 실질을 이기면 겉만 번지르르하다. 무늬와 실질이 아름답게 조화하고 그런 연후에 군자답게 된다"[125)라고 하였다. 비단을 짜는데, 좋은 비단이 되려면 실도 중요하고 그 짜임새나 무늬도 중요하다. 본질과 장식이 모두 조화를 이루어야 한다. 이는 이성과 감성, 어느 것이 우선이라고 하지 않는 것이다. 의암은 1909년 12월 15일 자로 통고문(通告文)을 발송하고 있는데 이는 특정 지역에 한정한 것이 아니라 전 국민을 대상으로 관일약의 실천에 참여할 것을 촉구한 내용이다. 그는 안중근 의거 이후 1909년 10월 3일 이범윤에게 다음과 같은 내용의 서신을 보냈다.

하얼빈에서의 한 방으로 왜적은 기가 꺾이고 우리는 기운을 내게

---

123) 『論語 執說(漢文 大系)』, 「學而」: 馬融曰 文者古之遺文也.

124) 장승희, 『유교와 도덕교육의 만남』, 제주: 제주대학교출판부, 2013, 62쪽.

125) 『論語』, 「雍也」: 子曰 質勝文則野, 文勝質則史. 文質彬彬, 然後 君子.

되었습니다. 안응칠(安應七) 혼자서도 '삼호(三戶)'의 뜻과 기상을 충분히 고동쳐 일깨웠으니 그 어떤 대단한 일이 이만하겠습니까? 이는 만고의 으뜸가는 의협이니 온 세상의 나라가 놀라 기리게 하였습니다. 대단하구나! 안응칠이여! … 이 일이 분명 계기가 될 것이 있을 듯하니 우리가 조용히 앉아만 있어서는 안 될 것 같습니다. … 러시아 사람들이 이 사건 이후 우리를 돕고 특별히 대한다고 합니다. 그것이 교섭하는 일에 아마도 도움이 될 듯하니 이 기회에 교섭을 더욱 다그치는 것이 어떻겠습니까?126)

위와 같이 의암은 안중근 의거 이후 연해주 의병의 중심인물인 이범윤에게 의병 거의를 촉구하는 서신을 보내 연해주 의병을 다시 결집하도록 권유하였다. 암울한 상황에서 연해주의 한인사회에서는 분열한 한인 세력의 결집을 촉구하는 분위기가 형성되었다. 여기서는 『대동공보』를 통하여 1910년 초 이래 민족 대동단결에 관한 논의를 확인했다. 이런 분위기는 이전부터 이미 확산하고 있었다고 본다.127) 이번에 발견한 관일약 문건 속에 나오는 우병렬의 서문에서도 '일심단체(一心團體)'를 만들고자 하던 당시의 광범한 분위기를 지적하고 있다.

근래 일을 의논하는 이들이 꾀하지 않아도 하나같이 말하는 것이 '일심단체'라는 네 글자, 즉 한마음으로 뭉치자는 것입니다. 아비가 그 자식을 가르치고, 형이 그 아우에게 권하고, 스승이 그 제자를 이끌어주고, 벗이 그의 벗에게 알려주니, 선비가 일심단체라 하고,

---

126) 유인석, 『국역 의암집』 2, 의암학회, 2007, 328쪽. 爾濱一砲, 倭也有摧却氣, 我也有發出氣, 安應七 一身, 足以鼓動起三戶意像, 何奇如之, 是爲萬古居首義俠, 是致萬國吐舌稱誦, 奇哉安應七也…此事似必機括所在, 吾輩不宜寂寞而坐…擧事遲速, 未可預期, 而宜自今日做起事端, 做端則事可漸集, 集事在好謀竭力也, 聞俄人此事出後獎異我人, 其於所營交涉事, 似亦有效, 因更緊着做交涉如何.

127) 유한철, 「십삼도의군의 설립과정과 조직상의 성격」, 『한국독립운동사연구』 10, 1996, 10-13쪽.

의암 류인석의 교육철학

농사꾼도 일심단체라 하고, 대장장이도 일심단체라고 하고, 장사치
도 일심단체라고 하니 일심단체의 논의가 이처럼 유행합니다.[128]

　관일약은 이처럼 한인들이 세력 결집을 요구하는 상황에서 출발
했다. 그가 구상한 관일약도 예외가 아니다. 그는 세력 결집이 필요
한 시대적 당위성을 자신의 철학을 담은 언어로 정리했다. 다음에
보는 「貫一約序」의 첫머리는 그의 시대 인식을 보여준다.

지금 섬나라의 화가 극에 달해 '나라'가 망하고 '道'가 없어져 '몸'
은 보전되지 못하고 '사람'이 모두 멸망할 지경까지 이르렀다. 그
래서 이 약(約)을 만들었습니다.[129]

　결국, 의암은 당시의 상황을 '나라와 道와 몸과 사람이 망하는 상
황'으로 보았고, 관일약을 그런 전제에서 구상하였다. 한 사회의 윤
리적 가치는 인간다운 삶을 지향하는 이념적 보편성이 갖추어져야
한다. 그리고 그것을 현실에 적용할 때는 문화·역사·시대적 배경
을 참작해야 한다. "동양 윤리의 근간이 되는 유학사상은 2500여 년
이상 동양사상의 역사발전과 정신문명에 지대한 역할을 하여 왔고,
아직도 많은 부분을 이것에 의존하고 있다."[130] 비록 급변하는 현대
사회에서 다소 멀어져 간 유학이지만, 현재 당면한 문제해결을 위해
유학사상을 되새겨야 할 필요가 있다. 우리나라는 광복 이후 서양 문
물이 사회제도와 일상의 생활양식에 이르기까지 침투하였고, 교육 내
용에는 전통사상으로서 유교 정신을 반영하려는 요구보다 구제도로

---

128) 유인석, 『국역 의암집』 4, 의암학회, 2008, 418쪽. 老劣以一心團體和謹勤豫等語屢屢告諸賢矣
又作凡事豫則立不豫廢孔子語夜以繼日坐以待朝周公事兩對語.

129) 유인석, 『국역 의암집』 5, 의암학회, 2009, 279쪽. 島夷之禍, 抵極于國亡而道蔑, 身不保而人盡
滅, 故爲是約, 是約也將謀所以免禍.

130) 변원종, 『동양의 삶과 지혜』, 글누리, 2009, 80쪽.

배제하려는 경향이 강하였다.131) 그러나 유학사상이 우리나라에 영향을 끼친 것은 仁의 실천적 덕목이다. 그것은 "공손·관용·믿음·은혜 등을 제시하면서 '나를 미루어 남에게 미치게 하는 정신'으로 자기가 원하지 않는 것은 남에게 베풀지 말라는 측면"132)의 본질적 심성이 우리의 정서와 맞았기 때문이라고 할 수 있다. 이는 자기가 서고 싶으면 타인도 세워주라는 인간사회의 실천 덕목이면서 동시에 이상적인 세계를 실현하기 위한 구체적 방법이기도 하다.

유학의 가장 큰 역할은 "개인의 인격 형성과 완성을 추구하는 것과 사회적 교화(敎化)를 통한 질서와 예속의 확립"133)이라고 할 수 있다. 따라서 현대사회에서 강하게 요구하고 있는 인간성 회복을 유학사상에서 찾아야 할 것이다. 유학은 기본적으로 인간을 도덕적이라고 본다. 그래서 仁의 실현이나 군자가 되는 것이 남에 의해서 되는 것보다는 자신이 하고자 하는 의지 때문에 실현된다고 보는 것이다. 그리고 유학에서는 인간 주체의 자기 수양을 매우 중요시했다. 이런 점에서 "수기 또는 수신을 인간 주체의 자기 성실이요, 자아실현이라고 여기며 내가 깨끗해야 남을 깨끗하게 할 수 있다는 점에서 수신을 강조"134)하면서 제가를 말하며 그 이후에 치국과 평천하를 말하고 있다. 앞에서 논한 바와 같이 의암의 애국은 정명사상에 기반한 仁義의 실현인데, 이것이 화해를 발현하려면 각각의 사람들에게 내재한 신념에 정명사상이 전제되어야 한다. 그는 의병 활동을 하면서도 저술 활동을 통해 교육철학을 실현하였는데『도모편』에서

---

131) 류승국,『한국유학사, 유교문화총서』9, 유교문화연구소(성균관대학교 동아시아학술원), 2009, 302쪽.

132) 변원종,『동양의 삶과 지혜』, 글누리, 2009, 81쪽.

133) 류승국,『한국유학사, 유교문화총서』9, 유교문화연구소(성균관대학교 동아시아학술원), 2009, 304쪽.

134) 황의동,『위기의 시대 유학의 역할』, 서광사, 2004, 23쪽.

는 바람직한 군신관계를 다음과 같이 말하고 있다.

> 道 있는 자가 조정에 있어서 천하에 道를 펼치면 천하가 모두 道
> 가 있게 될 것이니, 천하가 모두 道가 있게 한다면 그 다스려짐을
> 알 수 있다. 임금이 아랫사람에게 관대함으로 임하면 신하는 임금
> 을 바름으로 섬긴다. 임금이 신하에 대해 작은 잘못을 용서하고 작
> 은 것을 부족함으로 여겨 큰 것을 버리지 않는 것이 임금의 훌륭
> 함이요, 신하가 임금에게 작은 잘못이라도 간하여 작은 것이 쌓여
> 큰 것이 되도록 하지 않는 것이 신하의 훌륭함이다. 만약 가혹하게
> 하여 신하의 세세한 잘못까지 보기를 좋아한다면 그것은 임금의
> 근본적인 잘못이고, 만약 아첨하여 임금이 잘못을 보지 않게 한다
> 면 그것은 신하의 거듭된 잘못이며, 만약 아첨하여 임금이 그 잘못
> 을 이루도록 한다면 그것은 신하의 근본적인 잘못이고, 만약 오만
> 하여 신하의 많은 간언을 듣기 싫어한다면 그것은 임금의 거듭된
> 잘못이다. 임금과 신하에게 훌륭함이 있으면 성대한 세상은 큰 道
> 로 통하고 임금과 신하에게 잘못이 있으면 쇠퇴한 세상은 큰 걱정
> 으로 통한다.135)

 道 있는 자가 조정에 있어서 천하에 道를 펼치면 천하가 모두 道
가 있게 될 것이고, 임금이 道로서 아랫사람에게 관대함으로 임하면
신하는 임금을 바름으로 섬긴다는 말은 정명적인 화해를 말하는 것
이다. 앞에서 논한 바와 같이 그는 1895년에 일어났던 명성황후시
해사건과 단발령 등으로 인하여 의병 투쟁을 시작하였다. 처변삼사
를 논의한 그는 중국으로 망명하여 수의하기로 하였으나 문인들의
부탁으로 인하여 1896년 호좌창의진 대장에 오르면서 의병 투쟁에
뛰어들었다. 호좌창의진의 성립은 화서의 제자인 의암과 이필희(李

---

135) 유인석,『국역 의암집』6, 의암학회, 2010, 296쪽. 人君臨下以寬 人臣事上以正 君之於臣容小
過 無爲欠小而廢大 君之大也 臣之於君諫小過 無有積小而成大 臣之大也 如苛而喜見臣細過 君
固失也 如媚而使君不見過 臣更失也 如諂而使君有逐過 臣固失也 如傲而厭聞臣多諫 君更失也
君臣有大 盛世之通大道也 君臣有失 衰世之通大患也.

弼熙)・이범직(李範稷)・이춘영(李春永)・안승우(安承禹)・서상렬(徐相烈) 등이 모집한 지평 민병과 지평 검역 맹영재(孟英在) 휘하의 김백선(金伯先)이 이끈 포군 수백 명이 주류를 이루고, 의병 조직은 안승우와 이춘영이 이끄는 지평 의병이 중심이 되었다. 이들은 연합 의병 부대의 성격을 띤 것으로 제천에서 합류하여 1896년 2월 3일 호좌창의진으로 편성하였다.[136] 이처럼 의병 조직은 정명사상이 내재하여 있으며 각각의 특성에 따라 역할을 맡아서 활동하였는데 그것은 고정된 사고가 아니라 시의성에 적합한 사고였으며 이는 곧 의암의 화해적 교육철학이 바탕이 되었다.

[의암류인석기념관 내 의병수련관]

---

136) 이상근, 「유인석 의병진의 북상과 항일투쟁」, 『毅菴學硏究』 제5호, 毅菴學會, 2008, 77쪽.

제6장

의암 교육철학의 전승과 전수

의암에 대한 기록은 사후 1917년에 만주에서 의암 문하 문인들이 남긴 자료를 모아 『毅菴集』을 만들었는데 상(권 1-30)·하(권 31-57)의 두 책으로 되어 있다. 의암은 54권에 달하는 시문을 남겼고, 여성과 관련된 다수의 글을 쓴 것으로 나타났다.[1] 그의 여성과 관련된 글은 주로 산문으로 표현되었는데, 전(傳) 9편, 행장·행록·사실록·유사 글이 4편, 언서(諺書) 글이 1편, 묘지명이 3편, 시 3편 등이다.[2] 이 중 전(傳)의 기록 9편은 효부 1편·열부 6편·일반 2편이 포함되어 있다. 특히 전(傳) 9편 중 열녀와 열부에 관한 기록이 있다. 여기에는 남편에 대한 의리와 그에 따르는 정절을 죽음으로 표현한 내용과 남편을 대신하여 집안을 세우고 자손을 엄격하게 교육하는 집안의 가장에 위치하는 여성 모습을 표현하고 있다.[3] 즉, 남

---

1) 金南伊, 「義庵 柳麟錫의 民族自尊論과 女性認識」, 『대동한문학』 제18집, 대동한문학회, 2003, 293쪽.

2) 金南伊, 「義庵 柳麟錫의 民族自尊論과 女性認識」, 『대동한문학』 제18집, 대동한문학회, 2003, 297쪽.

3) 전(傳)에서는 열녀와 열부를 중심으로 기록되어 있다. 남편에 대한 정절과 의리를 죽음으로 표한 경우가 「열부정씨언서후」, 「최열부표적비」, 「열부유씨이씨전」, 「열부양씨전」, 「열부김씨전」, 「열부유인이씨묘지명병서」, 「열녀사비연덕전」, 「열부유씨유전」 등이 있고 자결의 시도보다 집안을 일으키고 자손을 교육한 경우가 「서김부인사실록후」, 「유인장시묘지명병서」, 「장홍임씨전」, 「김부인전」 등에 나와 있다. 특히 집안을 일으키고 자손을 교육한 경우는 가부장의 자리를 대신하여 집안을 엄격히 관장하는 여성의 모습을 적극적으로 표현하였다. 金南伊, 「義庵 柳麟錫의 民族自尊論과 女性認識」, 『대동한문학』 제18집, 대동한문학회, 2003, 297-298쪽.

편의 부재로 인한 여성의 수신제가를 논하고 있다.

의암은 위정척사운동을 끝까지 관철한 유학적 교육철학자이다. 일생 다양한 작품의 詩·書·疏·情辭·雜著·序·記·檄·宇宙問答·道冒編 등을 남겨서 그의 교육철학을 연구하는 후학들에게 본보기가 되고 있다. 그리고 그의 교육철학을 숭고하게 여기는 개인과 단체 사이에서 조화로운 교육철학의 전승과 전수가 이루어지고 있다. 특히 2000년대에 들어서 의암학회와 제천문화원에서 각각 출판한 두 가지의『국역 의암집』은 연구자들에게 편의를 제공하는 데 크게 일조했다.4) 그중 2001년에 창립된 의함학회는『국역 의암집』과『소의신편』그리고『의암학회총서』에 이르기까지 1차 자료뿐만 아니라『의암유인석연구논문선집』도 포함하는 성과물을 냈다.

의암에 관한 후학들의 연구는 그의 교육철학에 대한 전승 과정이다. 그의 여성 인식·대일통사상·존화양이론·문명관·민족운동 등 여러 방면에서 전수 과정이 진행되었는데,5) 그중 가장 많이 다루고 있는 부분은 의병운동과6)『우주문답』에 관련된 내용이다. 이는 의암의 의병 활동이 3.1운동의 기반으로 될 만큼 중요성이 높기 때문이다. 또한, 작고 2년 전에 완성된『우주문답』은 기존의 유교적 화이관과 달리 근대 국제법적 체제에 대한 인식이 추가되어, 구한말의 주

---

4) 최근 들어 의암의 연해주 지역에서의 활동[당시 러시아에 상주(常住)한 한인들의 자료와 러시아 원문으로 된]자료도 관심을 가지기 시작한 추세이다. 박환,「의암 류인석 연구의 새로운 방향: 러시아 연해주 지역을 중심으로」,『의암학연구』13, 2016, 30쪽 참조.

5) 김남이,「의암 유인석의 민족자존론과 여성 인식」,『대동한문학』18, 2003;『의암유인석연구논문선집』2, 의암학회, 2004.

6) 구완희,「연해주 시기 유인석의 의병 노선과 '관일약'」,『대구사학』126, 2017; 박민영,「유인석의 국외 항일투쟁 노정(1896-1915)」,『의암유인석연구선집』3, 2008; 박성순,「위정척사파의 반제논리와 의병항전을 둘러싼 환경의 재검토」,『온지논총』28, 2011; 이애희,「의암 유인석의 연해주에서의 의병투쟁과 사상적 변이에 관한 연구」,『동양정치사상사』69, 2012; 이현희,「의암 유인석의 민족독립운동연구」,『의암학연구』2, 2004; 원영환,「의암 유인석의 생애와 구국 투쟁」,『나라사랑』106, 2003; 송기섭,「의암 유인석의 망명로정에서의 보화와 국권 회복 운동 고찰」,『의암학연구』14, 2016.

자학적 민족주의자가 동양문화 보존 및 서양문화 배척의 정당성을 종합적으로 제시한 중요한 책[7])이라는 데에서 주요 연구대상이 되었다. 전자는 의암의 의병운동에 대한 역사적 기술을 위주로 하거나,[8] 의병운동에 대한 분석을 통해 그의 유교사상에 대해 평가[9])를 한 것이다. 후자는 직접『우주문답』을 연구주제로 하거나, 그의 전반적 생애에 기반한 화이관 또는 유교적 사상을 연구하기 위해 간접적인 방식으로『우주문답』을 이용하는 경우이다. 특히『우주문답』은 의암의 현실관과 세계관을 그린 글로서, 중국과 서구에 대한 인식·개화에 대한 비판과 그의 화이관이 잘 드러나 있어 의암을 연구하면서 중요성이 아주 높다고 할 수 있다. 이런 전승과 전수 과정이 그의 교육철학에 기반한 논의라는 것을 이 글에서 밝힌 것이다.

의암의 교육철학 전승 역할을 하는 국내 주요 시설인 의암류인석기념관은 "조선 말기의 거유(巨儒)로서 항일 의병 투쟁을 주도하고 해외 독립군 기지를 개척한 독립운동의 지도자인 한말 의병장 의암 류인석의 기념관이다. 선생의 숭고한 학문과 호국 이념에 걸맞은 기념관으로서 선생의 민족정신을 기리고, 청소년들의 민족정기 함양과 심신 수양 시설로 활용하고 주변의 관광지와 연계된 문화유적지의 필요성에 의해 설립되었다."[10]) 이곳에서는 청소년들을 대상으로 근대 의병과 항일 독립운동사를 배우고 체험하도록 함으로써 역사에 대한 올바른 인식을 배우고 바른 국가관을 형성하는 목적으로 다양한 프로그램을 운영하고 있다. 근간 의암류인석기념관의 소장

---

7) 오영섭,「의암 유인석의 동양문화 보존책」,『강원문화사연구』9, 2004, 89쪽.

8) 박성수,「구한말 의병전쟁과 유교적 애국사상」,『대동문화연구』6, 1970; 배형식,「의암 유인석의 학통과 의병활동: 소의신편을 중심으로」,『율곡학연구』2, (사)율곡학회, 1995.

9) 박문영,「의암 유인석의 의병 활동에 대한 일연구」, 성신여자대학교 대학원 석사학위논문,『의암유인석연구논문선집』2, 1986.

10) 강원도 춘천시 남면 충효로 1503. http://ryu.or.kr/guid/summary#lnk

유물 및 소장품을 소개하는 도록을 발간하는 등 공립박물관으로 재도약의 노력을 하고 있다.

앞에서 논한 바와 같이 의암의 교육철학은 존화양이의 춘추대의로 일관되어 있다. 여기에서 말하는 중화란 문화적·지역적·종족적 의미도 있지만, 당시에 조선은 문화적 측면을 중시하였으므로 조선 중화주의는 조선 문화 수호 중심으로 이해할 수 있다. 의암을 비롯한 위정척사사상의 '화(華)' 개념에 대한 명확한 정의는 논쟁으로 이어지지만, 그는 '화'에 관하여 "중화는 그 땅이나 그 종족을 말하는 것이 아니고 그 '道'를 말하는 것이다. 그러므로 중국에 이적의 道가 있으면 이적이라고 하는 것이다"[11]라고 하여, 道, 즉 仁義의 인도정신을 중화로 표현하고 있다. 원래 中華는 夏, 諸夏라는 말과 더불어 고대 漢族의 국가 형성기의 지리적·문화적 자존의식으로 발생하였다. 그러나 堯, 舜에서 주나라의 도덕 정치 시대를 거쳐 공자에 이르러 예 관념이 결합이 됨으로써 보편적인 문화 관념으로 발전되어 春秋精神으로 드러났다. 특히 宋代 朱子學에서 형이상학적 '道'론과 결합하면서 한층 보편성을 띠게 되었다.[12] 그가 춘추의리를 강조하면서 의병운동을 전개한 것은 중국처럼 되자는 것이 아니라 仁義로운 인도정신을 표현하는 것이다. 즉, 그의 교육철학은 경험으로 통찰한 학문에 근거하여 위기에 대응할 때 仁義로써 펼치는 사상적 실현이었다.

의암은 1905년 을미늑약(乙未勒約)이 있자 전국의 관리와 선비들에게 서한을 보내 "나라가 없으면 사람도 道도 없다"[13]라고 하

---

11) 『毅菴集』 卷33, 雜著, 下卷, 경인출판사, 1973, 68쪽. 但中華云者 非以其地 以其族而已 以其道也. 故中國有夷道則夷之.

12) 박충석·유근호, 『조선조의 정치사상』, 평화출판사, 1987, 99-107쪽.

13) 『毅菴集』, 上卷, 경인문화사, 1973, 576쪽. 無國 則無人無道.

였다. 이것은 득실(得失)·성패(成敗)·이해(利害)·과복(過福)·승부(勝負)·우세(優劣)의 상황을 당했을 때 자기를 잃지 않는 것이 중요하다14)는 강한 자주성의 발로였다. '의암 류인석 도총재 순국 100주년 기념어록비'에는 다음과 같이 쓰여 있다.

> 아! 우리 이천만 동포는 지극히 스스로 통탄해야 할 것입니다. 한결같은 마음으로 죽음을 무릅쓰고 대대로 피맺힌 원수 왜적을 이겨 없애야 합니다. 우리의 임금을 지극히 높은 지위로 되돌려 모시고 우리 백성을 쾌활한 땅으로 올려놓아야 합니다. 의석은 다만 죽음을 무릅쓰고 영원히 의병의 깃발을 굳게 잡을 뿐입니다. 융희(隆熙) 4년(1910년) 음 7월 21일 동포인(同胞人) 13도의군도 총재 류인석이 통곡하고 멀리서 바라보며 재배합니다.15)

> 우리 대한의 인민 된 자는 인민의 책임을 다하고 인민의 역량을 다 바쳐야 마땅합니다. 전국 인민은 인민의 단체(聲明會)를 조직하여 민의(民議)를 결정하고 이로부터 어떤 방법과 수단을 쓰더라도 대한인민의 지위를 절대 잃지 않고 일본과 싸워서 기필코 우리의 국권을 회복할 것입니다.16)

인민의 단체(聲明會)는 1910년 8월 일제의 침략상과 한국인의 독립 의지를 세계 각국에 알리기 위하여 발표한 선언서로 이상설이 선언서를 기초하였고, 류인석 회장이 대표 서명하고 8,624명의 서명록이 첨부돼 프랑스어와 러시아어로 번역하여 반포하였다. 총 118장의

---

14) 『毅菴集』, 上卷, 경인문화사, 1973, 647쪽. 當得失成敗利害成果勝負優劣之際 須要不失己.

15) 유인석, 『국역 의암집』 5, 의암학회, 2009, 35쪽. 而顧此地寓居萬千同胞, 有以心輸, 有以力助, 有以身擔, 誠不可沒其爲國家尙忠義之善, 方設立義案, 列書姓名, 以著其實, 竊念彼中同胞君子豈異於此, 但聲氣未之有通耳, 恭請僉尊以奮忠仗義之心, 先許尊姓名同此義案, 盖此義案, 聲氣相應, 一心 星團, 以爲伸大義濟大事之地, 惟僉尊執事垂諒焉, 謹玆通告.

16) 성명회「宣言書」 중 1910년 8월. 대한13도의군 의암 류인석 도총재 순국 100주기를 맞아 건립된 성명회, 의암 류인석 회장 선언서 비가 의암기념관에 제작됐다.

이 선언서는 현재 미 국립문서보관(NARA)에 보관돼 있다. 의암 류인석 도총재 순국 100주년 기념어록비의 내용은 의암의 정명정신을 반영하고 있다. 한 나라가 건재하기 위해서는 누구보다도 위정자가 정명정신을 실천하여 모범을 보여야 한다. 정명사상은 정치·윤리 개념이다. 『논어』, 「안연 편」에서 노나라 상경(上卿) 계강자(季康子)가 공자에게 정치에 관하여 물어보자 공자는 다음과 같이 대답하였다. "정치란 바로잡는다는 뜻인데 당신이 솔선해서 바로잡는 것에 대한 본(本)을 보인다면, 누가 감히 따르지 않겠는가?"17) 그리고 "임금이 임금다워야 하고 신하는 신하다워야 하고 아버지는 아버지다워야 하고 자식은 자식다워야 한다"18)라고 말했다. 즉, 모든 사람이 제 역할을 다하고 명분에 맞는 德을 실현하는 것이 공자가 논한 정명사상이다. 우리가 모두 각자의 직분을 다한다면 질서가 회복되고 많은 사람이 평안하게 살 수 있을 것이다.

헤라클레이토스는 '건강을 달콤하게 만드는 것은 병이며 배부름을 달콤하게 만드는 것은 배고픔이다'리는 말을 하었다. 그리고 '오르막길과 내리막길은 단일하다'라는 논리를 펼쳤다. 헤라클레이토스는 주로 자신을 둘러싼 세계에 관심이 있었지만, 사람들이 사회적 조화를 이루는 것을 중시하였다. 그가 주장한 로고스는 서로 반대되는 것 사이에서 근본적인 관계를 논하고 있다. 앞에서 논한 바와 같이 건강과 질병은 서로 함께 있다. 그뿐만 아니라 선과 악, 뜨거움과 차가움 등 서로 반대되는 것들도 단일한 선상에 있다. 이처럼 단일한 실체가 여러 가지 방식과 형태로 지각되기도 하는데 그 예로 바닷물 자체는 사람에게 해롭지만, 물고기는 이롭다. 그래서 만물은

---

17) 『論語』, 「顔淵」: 季康子問政於孔子 孔子對曰, "政者正也 子帥以正, 孰敢不正?"
18) 『論語』, 「顔淵」: 君君 臣臣 父父 子子.

의암 류인석의 교육철학

한 방향의 변화와 그에 대응하는 다른 방향의 변화가 균형을 이루면서 그 가운데 정합적인 체계가 실존한다. 즉, 만물 사이의 연관은 떨어져 있는 것도 실제로는 함께 있는 것이다. 일제강점기 우리 역사는 국민에게 그 상처가 너무 거대하여 차마 잊히지 않아 장기기억에 저장되었다. 그런 가운데 근간 우리나라는 국민의 단합된 의지와 노력의 결과로 경제선진국에 진입하였다. 이 시점에서 우리는 일제강점기의 역사와 근간의 경제성장을 분리하여 인식하지 않아야 한다. 논자는 우리나라가 고난의 역사를 지나고 현재 선진적인 행보를 하는 것은 국민의 단합이 그 원인이라고 여긴다. 보릿고개를 지나온 우리나라 사람은 근간에 비만을 걱정할 만큼 성장하였지만, 사람들이 느끼는 비만 걱정은 일제강점기에 겪었던 배고픔의 반영일 수 있다. 배고픔을 겪어본 사람이 배부름을 느낄 수 있고 배부름을 겪어본 사람이 배고픔의 시린 감정을 느낄 수 있다. 그러니 배부름과 배고픔은 단일한 선상에 놓여 있어서 그것에 일희일비하는 것은 인간적인 성숙과는 거리가 있다. 오롯이 중요한 것은 배고팠던 기억을 잊지 않고 대비하는 것이다. 모든 사람이 이런 정신을 단기간에 정립하기는 무리가 있을 수 있다. 변화들 사이에서 균형을 이루어 정합적인 체계가 실존하도록 교육철학이 그 역할을 해야 한다.

[의암류인석기념관 내 의병학교 현판]

의암 류인석의 교육철학

제7장

나가는 말:
교육철학의 가치

시대·사회의 변화가 급속함에 따라 교육혁신에 관한 요구와 미래를 준비하는 교육의 변화가 필요하다. 이 변화와 혁신 과정에 교육전문인[1])의 역할은 매우 중요하다. 교육전문인은 자신의 역할과 직무역량을 제대로 키워나갈 수 있도록 자기 역할을 재정립하고 직무를 재구조화해야 한다. 중앙정부에서부터 시·도교육청까지 교육혁신을 추진하고 있지만, 교육 현장에서 종사하는 교육전문인의 노력이 있어야 교육혁신이 가능하다. 작금에는 사교육의 활성화가 지나쳐서 공교육의 영역이 축소되는 현상이 난무한다. 공교육 현장을 하나의 조직으로 보았을 때 "조직성공이란 조직이 기대되는 성과 수준을 넘어 활력과 탁월함을 통해 번영을 이루는 긍정적 상태이다. 또한 조직구성원이 헌신과 충성을 통해 탁월하고 우수한 성과를 달

---

1) 이 글에서 사용하는 '교육전문인'이라는 용어는 우리나라 유·초·중등·대학·평생교육원 등 모든 교육 관련 업무를 수행하는 사람을 지칭하며 교육전문직원도 포함한다. 교육전문직원 제도는 1953년 법적으로 도입된 이후 우리나라 유·초·중등 교육행정을 수행하는 핵심 직군 제도로 이어져 왔다. 이들은 교육부와 시·도교육청, 교육지원청, 연구·연구기관 등에 근무한다. 교육전문직은 '장학사'라는 직종 명칭으로 대표되며, '장학사'라는 직종명은 1980-1990년대에 초·중·고등학교를 다닌 사람들에게는 학교장보다 높은 '대단한 사람'이고 이들이 방문하는 날에는 열심히 청소하고, 사전에 준비된 공개수업을 진행한 경험을 가지고 있다(교육정책디자인연구소, 2018). 홍은광, 「교육전문직원 역할 재정립을 통한 장학활동 활성화 방안 연구」, 강원대학교 교육학 박사학위논문, 2018, 1-5쪽 참조; 본 절에서는 의암 교육철학이 시사하는 바를 논하기 위하여 하윤서, 「남궁억(南宮檍) 교육사상에 대한 유학적 함의 연구」, 『퇴계학논집』 25호, 영남퇴계학연구원, 2019와 김동철, 「긍정조직행태의 주요 요인 간 관계에 관한 연구」, 강원대학교 행정학박사학위논문, 2012의 내용을 원용하였다.

성하고, 조직 환경 변화에 적극적으로 대응하고자 노력하는 것이 긍정적 조직을 형성하는 것이다."[2] 일반적으로 모든 조직이 성공적이지는 않고 조직실패(organizational failure)[3]가 종종 발생하기도 한다. 그러나 교육조직은 다른 조직과 비교하여 실패에서 오는 파급이 상대적으로 크며 회복탄력성이 낮다.

　조직은 환경 변화에 적절하게 대응하지 못할 때 조직실패에 직면한다. 환경 변화는 점진적 환경 변화와 급진적 환경 변화로 구분된다(Mellahi & Wilkinson, 2010). 급진적 환경 변화란 환율변동·국제금융자본의 이동·산업구조 변화 등으로 인한 경제위기, 갑작스러운 외국의 정치변동 등 정치적 변화 및 경쟁 조직(군) 기술 진보 등과 같은 환경 변화를 의미한다(김인수, 2008; Mellahi & Wilkinson, 2004). 이러한 환경 변화에서 조직이 대응 가능한 자원이 부족하거나 대응 전략이 없는 때 조직실패에 직면한다. 반면, 점진적 환경 변화란 적절하게 대응하지 못할 때 조직실패로 연결되는 사건이나 변화를 의미한다. 이러한 점진적 환경 변화는 안일하거나 사소한 사건 또는 이들의 조합으로 이루어진다. 점진적 환경 변화의 특징은 조직 환경의 복잡성, 불규칙성 등으로 인하여 일반적으로 관리자나 조직구성원들이 쉽게 예측할 수 없다는 것이다(Thiétart & Forgues, 1995; Mellahi & Wilkinson, 2010). 즉 점진적 환경 변화로 인한 조직실패는 가시적인 상황이나 문제를 통해 나타나지 않으며, 작은 씨앗이 자라는 것처럼 오랜 기간에 걸쳐 발생한다.[4] 이처

---

2) 김동철, 「긍정조직행태의 주요 요인 간 관계에 관한 연구」, 강원대학교 행정학박사학위논문, 2012, 1쪽.

3) 일반적으로 조직학에서 논의되는 실패(failure)라는 용어는 기대되거나 바람직한 상태와 결과로부터 이탈하는 의미로 사용된다(Cannon & Edmondson, 2001).

4) 김동철, 「긍정조직행태의 주요 요인 간 관계에 관한 연구」, 강원대학교 행정학박사학위논문, 2012, 13쪽 참조.

럼 교육조직은 점진적 환경 변화에 관계된다.

공자의 仁心이나 맹자의 仁義禮智는 인간에게만 존재하는 고유한 도덕성이며, 사람은 태어날 때부터 선한 마음을 가졌고 선을 실천하려고 하며 이런 마음을 양지양능(良知 良能)이라고 하였다.5) 그리고 인정(仁政)이 이루어졌을 때 대동사회(大同社會)가 가능하다고 보았다. 맹자는 "사람들은 차마 타인을 해치지 못하는 마음이 있다. 선왕들도 차마 타인을 해치지 못하는 마음이 있었다. 그래서 차마 타인을 해치지 못하는 정치를 하였다. 차마 타인을 해치지 못하는 마음으로 차마 타인을 해치지 못하는 정치를 한다면 천하를 다스리는 것이 손바닥 위에서 움직이는 것처럼 쉬울 것이다"6)라고 하며 사단지심을 도출하였다.7) 그래서 인간의 본성은 선한 것이므로 유학에서 말하는 참으로 인간다움이란 자신에 내재한 도덕적 본성을 최대한 발휘하는 사람을 의미한다. 대도가 구현되는 사회를 대동사회라고 한다.8) 공자는 인간에게 德이 갖춰지기 위해서는 이상사회가 구현되어야 하고, 이상사회가 구현되려면 위정자의 도덕성과 경제적 안정, 그리고 인간들이 德을 갖추어야 한다고 말하면서 德을 함양하는 방법으로 '교육'을 제시하였다. 교육을 통한 學은 "단순히 '독서·학습·배움'을 넘어서는 중대한 의미가 있다. '학'은 '성(聖)'으로 가는 필수 불가결한 길이며, 유일한 길이라고 할 수 있다."9) 이는 유학이 지향하는 교육

---

5) 『孟子』,「公孫丑 上」, 不忍人之心章;「盡心上」, "人之所不學而能者, 其良能也. 所不慮而知者, 其良知也."

6) 『孟子』,「公孫丑 上」, 孟子 曰 "人皆有不忍人之心. 先王有不忍人之心, 斯有不忍人之政矣. 以不忍人之心, 行不忍人之政, 治天下可運之掌上."

7) 『孟子』,「公孫丑 上」, 孟子 曰 "所以謂人皆有不認人之心者, 今人乍見孺子將入於井, 皆有怵惕惻隱之心. 非所以內交於孺子之父母也, 非所以要譽於鄉黨朋友也, 非惡其聲而然也." 由是觀之, 無惻隱之心, 非人也. "無羞惡之心, 非人也. 無辭讓之心, 非人也. 無是非之心, 非人也. 惻隱之心, 仁之端也. 羞惡之心, 義之端也. 辭讓之心, 禮之端也. 是非之心, 智之端也."

8) 신백훈, 『禮記 禮運의 大同思想研究』, 성균관대학교 일반대학원 박사학위논문, 2015, 14쪽 참조.

9) 이치억,「공자사상에서 호학(好學)의 의미와 중요성」, 『유학연구』 42집, 충남대학교 유학사상연

적 열망이기도 하여, 선한 본성으로 자신의 역할을 다할 때 도덕적인 사회가 될 수 있다는 것이다. 도덕적 사회는 대동사회가 되기 위한 초석이 된다. 『예기』에서는 다음과 같이 말하였다.

> 대도가 행해지자, 천하를 공(公)으로 삼는다. 어질고 능력 있는 사람을 선택하여 충과 신을 가르치고 화목으로 다스리게 한다. 그러므로 사람들은 자기의 어버이만을 친애하지 아니하고, 오직 자기 자식만을 사랑하지 않으며, 노인은 그 삶을 편안하게 마칠 수 있게 하고, 장년은 자기의 능력을 발휘하게 하고, 어린이는 의지하여 안전하게 성장하게 하며, 홀아비·과부·고아와 늙고 자식이 없는 자와 폐질자들은 모두 부양을 받을 수 있게 한다. 남자는 직업이 있고, 여자는 혼인할 곳이 있게 한다. 재화는 헛되이 땅에 버려지게 하지 않으며, 반드시 한 사람만 사사로이 감추게 하지 않는다. 역량은 발휘하게 하여야 하나, 그 노력이 한 사람의 사리를 위해 쓰이게 하지 않는다. 그런 까닭에 간사한 꾀는 닫혀서 일어나지 않으며 절도나 난적은 생기지 않는다. 그러므로 바깥에 난 문을 닫지 않아도 안심하고 생활하게 한다. 이런 세상을 대동의 세상이라고 한다.10)

대동사회 구현을 위한 공동체 구성원의 내재적 동인을 연대와 협력에서 찾되 그것이 도덕성에 기인해야 한다는 것이다. 도덕정치는 도덕성을 바탕으로 하는 덕치(德治)이며, 이는 仁으로써 이루어지는 정치 법식(法式)이다.11) 그리고 이상사회는 仁義를 바탕으로 하되 그것을 중시하는 위정자가 정치하는 사회이다. 또한, 유가의 대동사

구소, 2019, 285쪽.

10) 『禮記』, 「禮運」, 孔子 曰 "大道之行也, 天下爲公. 選賢與能 講信修睦. 故人 不獨親其親, 不獨子其子, 使老有所終, 壯有所用, 幼有所長, 矜寡孤獨廢疾者 皆有所養. 男有分, 女有歸. 貨惡其弃於地也, 不必藏於己. 力惡其不出於身也, 不必爲己. 是故 謀閉而不興 盜竊亂賊而不作. 故外戶而不閉. 是謂大同."

11) 배성인, 「孔子의 仁思想에 관한 硏究」, 『사회과학논총』 12권, 명지대학교 사회과학연구소, 1996, 270쪽 참조.

의암 류인석의 교육철학

회는 개인에서 나아가 국가 전체의 복지로 확대되는 사회이다. 이처럼 유가의 대동사회 구현은 개인의 역할을 중요시하면서 "모든 사람에게 널리 사랑을 베풀도록 하는 데 있다."[12] 단순히 생존하기 위한 삶이 아닌, 공동체 구성원이 도덕성으로 연대와 협력해야 할 것이다. 대다수 사람이 이렇게 되기 위해서는 사상적 연합이 전제되어야 하는데, 교육철학이 그 역할을 할 수 있을 것이다.

앞에서 논한 바와 같이 사람의 본성이 선하더라도 사회의 이면에는 악이 존재한다. 맹자는 악의 원인을 두 가지로 말하였는데 첫째, 주위 환경에 의해 악으로 빠져드는 것이고, 둘째는 스스로 도덕적 행위를 피하는 것이라고 하였다. 공동체 삶에서 악은 장애가 되므로 교육을 통해 개선하여야 하는데 그것은 수양과 교육을 통해 체화함으로써 완성된다. 수양하는 이유는 명덕을 세상에 밝히는 데 있으며, 도덕도 진화하기 때문에 악행의 원인을 없애려면 교육을 통해야 한다고 한 것이다. 그리고 『대학』에서는 "군자는 자기에게 선이 있고 난 뒤에 남에게 선을 요구하며, 자기에게 악을 없앤 후에 남의 악을 말하는 것이다. 자기가 간직하고 있는 것이 恕 하지 못하면서 다른 사람을 깨우치게 하는 자는 있지 않다"[13]라고 하며 수양의 중요성을 말한다. 특히 백성을 다스리는 위정자는 더욱 자신을 되돌아보고 명덕 하여야 한다.

맹자는 위정자가 仁政이 없는 것에 관하여 "땅을 빼앗으려고 전쟁을 일으켜 들판에 가득 사람을 죽이고, 성을 빼앗으려고 전쟁을 일으켜 성에 가득 사람을 죽이는 것은 토지를 얻기 위해 사람고기를 먹는 것과 다름이 없으니 그 죄는 사형을 해도 용서받을 수 없

---

12) 정병석·권상우, 「유가의 복지」, 『철학논총』 69권, 새한철학회, 2012, 475쪽.

13) 『大學』6, "是故, 君子, 有諸己而後, 求諸人, 無諸己而後, 非諸人, 所藏護身, 不恕, 而能喻諸人者, 未之有也."

다"14)라고 하였다. 역사는 인성이 부족한 위정자로 말미암아 얼마나 큰 재앙을 부르는가를 증명한다. 공자는 忠恕를 중시하며 忠에는 중화의 개념을 포함한다고 하였다. 그리고 "忠을 알려면 먼저 中을 알아야 하고, 中을 알려면 반드시 恕를 알아야 한다"15)라고 하였다. 이렇게 이상사회는 仁政과 정명이 조화된 사회라고 할 것이다. 사람들이 위정자에게 요구하는 정치는 전쟁이 아니라, 전쟁 없이 평화를 유지해 나가는 사회이다. 德을 갖춘 위정자가 仁義를 바탕으로 도덕정치를 한다면 백성들이 안심하고 생업에 종사할 수 있을 것이다. 그리고 맹자는 백성을 가르쳐야 하는 이유를 다음과 같이 말했다.

> 백성은 배불리 먹고 따뜻하게 입으며 편안하게만 있으면서 가르침이 없다면 새나 짐승에 가까워진다. 성인은 이것을 근심하여 설(契)을 교육 관장하는 사도로 삼아 인륜을 교육하게 했으니, 부자 사이에 친애함이 있고 군신 사이에 의리가 있고 부부 사이에 구별이 있고 어른과 아이 사이에 차례가 있고 친구 사이에 믿음성이 있어야 한다는 것이 그것이다.16)

맹자는 사회의 악행을 제거하려면 교육을 통한 교화가 필요하고, 백성을 교육하는 이유가 오륜을 가르치는 데 있다고 하며 학교설립을 주장했다. 내면적 도덕성 함양은 교육을 통해 이루어지며 인류의 평화를 위해 모든 인간이 공생하는 보편적 준거를 이루어야 한다. 인성과 화해의 실현은 이상사회를 구현하기 위한 '군자의 사회'를 의미한다. 위정자가 백성을 교육하지 않고 어리석게 방치한 뒤 잘못

---

14) 『孟子』, 「離婁 上」, "爭地以戰, 殺人盈野. 爭城以戰, 殺人盈城. 此所謂率土地而食人肉, 罪不容於死."

15) 『大戴禮記』, 「孔子三廟記」, "孔子答哀公問小辨, 知忠得知中, 知中必知恕."

16) 『孟子』, 「滕文公 上」, "人之有道也, 飽食煖衣逸居而無教, 則近於禽獸. 聖人有憂之, 使契爲司徒, 教以人倫 父子有親, 君臣有義, 夫婦有別, 長幼有序, 朋友有信."

을 빌미로 형벌을 가혹하게 내리는 것은 권력의 횡포이다. 그리고 국민 개개인이 도덕 불감증으로 부패한다면 사회와 국가 전체의 도덕 불감증으로 확산하여 미래 없는 국가가 될 것이다.

우리는 일제강점기를 통하여 일제로부터 다양한 영역에서 재산·명예·신체 등의 피해를 입었다. 심지어 우리나라 외교권을 일제가 행사하는 치욕을 당했다. "일제의 식민지 노예교육은 그 어느 식민지주의 국가의 그것보다도 철저했고, 무자비하였다."[17] 일제가 국권 피탈을 하는 과정에서 우리 민족정신을 말살하기 위해 우민화 정책을 강행했는데 조선교육령 사립학교 규칙을 개정하고 민족교육을 금지했다. 앞에서 논한 바와 같이 "맹자는 사람들에게 차마 타인의 고통을 외면하지 못하는 마음이 있다고 하였고, '仁義'는 누구나 지켜야 할 도덕 준칙이기 때문에 모든 관계가 仁義로 맺어져야 한다고 하였다. 그리고 공자도 자기가 하고 싶지 않은 일을 남에게 시키지 말라고 하였다. 그러나 우리나라 사람은 이 세상에 타인의 고통을 외면하는 사람들, 仁義를 모르는 사람들도 있다는 것을 일제강점기를 통해서 확인하였다."[18] 일제의 한국 식민지 통치의 첫 번째 특징은 '민족말살정책'이었다. 그 목적을 이루기 위하여 일제는 앞에서 논한 바와 같이 '교육' 영역을 적극적으로 강압하였다. 이는 한 국가의 근간이 교육에 있다는 반영이기도 하다. 한 국가의 "문화는 언제나 그 속에서 사는 인간들에 의해 구성되는 것이며 항상 사회적으로 유동적이다."[19] 이런 시기를 과도기라고 볼 때 국가에 문제가 발생하기 이전에 사전 예방적 성격으로 준비하는 것이 중요하다.

---

17) 윤진현, 『한국독립운동사』, 세종출판사, 2005, 356-357쪽.

18) 하윤서, 「남궁억(南宮檍) 교육사상에 대한 유학적 함의 연구」, 『퇴계학논집』 25호, 영남퇴계학연구원, 2019, 14쪽.

19) 정미량, 「한국 다문화 교육과 전통 유교 교육 문화의 접맥(接脈)」, 『퇴계학논집』 23호, 영남퇴계학연구원, 2018, 450쪽.

어떤 일이 일어나기 전에 미리 대비해야 하는 이유를 『중용』 20장에는 다음과 같이 말하고 있다.

> 공자가 말하였다. "무릇 천하 국가를 위하는 것에는 아홉 가지 중요한 요소가 있다. 그런데 그것을 실행하는 방법은 하나이다. 모든 일은 예비하면 일이 되고, 예비하지 못하면 일이 잘못된다. 말할 때 미리 할 말을 생각해 두면 실수하지 않는다. 일할 때 미리 정해 두면 일이 곤욕스럽지 않게 된다. 행동할 때 미리 어떻게 할지 생각해 두면 잘못되어 고생하지 않는다. 道 역시 사전에 정해 두면 궁색하게 되지 않는다."[20]

미리 대비하려는 자기 생각이 옳다고 해서 모두 행동으로 옮기면 오히려 화가 미치는 일도 있어서 시의성을 고려하여야 한다. "유가 철학의 문제가 인생·정치·사회에 대한 것 위주이고, 그들의 주요 방법은 자기 수양을 통하여 사회·국가·천하의 문제를 해결하고자 하는 선후본말(先後本末)적인 사유·수양·실천이다. 이런 방법은 시의적절하게 이뤄져야 한다."[21] 위정자가 의암의 교육철학을 숙지하여 선한 정치를 하고 국민이 의암의 교육철학을 본보기로 삼아 정명사상을 체화하면 仁義가 충만한 사회가 될 것이다. 그 가운데 국가 간 정세를 파악하여 대비하고 의암의 사애사상이 일상성이 된다면 단합된 국가공동체를 이루는 데 일조할 것이다.

교육철학 분야는 다른 학문 분야보다 상대적으로 더 열린 정신을 가져야 할 것이다. 다수의 학자가 자신의 연구를 다른 시각의 연구와 대별하려는 경향이 있다. 그것은 일부분 연구 발전을 위해 필요하다고 할 수 있다. 대표적인 경우가 전통과 근대의 대별이고 구한

---

20) 『中庸』 20장, 凡爲天下國家有九. 所以行之者一也. 凡事豫則立, 不豫則廢. 言前定 則不跲. 事前定 則不困. 行前定 則不疚. 道前定 則不窮.

21) 남상호, 『How로 본 중국 철학사』, 서광사, 2015, 141쪽.

       의암 류인석의 교육철학

말의 유학적 사고와 기독교적 사고의 대별이라고 할 수 있다. 그러나 우리는 그런 연구에서 한층 발전하여 나아가야 할 뿐 그것을 흑백논리로 일관하여 전통이 좋다거나 근대가 좋다는 등의 신념으로 논박하는 것은 지양해야 할 것이다. 논자는 그런 형태를 비합리적인 신념의 유도라고 여긴다. 그래서 역사적 사실에 근거한 보고 형식의 연구도 필요하고 그것을 바탕으로 하는 철학적 연구도 필요하다. 전통과 근대 어느 쪽을 선호하든지 서로의 학문 분야를 인정하는 가운데 인류 행복의 가치를 추구하는 연구가 화해적 교육철학이라고 할 것이다. 즉 전통적 가치와 근대적 가치를 시의성을 고려하여 중용적으로 실현하는 것이 和의 가치를 형성한다. 이를 위해 교육철학의 발전이 상당히 일조할 것이며 국권피탈의 상황에서도 국권 회복을 위하여 자신의 정명관을 일관되게 펼쳤던 의암 교육철학의 가치는 현대 교육철학의 본보기가 된다.

參考文獻

『經典・文集・資料集類』

『論語』『論語集註大全』『大學』『大戴禮記』『孟子』『孟子集註』『毅菴先生文
　　集』『禮記』『中庸』『孝經』

『국역 소의신편』, 의암학회, 2006.
『국역 의암집』 1-6, 의암학회, 2006-2010.
『국역 의암집』 천・지・인, 제천문화원, 2009.
『萬雲 柳然益先生 寄贈 春川 高興柳氏 家傳 資料』, 강원대학교 중앙박물관,
　　2013.
『역사용어사전』, 서울대학교 역사연구소, 2015.
『毅庵集』 상・하, 경인문화사, 1973.
『昭義新編』, 국사편찬위원회, 1975.
『省齊集』, 寶庫社, 2015.
『畏堂集』, 「增補 畏堂先生三世錄」, 애국선열 윤희순의사기념사업추진위원회,
　　1995.
『韓國獨立運動史資料集: 義兵篇』, 한국정신문화연구원, 1993.
『韓國獨立運動史資料』, 국사편찬위원회, 1968-1990.
『한국인물대사전』, 한국정신문화연구원, 중앙일보・중앙M&B, 1999.

『단행본』

姜大德, 『華西李恒老의 時代認識』, 신서원, 2001.
국사편찬위원회 편집부, 『한국사 41 열강의 이권침탈과 독립협회』, 국사편찬
　　위원회, 1999.

姜大德, 『華西 李恒老의 時代認識』, 신서원, 2001.

권호영, 『개화파의 현실인식과 개화운동』, 나남출판, 2003.

구완회, 『한말의 제천의병』, 집문당, 1997.

김 구, 『원본 백범일지』, 禹玄民・現代語 역, 서문단, 2000.

김동인 외, 『論語集註大全』, 도서출판 한울, 2011.

김운태, 『일본제국주의의 한국통치』, 박영사, 1988.

김의환, 『항일의병장열전』, 정음사, 1975.

남상호, 『How로 본 중국 철학사』, 서광사, 2015.

독립운동사편찬위원회 편, 『독립운동자료집』 제1집, 독립유공자 사업기금위
    원회, 1970.

류경남・최수정, 『가족 상담 심리 용어사전』, 학지사, 2006.

류승국, 『한국유학사, 유교문화총서』 9, 유교문화연구소(성균관대학교 동아시
    아학술원), 2009.

민족운동총서편찬위원회, 『의병들의 항쟁: 민족운동총서 제1집』, 햇불사,
    1980.

박은식, 『박은식전서』, 단국대학교 동양학연구소, 1975.

박충석・유근호, 『조선조의 정치사상』, 평화출판사, 1987.

변원종, 『동양의 삶과 지혜』, 글누리, 2009.

서울대학교 역사연구소, 『역사용어사전』, 서울대학교출판문화원, 2015.

習齋研究所, 『(國譯)習齋先生文集』 5, 卷33, 「心性理氣說」, 春川文化院, 2009.

신용하, 『韓國近代民族主義의 形成과 展開』, 서울대학교출판부, 1987.

윌리엄 제임스(William James), 정명진 역, 『심리학의 원리』, 부글북스, 2018.

元容正, 『昭義新編』, 탐구당, 1975.

유인석, 『국역 의암집』 1-6집, 의암학회, 2006-2010.

_____, 『우주문답』, 나라사랑 106집, 2003.

張承漢, 『中國社會思想史』, 三民書局印行, 1986.

毅菴學會, 『毅菴柳麟錫資料集-간찰문을 중심으로-』 1, 2004.

_____, 『毅菴 柳麟錫의 抗日獨立鬪爭史』, 毅菴學會, 2005.

_____, 『毅菴柳麟錫研究論文選集』 1-2, 毅菴學會, 2004.

_____, 『毅菴柳麟錫資料集』 2, 毅菴學會, 2005.

_____, 『의암 유인석: 백절불굴의 항일투쟁』, 毅菴學會, 2009.

尹炳奭, 『李相卨傳』, 일조각, 1984.

_____, 『國外韓人社會와 民族運動』, 일조각, 1990.

유한철, 『유인석의 사상과 의병활동』, 독립기념관 한국독립운동사연구소,

1992.

윤병석, 『한국사와 역사의식』, 인하대학교출판부, 1989.

윤진현, 『한국독립운동사』, 세종출판사, 2005.

윤희순, 『윤희순의사자료집』, 「안사름으병가노릭」, 의암학회, 도서출판 산책, 2008.

李東俊, 『儒敎의 人道主義와 韓國思想』, 한울아카데미, 1997.

李炳注 외 2, 『世界文化史』, 일조각, 1991.

이상익, 『서구의 충격과 근대 한국사상』, 한울아카데미, 1997.

李昭應, 『習齋集』 卷1, 「伏閤生斥洋疏」, 2005.

_____, 『昭義新編』, 국사편찬위원회, 1975.

이택휘, 『한국사 38』, 「Ⅲ. 위정척사운동」, 국사편찬위원회, 1999.

張承漢, 『中國社會思想史』, 三民書局印行, 1986.

장승희, 『유교와 도덕교육의 만남』, 제주대학교출판부, 2013.

정철현, 『문화정책론』, 서울경제경영, 2004.

조동걸, 『한국사』 43, 「항일의병전쟁 Ⅳ」, 국사편찬위원회, 1999.

조나단 에드워즈(Jonathan Edwards), 정부흥 역주, 『자유의지』, 새물결플러스, 2017.

趙東杰, 『한말의 의병전쟁』, 독립기념관 한국독립운동사연구소, 1989.

춘천시, 『윤희순의사 항일독립투쟁사』, 산책, 2005.

페어뱅크・라이샤워・크레이그, 全海宗・閔斗基 역, 『東洋文化史』 하, 을유문화사, 1989.

한국민족운동사연구회 편, 『의병전쟁연구(상)』, 지식산업사, 1990.

한국정신문화연구원, 『한국인물대사전』, 중앙일보・중앙M&B, 1999.

黃鉉, 『梅泉野錄』, 국사편찬위원회, 1955.

홍봉수 외 10인, 『가족복지론』, 지식공동체, 2018.

황의동, 『위기의 시대 유학의 역할』, 서광사, 2004.

「학위논문」

고민정, 「朝鮮後期 家系繼承 研究」, 강원대학교 박사학위논문, 2014.

金度亨, 「의암 유인석의 정치사상 연구」, 연세대학교 석사학위논문, 1979.

김동철, 「긍정조직행태의 주요 요인 간 관계에 관한 연구」, 강원대학교 행정학박사학위논문, 2012.

김성인, 「공자의 교육철학과 그 실현에 관한 연구」, 강원대학교 일반대학원 박사학위논문, 2017.

박문영, 「毅菴 柳麟錫의 義兵活動에 대한 一研究」, 성신여자대학교 대학원 석사학위논문, 1986.

신백훈, 「禮記 禮運의 大同思想研究」, 성균관대학교 일반대학원 박사학위논문, 2015.

심옥주, 「尹熙順의 民族運動에 관한 研究」, 부산대학교 대학원 박사학위논문, 2011.

오영섭, 「화서학파의 보수적 민족주의 연구」, 한림대학교 대학원 박사학위논문, 1996.

李鍾尙, 「毅菴 柳麟錫의 哲學思想 研究」, 成均館大學校 大學院 博士學位論文, 2002.

鄭春熙, 「毅菴 柳麟錫의 儒學思想과 實踐 研究」, 강원대학교 일반대학원 박사학위논문, 2021.

장공우, 「의암 유인석의 항일운동연구」, 단국대학교 교육대학원 석사학위논문, 1990.

하윤서, 「신사임당의 가족복지관(家族福祉觀) 연구」, 강원대학교 일반대학원 박사학위논문, 2019.

한희민, 「개화기 춘천 지식인의 현실인식과 문학적 표현」, 강원대학교 대학원 석사학위논문, 2018.

「연구논문」

강만길, 「한국민족운동사에 대한 기본 시각」, 『한길역사강조』, 한길사, 1987.

구완회, 「연해주 시기 유인석의 의병 노선과 '관일약(貫一約)'」, 『대구사학』 제126집, 대구사학회, 2017.

권오영, 「이항로의 위정척사이념과 그 전승 양상」, 『화서학논총』, 화서학회, 2012.

금장태, 「한말, 일제하 한국성리학파의 사상계보와 문헌에 관한 연구」, 『한국철학사상의 제 문제 III』, 한국정신문화연구원, 1985.

강재언, 「'의병 전쟁의 발전', 항일의병 전쟁 IV」, 『한국사』 43, 국권 회복 운동, 국사편찬위원회, 1999.

김남이, 「의암 유인석의 민족자존론과 여성 인식」, 『대동한문학』 18, 2003.

金南伊, 「義庵 柳麟錫의 民族自尊論과 女性認識」, 『대동한문학』 제18집, 대동한문학회, 2003.

김도형, 「한말 의병전재의 사상적 성격」, 한국민족 운동사연구회 편, 『한국민족운동사연구』 5, 지식산업사, 1991.

김동철, 「긍정조직행태의 주요 요인 간 관계에 관한 연구」, 강원대학교 행정학박사학위논문, 2012.

金文基, 「義兵柳麟錫一家의 義兵活動과 義兵歌辭」, 『유교사상연구』 제8집, 한국유교학회, 1996.

김용덕, 「주자학적 민족주의론」, 『한국사의 반성』, 역사학회편, 신구문화사, 1990.

김태영 외, 「한국 근대의 외세 인식과 대응」 -한림대학교 태동고전연구소 창설 40주년 기념 학술심포지엄 종합토론 녹취록-, 『태동고전연구』 20, 태동고전연구소, 2004.

남상호, 「공자의 예술철학과 21세기 예술의 모색」, 『동양철학연구』 제34호, 한국동서철학회, 2004.

도민재, 「유교의례와 유교의 종교성」, 『오늘의 동양사상』 20호, 예문동양사상연구원, 2009.

문중섭, 「의암 유인석의 위정척사사상의 논리적 기반과 민족주의적 특성」, 『한국시민윤리학회보』 21-2, 한국시민윤리학회, 2008.

민황기, 「중용에 있어서의 성(誠)사상과 천인(天人)관계 연구」, 『동서철학연구』 제87호, 한국동서철학회, 2018.

박길수, 「도덕 심리학과 도덕 철학의 이중적 변주」, 『철학연구』, 고려대학교 철학연구소, 2013.

박성수, 「구한말 의병전쟁과 유교적 애국사상」, 『대동문화연구』 6, 1970.

박성주, 「한국민족운동사연구회 창립 5주년 기념학술회의록」 종합토론, 『한국민족운동사연구』 5, 한국민족 운동사연구회 편, 지식산업사, 1991.

朴敏泳, 「연해주 망명 시기 柳麟錫의 의병세력통합운동」, 한말의병의 본거지 강원도 항일의병투쟁의 재조명, 毅菴學會, 2013.

박민영, 「유인석의 국외 항일투쟁 노정(1896-1915)」, 『의암유인석연구선집』 3, 2008.

박성수, 「의암 유인석의 학맥과 존화양이 사상」, 『나라사랑』, 외솔회, 2003.
_____, 「구한말 의병전쟁과 유교적 애국사상」, 『대동문화연구』 6, 1970.

박성순, 「위정척사파의 반제논리와 의병항전을 둘러싼 환경의 재검토」, 『온지논총』 28, 2011.

박 환, 「의암 류인석 연구의 새로운 방향: 러시아 연해주 지역을 중심으로」, 『의암학연구』 13, 2016.

배성인, 「孔子의 仁思想에 관한 硏究」, 『사회과학논총』 12권, 명지대학교 사회과학연구소, 1996.

배형식, 「의암 유인석의 학통과 의병활동: 소의신편을 중심으로」, 『율곡학연구』 2, (사)율곡학회, 1995.

孫承喆, 「義兵長 柳麟錫 思想의 歷史的 意味」, 『毅菴集』 卷1, 毅菴學會, 2002.

서굉일, 「일제하 만주 북간도의 민족교육」, 『한국교육의 재인식』, 한신대학출판부, 1988.

서준섭, 「의병장 유인석의 한시」, 『의암 유인석연구논문선집 I』, 의암학회, 2004.

송기섭, 「의암 유인석의 망명노정에서의 보화와 국권회복운동 고찰」, 『의암학연구』 제14호, (사)의암학회, 2016.

오영섭, 「화서학파의 대서양인식-이항로, 김평묵, 유인석의 경우를 중심으로」, 『태동고전연구』, 1997.

_____, 「의암 유인석의 동양문화 보존책」, 『강원문화사연구』 9, 2004.

吳錫源, 「華西學派의 心說論爭에 대한 考察」, 『東方思想論攷』, 유승국 박사화갑기념논문집간행위원회, 1983.

吳瑛燮, 「위정척사 사상가들의 사유구조와 서양 인식」, 『숭실사학』 30, 숭실사학회, 2013.

유성선, 「習齋 李昭應의 義理情神과 心說論爭 讀解」, 『한중인문학연구』 40집, 한중인문학회, 2013.

_____, 「華西學派 衛正斥邪論의 義理精神 一考察」, 『화서학논총』 7, (사)화서학회, 2016.

柳漢喆, 「柳麟錫의 義兵 根據地論」, 『毅菴柳麟錫硏究論文選集 IV』, 毅菴學會, 2016.

유한철, 「십삼도의군의 설립과정과 조직상의 성격」, 『한국독립운동사연구』 10, 1996.

윤병석, 「昭陽新編에 나타난 春秋義理」, 『한국사와 역사의식』, 인하대학교출판부, 1989.

元容玉, 「義庵柳先生西行大略」, 독립운동사편찬위원회, 『獨立運動史資料集』 I, 독립유공자사업기금운영위원회, 1984.

원영환, 「의암 유인석의 생애와 구국 투쟁」, 『나라사랑』 106, 2003.

윤천근, 「의병, 의병문화, 의병정신」, 안동대학교 안동문화연구소, 『민족문화와 의병사상』, 박이정, 1997.

이광소, 「孔子의 敎育方法的 原理」, 『Journal of Korean Culture』 29집, 한국어문학국제학술포럼, 2015.

李九榮 편역, 「告各國公事文」, 『湖西 義兵 事蹟』, 제천문화원, 1994.

李東宇, 「義兵將 柳麟錫의 義兵運動考」, 『成大史林』 2권, 성균관대학교사학회, 1977.

이만열, 「총론: 독립운동과 대한민국 헌법정신」, 『덕성여자대학교인문과학연구소』 24호, 인문과학연구, 2017.

이상근, 「유인석 의병진의 북상과 항일투쟁」, 『毅菴學硏究』 제5호, 의암학회, 2008.

李愛熙, 「의암 류인석의 국외근거지론의 구상과 이론적 추이」, 『한말 춘천의병의 전개와 의암 류인석 의병장의 해외 항일의병투쟁 (제15회 의암학술대회보)』, (사)의암학회, 2014.

이애희, 「의암 유인석의 연해주에서의 의병투쟁과 사상적 변이에 관한 연구」, 『동양정치사상사』 69, 2012.

이치억, 「공자사상에서 호학(好學)의 의미와 중요성」, 『유학연구』 42집, 충남대학교 유학사상연구소, 2019.

李泰鎭, 「士林派의 留鄕所, 復位운동」 하, 『雲檀學報』 35, 1973.

이향배, 「화서 이항로의 시에 나타난 도의사상」, 『화서학논총』 2, 화서학회, 2006.

이현희, 「의암 유인석의 민족독립운동연구」, 『의암학연구』 2, 2004.

장현근, 「중화질서 재구축과 문명국가 건설: 최익현·유인석의 위정척사사상」, 『정치사상연구』 9, 2003.

정미량, 「한국 다문화 교육과 전통 유교 교육 문화의 접맥(接脈)」, 『퇴계학논집』 23호, 영남퇴계학연구원, 2018.

정병석·권상우, 「유가의 복지」, 『철학논총』 69권, 새한철학회, 2012.

정수철, 「율곡의 친친(親親)사상 실천 연구」, 『철학·사상·문화』, 동국대학교 동서사상연구소, 2020.

조원일, 「孔子의 聖人觀 硏究」, 『동서철학연구』 제67호, 한국동서철학회, 2013.

하윤서, 「남궁억(南宮檍) 교육사상에 대한 유학적 함의 연구」, 『퇴계학논집』 25호, 영남퇴계학연구원, 2019.

_____, 「코로나19 확산에 대응하는 정명론(正名論) 소고」, 『철학논총』 102집, 새한철학회, 2020.

기타 자료

桂奉瑀, <의병전> 二, 상해 『독립신문』, 1920년 4월 29일 자.
『長潭講錄』, 한국정신문화연구원도서관 M.F. No. 16-00136 문서 No. 4261.
성명회 「宣言書」 중 (1910년 8월).
한국학 종합 DB(毅菴集), http://db.mkstudy.com/mksdb/e/korean-literary-collec
    tion/book

※ 도서 사진 출처: 의암류인석기념관 이흥권 박사

附錄 1: 의암 관련 연대기

연도(연령)	주요 내용
1842	강원도 춘천 남면 가정리 우계(牛溪)에서 아버지 류중곤(柳重坤)과 어머니 고령 신씨(高靈申氏)의 3남 3녀 중 둘째 아들로 태어난다.
1844(3세)	글공부 시작하다.
1849(8세)	『소학(小學)』 읽는다.
1855(14세)	족숙(族叔) 유중선(柳重善)과 덕수 이씨(德水李氏)의 양자로 입양되다.
	경기도 양근(양평) 벽계(蘗溪)의 화서(華西) 이항로(李恒老)의 문하에 입문하다.
1859(18세)	김평묵을 주빈으로 관례(冠禮)를 치른다.
	여흥(여주) 군수 민종호(閔宗鎬)의 딸과 혼인(초혼)하다.
1860(19세)	봄에 조광조(趙光祖)를 모신 미원서원(迷源書院)을 찾아가 뵙는다.
1862(21세)	주자(朱子)·송시열(宋時烈)의 화상(畵像)을 제작하여 삭망(朔望)으로 배향하다.
1863(22세)	양가의 증조부 류영오 별세하다.
1864(23세)	화양동(華陽洞) 만동묘(萬東廟)가 훼철되자 족숙 항와(恒窩)와 시사(時事)를 통탄하는 글을 쓰다.
1865(24세)	부인 민씨 별세하다.
1866(25세)	경주 유생 정문구(鄭文龜)의 딸과 혼인(재혼)하다.
	병인양요(丙寅洋擾)가 일어나자 척사(斥邪) 상소차 화서를 따라 서울에 한 달 동안 체류하다. (병인척사운동)
1867(26세)	가평 현리에 있는 현등사(懸燈寺)를 유람하다.
1868(27세)	화서 별세하다. 이후 중암 김평묵과 성재 류중교(의암의 족숙)에게 수학하다.
1872(31세)	김평묵을 따라 한포(漢浦)의 대강회(大講會)에 참가하다.
1874(33세)	봄에 가평 조종암(朝宗巖) 대통단(大統壇)을 찾아가 배향하다.
1876(35세)	김평묵·홍재구(洪在龜) 등과 함께 한일수교 반대(병자척사운동) 상소문을

의암 류인석의 교육철학

연도(연령)	주요 내용
	올렸으나 무시된다. 여름, 류중교를 따라 양근 자잠에서 가릉군(嘉陵郡, 가평) 북쪽 옥계(玉溪) 부근 자리촌(紫里村)으로 이사하다. 류중악 외 친척들도 함께 이주하다. 김평묵도 근처 구곡리(龜谷里)로 이사하다. 「옥계구곡」을 짓는다.
1877(36세)	류중교의 지시로 홍무향음례(洪武鄕飮禮)를 주관하다. 겨울, 성재의 지시로 운곡암(雲谷庵)에서 겨우내 『강목(綱目)』을 독서하다.
1878(37세)	류중교와 병 치료를 위해 양구 해안(亥安)으로 따라간다.
1881(40세)	김평묵이 영남 유림에 척사상소를 지지하는 서신을 보낸 것 때문에 유배되자 서울의 남교까지 동행하다.
	본가 부친 류중곤 별세하다.
1882(41세)	김평묵 귀양에서 돌아오다.
1883(42세)	본가 모친 고령 신씨 별세하다.
1884(43세)	춘천 가정리 왕동(旺洞)으로 이주하다.
	조정의 변복령(變服令)을 듣고 통탄한다.
1886(45세)	여주(驪州) 대노사(大老詞)를 참배하다.
1887(46세)	삼종제(三從弟) 류의석(柳毅錫, 류중교의 장자)의 아들 제함(濟咸)을 양자로 삼는다.
	가정리 향음주례(鄕飮酒禮)에 참가하다.
1888(47세)	청주 화양동 만종묘를 찾아가 참배하다. 이해에 홍사백(洪思伯)에게 류중교를 무척(誣斥)함에 대해 항의서한을 보낸다.
1891(50세)	아들 제춘(濟春, 海東)이 태어난다.
1892(51세)	스승 김평묵이 별세하다.
	김평묵의 사위 홍재구와 함께 화서의 '심설'을 놓고 류중교를 무척(誣斥)한 유기일(柳基一)과 척절(斥絶)하다.
1893(52세)	제천(堤川)으로 이주(1889.8.)하여 강학하던 류중교 별세하다.
	가정리 류중교의 옛 강단(講壇)에서 강회(講會)를 열다.
1894(53세)	김홍집 내각의 개혁 소식(갑오왜란)을 듣고 통탄해한다.

연도(연령)	주요 내용
1895(54세)	흑복령(黑服令) 소식을 듣고 통탄해한다.
	스승 류중교의 유업을 잇기 위해 제천 장담리 구탄(九灘)으로 이사하여 거의(擧義) 직전까지 강회를 열다.
	급히 4군(郡)의 사우(士友)들을 모아 『춘추』를 강의하고, 다음 날 향음례를 행한다.
	양모 덕수 이씨 별세하다.
	명성황후 시해에 이어 단발령(斷髮令) 공포로 '처변삼사(處變三事)'를 논의하다.
1896(55세)	이춘영(李春永)·안승우(安承禹)·김백선(金伯善) 등이 원주 안창리에서 지평(砥平) 포군(砲軍)을 중심으로 의병을 일으킨다.
	지평 의진이 제천에 입성하여 장담에 이필희(李弼熙)를 대장으로 하는 지도부를 조직하다.
	지평의병이 단양 장회촌(長淮村) 전투에서 승리한 후, 죽령·풍기·영춘과 제천·주천·평창을 거쳐 영월에 집결하다.
	(음, 12.24.) 영월에서 의병의 추대로 호좌의진 창의대장(湖左義陳 倡義大將)에 오른다. 이어 「檄告八道列邑」·「檄告內外百官」을 전국 각지에 발송하여 의병봉기를 촉구하다.
	(음, 12.28.) 제천에 진군하여 유진하다.
	(음, 1.3.) 단양군수 권숙(權潚)과 청풍군수 서상기(徐相耆)를 처단하다.
	(음, 1.5.) 충주성에 입성하여 2월 20일 충주부 관찰사 김규식(金奎植)을 처단하다.
	(음, 1.7.) 중군장 이춘영 수안보(水安保) 전투에서 전사하다. 전 삼화부사(三和府使) 이경기(李敬器)를 중군장으로 삼는다.
	(음, 1.10.) 주용규 충주성 전투에서 전사하다.
	(음, 1.22.) 충주성을 포기하고 이튿날 제천으로 회군하다.
	(음, 1.24.) 이경기가 귀향하자 중군장에 안승우를 임명하다.
	(음, 2.6.) 유격장 이강년(李康秊)이 수안보에 이르다. 선봉장 김백선이 가흥(可興) 전투에서 일본군에 참패하다.

연도(연령)	주요 내용
	(음, 2.14.) 김백선이 중군장 안승우에 항거하자 대장소에서 처형하다.
	(음, 3.13.) 관군 장기렴 참령이 충주 북창에서 「의병해산권유문」을 보내온다.
	(음, 3.15.) 의병을 해산할 수 없다는 답신을 보낸다.
	(음, 4.13.) 제천 남산성을 빼앗기다. 이 전투에서 중군장 안승우와 그의 제자 종사(從事) 홍사구(洪思九)가 전사하다.
	(음, 4.16.) 장의장(仗義長) 이완하(李完夏)를 중군장에 임명하다.
	(음, 4.23.) 단양을 거쳐 수산(壽山)에 유진하고 이후의 의병 활동을 논의하다.
	(음, 4.27.) 음성에서 관군을 크게 무찌른다.
	(음, 4.29.) 원주 강천(康川, 여주)에 주둔하고 서북 대행군을 결정하다.
	(음, 5.9.) 원용석(元容錫)을 중군장으로 삼는다.
	(음, 5.10.) 재천 모산(茅山)으로 이동, 선유위원 정언조(鄭彦朝)를 꾸짖는다.
	(음, 5.23.) 정선으로 이동, 「서행시재정선상소(西行時在旌善上疏)」를 올린다.
	(음, 5.24.) 중군아장 이원하(李元夏)를 중군장으로 삼는다.
	(음, 6.13.) 낭천(화천) 전투에서 소토장(김討將) 서상열(徐相悅)과 종사 김선이(金仙伊) 등이 전사하다.
	(음, 6.14.) 양구 전투에서 승리하다.
	(음, 7.1.) 원세개(元世凱)에게 군사지원을 요청하기 위해 이필희, 유치경(兪致慶), 송상규(宋尙奎) 등을 중국에 파견하다.
	(음, 7.14.) 평강·영흥·덕천을 거쳐 청도와 영변 싸움에서 승리하다.
	(음, 7.16.) 평안도 운산(雲山)을 거쳐 초산(楚山) 싸움에서 승리하다.
	(음, 7.20.) 초산 아이성(阿夷城)에서 「재격백관문(再檄百官文)」을 발송하다.
	(음, 7.21.) 중국 회인현(懷仁賢) 파저강변(波瀦江邊, 현재 요령성(遼寧省) 恒仁縣 沙尖子鎭)에서 무장 해제 당해 의병 240명 중 21명만이 중국으로 망명하고 나머지 219명은 귀국하다.

연도(연령)	주요 내용
	고구려의 옛 땅인 통화현(通化縣) 오도구(五道溝, 吉林省 柳河顯 五道溝鄕)에 정착하다.
	「여동문사우서(與同門士友書)」를 발송하다.
1897(56세)	회인현 호로 도구(影璧山 葫蘆頭溝)로 거처를 옮기다.
	광무황제(光武皇帝)의 초유문을 받고 귀국하여 초산에서 「진정대조소(陣情待罪疎)」를 올린다.
	국내에 「정동지제공서(呈同志諸公書)」를 보낸다.
	춘천 가정리로 귀가하여 모친 대상(大祥)에 참가하다.
1898(57세)	재차 중국 망명길에 오른다.
	통화현 오도구에 도착하다. 「재입료동약정의체(再入遼東約定義諦)」를 지어 척사의지를 밝히고 의병 재기를 다짐했다.
	통화현 팔왕동(八王洞)으로 이주하다.
1899(58세)	한국 역사서의 일종인 「동국풍화록(東國風化錄)」을 저술하다. 전국 각지의 유림에게 보내는 글, 「통고경성급팔도각읍사림문(通告京城及八道各邑士林文)」을 발송하여 자신의 사상을 천명하다. 3월에 아들 제춘(濟春)이 찾아온다. 여름에 「출처설(出處說)」과 「국병설(國病說)」을 지어 그의 위국(爲國)사상을 전개하다.
1900(59세)	그곳 거류 동포 간에 향약(鄕約)을 설치 시행하여 상부상조와 단합을 도모한다.
	의화단(義和團) 난으로 국내로 귀국하다.
	평산 산두재(山斗齋)에 머물다.
1901(60세)	관서지방을 순회하고 강화하다.
1902(61세)	문인들이 『소의신편(昭義新編)』을 간행하다.
	용천(龍川)에 강화소를 설치하다.
	「석계구곡」·「구산지결」을 짓는다.
1903(62세)	제천에 돌아오다.
1904(63세)	해서지방을 순회하다. 은율 홍도서사(興道書社)에 머물다.

연도(연령)	주요 내용
	「홍도서사약속」・「납량사의의복강변」을 짓는다.
	「칠실분담」을 지어 거의를 촉구하다. 평산에 머물다.
	최익현(崔益鉉)에게 거의를 촉구하다. 사림(士林)에게는 국외거수(國外去守)를 보낸다.
	제천에서 향약을 조직・실시하다. 「수의의체통고방내사우서(守義義諦通告邦內士友書)」를 통고하여 수의론(守義論)을 펼친다.
	전국에 「통고일국진신사림서(通告一國縉紳士林書)」를 보내 의병봉기를 촉구하다. 친척과 사우들에게 중국에서 망명할 그것을 권유하다.
1905(64세)	「혹인대(惑人對)」를 짓는다.
	제천으로 가다.
	관서지방으로 가다.
	을사5조약 체결 예정 소식을 듣고 전 국민이 항거하도록 촉구하는 서신을 발송하다.
	중국의 연성공(衍聖公)에 사람을 보낸다. 「고친척사우서」를 보내 친척과 사우들에게 중국으로 망명할 것을 권유하다.
1906(65세)	춘천 곡운(谷雲) 산중으로 거처를 옮기다.
	춘천 가정서사(柯亭書社)에서 『송원화동사합편강목(宋元華東史合編綱目)』 33권을 편찬하고, 「서악문답(西嶽問答)」을 지어 수의론을 제시하다. 4월(음)에 「여동지사우서(與同志士友書)」를 지어 국외 근거지 개척에 유림이 적극적으로 동참할 것을 촉구하다.
	춘천 가정리로 돌아오다. 「再告縉紳士林書」를 보낸다.
	『宋元華東史合編綱目』의 서문을 짓는다.
1907(66세)	정미7조약의 소식을 듣고 서울에 가다. 봄, 고종 황제의 밀지(密旨)와 밀부(密符)를 받았으나, 의병을 그만둘 수 있는 형편이 아니라는 이유를 들어 돌려보낸다. 5월(음)에 만세사(萬世詞)에 공자 외 10 성현의 영정을 봉안하다.
	(음, 7.15.) 연해주를 향해 출발하여 원산(元山)에 이르다. 음력 8월에 「여각도창의소서(與各道倡義所書)」를 발송하다. 러시아 망명이 실패하여 경성(京城)에서 신병을 치료하다.

연도(연령)	주요 내용
	13도창의대진소(十三道倡義大陣所)에 「與諸陣別紙, 北計論」을 통해서 국내 의병 근거지론(백두산 일대 근거지론: 北計)을 주장하다.
	세 번째 국외 망명지 러시아 연해주 해삼위(블라디보스토크)로 떠난다.
1908(67세)	연추(煙秋, 현재 크라스키노)의 중별리(中別里, 현재 추카노워)로 가서 최재형·이범윤 의병부대와 합류하다.
	「여수청거인제인서(與水淸居人諸人書)」를 발송하여 의병 활동을 격려하다.
	「의병규칙」 35개조를 제정하다.
	서계동(西溪洞)으로 옮기다. 3월(음) 시지미촌(柴芝味村)으로 이주하다.
	우리 동포의 결속을 위한 「관일약」을 제정 시행하다.
1909(68세)	맹령(孟嶺, 현재 몽구가이)에 이주하다. 이때 이상설이 내방한다.
	「통고북도사림서(通告北道士林書)」를 발송하여 「관일약」의 실시를 독려하다.
	의병의 「의무유통(義務有統)」을 지어 통제(統制)의 법을 세운다.
1910(69세)	지신허(地新墟, 티진헤) 재피거우(梓皮溝)에서 13도의군 도총재에 추대되다. 「격고13도대소동포」를 발송하다. 이후 블라디보스토크로 이동하다. 광무 황제에게 연해주로 망명하도록 상소문을 올린다. 한일병탄(韓日倂呑)이 늑결되자, 항일투쟁을 전개하기 위해 조직한 성명회 회장에 추대되고, 「재고13도대소동포」를 발송하다.
	이상설 등 성명회 임원 20여 명이 러시아 당국에 피체되다. 「치고일국서(致告一國書, 與一國同胞)」와 「토죄왜정부서(討罪倭政府書)」를 발송하다. 이때 국내 지사들은 모두 망명하도록 촉구하다.
	유정구(柳亭口, 노보샤크린스키)로 피신하다. 2월(음)에 운현(雲峴, 크레모보) 산속에 은거하다.
1911(70세)	의암의 가족·친척·사우들이 대거(45가구) 중국 요령성 홍경현 난천자촌(暖泉子村)으로 망명하다. 「산언(散言)」을 저술하다. 5월에 시양단(蒔陽壇)을 지어 습례(習禮)하다. 윤6월에 「고동반사우(告同伴士友)」를 쓰다.
	한인의 실업 권장을 목적으로 조직한 권업회(勸業會) 수총재에 추대되다.
1912(71세)	「통고아령유우동포」를 지어 발송하다. 장차 중국지역으로 들어갈 뜻을 굳히고 이에 대비하다.
1913(72세)	『우주문답(宇宙問答)』을 저술하다. 목화촌(木花村, 마와카프예카)에 머물

의암 류인석의 교육철학

연도(연령)	주요 내용
	다. 「니봉고소초(尼峰稿小抄)」를 짓는다.
	부인 정씨(鄭氏) 별세하다.
	「병상기어(病狀記語)」・「한등만필(寒燈蔓筆)」을 짓는다.
1914(73세)	러시아에서 중국 서간도로 이동하여 요령성(遼寧省), 서풍현(西豊縣)에 이르다.
	흥경현(興京縣) 난천자(暖泉子)(현재 遼寧省 新賓縣 平頂山鎭 暖泉子村)에 정착하다.
	관전현(寬甸縣) 방취구(芳翠溝)로 옮겨 거주하다. 겨울에 최후의 저술서인 「도모편(道冒編)」을 짓는다. 아울러 『우주문답』 800여 권과 니봉고소초를 발간・배포하다.
1915(74세)	방취구에서 74세를 일기로 서거하여 난천자 평정산 부인 저씨 묘소 옆에 안장하다.
1917년	문인들이 『의암집』을 간행하다.
1935년	춘천 남면 가정리 현 묘역으로 이장하다.
1962년	제천 자양영당(紫陽影堂)에 배향하다.
2000년	대한민국 건국훈장 대통령장을 추서하다.
	류인석 묘역을 강원도 기념물 제74호로 지정하다.
2003년	의암 선생의 사상과 업적을 선양하기 위해 의암 묘역을 중심으로 조성된 '의암 류인석 선생 유적지 조성사업(1996-2003)'이 완료되다.

附錄 2: 의암 관련 유물

류인석 상소문(1896)

류인석 의병 격문(1896)

주용규 대전적황문(1896)

류인석 체포 청원기

의암 류인석의 교육철학

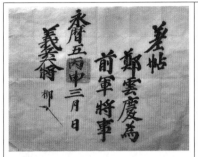

의병임명장 차첩(1896)

재격백관문미부(1896)

정사부고(1900)

봉사도반제현(1897)

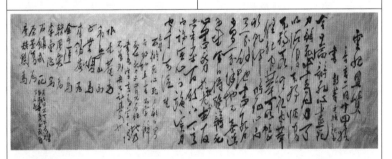

운현맹질(1911)

김구선생고유문(1947)

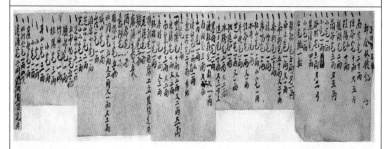

의암류인석 친필간찰(1899): 원여 류의석에게 보낸 안부 서간

군자금명단(1907)

주일당중수기(1956): 김윤동이 작성한 문서

의암 류인석의 교육철학

의암선생묘표

이항로의 척화상소문

류중교의 척화상소문

기가아

답가아

종숙부주전상서

옥산려사 이정규에게 보낸 감사 서신

숙부전상서(근대): 의암선생이 숙부에게 보낸 문안 서간

축문(1935): 한명호 씨가 의암을 기리며 지은 축문

의암 류인석의 교육철학

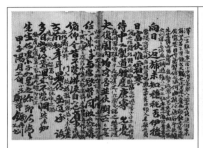

정화용의 간찰(1864)

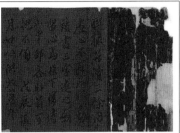

홍대헌 간찰(1868)

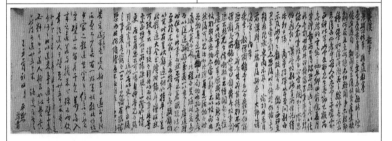

김평묵 간찰(1865): 황계 집사에게 보낸 서신

류만시 간찰(1870): 류중교에게 보낸 애도서신

이응림의 간찰(1870): 모친상을 당한 류중교에게 보낸 애도서신

이승규의 간찰(1870):
류중교에게 보낸 애도서신

이승무, 이승빈의 간찰(1871):
류중교에게 보낸 애도서신

권익인의 간찰(1871):
부친상을 당한 류중교에게 보낸 애도서신

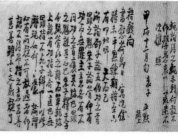

김평묵의 간찰(1874):
애자 김평묵이 보낸 서신

의암 류인석의 교육철학

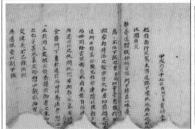

류중배의 간찰(1874):
류중교에게 보낸 서신

류중배의 간찰(1875):
류중교에게 보낸 서신

류순석의 간찰(1876):
류중교에게 보낸 서신

이진응의 간찰(1878):
류중교에게 보낸 서신

류순석의 간찰(1880):
류의석에게 보낸 서신

류종설의 간찰(1884):
류의석에게 보낸 서신

류하상의 간찰(1884):
류중교에게 보낸 서신

류승조의 간찰(1885):
류의석에게 보낸 서신

류순석의 간찰(1887):
류의석에게 보낸 서신

류순석의 간찰(1887):
김양순께 올린 시문

최익현의 간찰(1888): 류중교에게 보낸 서신

배연백의 간찰(1888):
손하생 배연백이 보낸 서신

권섭일의 간찰(1889):
류중교에게 보낸 서신

윤찬의 간찰(1989):
류중교에게 보낸 서신

양두환의 간찰(1890):
회일죄제 양두환이 보낸 서신

신현묵의 간찰(1890): 류중교에게 보낸 서신

홍재구의 간찰(1890): 류인석에게 보낸 서신

심홍규의 간찰(1890):
류의석에게 보낸 서신

김헌식의 간찰(1890):
류의석에게 보낸 서신

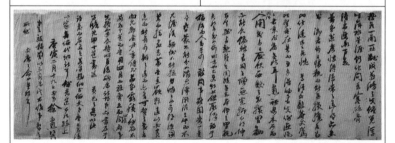

서상규의 간찰(1890)

의암 류인석의 교육철학

박두헌의 간찰(1890):
류중교에게 보낸 서신

유진호의 간찰(1892):
유진호가 보낸 서신

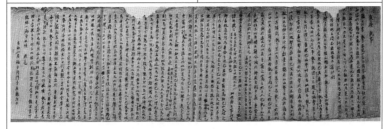

홍재구의 간찰(1891): 류인석에게 보낸 서신

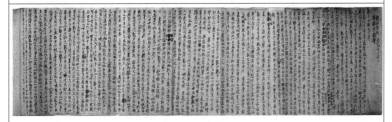

이근원의 간찰(1893): 홍재구에게 보낸 서신

서상렬의 간찰(1893): 소제 서상렬이 보낸 서신

주용규의 간찰(1893): 상인 주용규가 보낸 서신

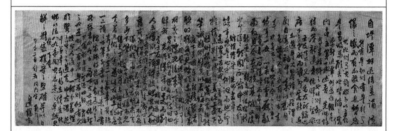

주용규의 간찰(1893): 동문생 변석현이 보낸 서신

의암 류인석의 교육철학

홍재구의 간찰(1894): 류중교에게 보낸 서신

이범태의 간찰(1894):
죄시생 이범태가 보낸 서신

이범직의 간찰(1894):
시하생 이범직이 보낸 서신

박정화의 간찰(1894): 류인석에게 보낸 서식

유석동의 간찰(1894): 유석동이 보낸 서신

어중선의 간찰(1894): 문하소자 어중선이 보낸 서신

신병옥의 간찰(1895):
신병옥이 보낸 서신

류중용의 간찰(1895):
류인석 선생께 보낸 서신

의암 류인석의 교육철학

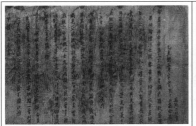

1895년 고명익의 간찰:
교하생 고명익이 보낸 서신

1895년 유태환의 간찰:
유태환이 보낸 서신

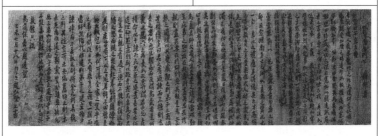

1895년 조홍규의 간찰: 류인석 선생께 보낸 서식

1895년 원철상의 간찰:
문하생 원철상이 보낸 서신

1895년 박정화의 간찰:
류인석 선생께 보낸 서신

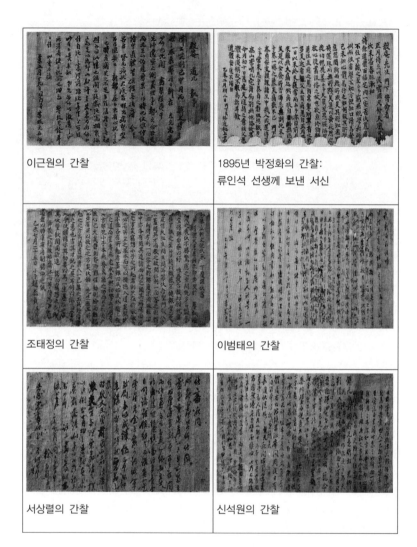

이근원의 간찰

1895년 박정화의 간찰:
류인석 선생께 보낸 서신

조태정의 간찰

이범태의 간찰

서상렬의 간찰

신석원의 간찰

의암 류인석의 교육철학

안승우의 간찰

박정화의 간찰

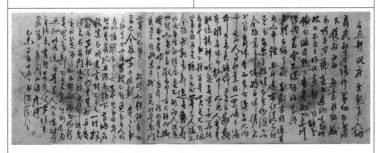

원종의 간찰

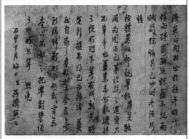

오제영의 간찰

김영록의 간찰

홍승의의 간찰

1900년 류인석의 간찰:
류의석에게 보낸 서신

1900년 2월 21일 류인석의 간찰: 류의석에게 보낸 서신

신석원의 간찰

의암 류인석의 교육철학

1901년 11월 4일 류인석의 간찰: 류의석에게 보낸 서신

이달화의 간찰

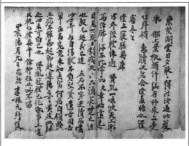

이경학, 박자화의 간찰

이근원의 간찰

이재승의 간찰

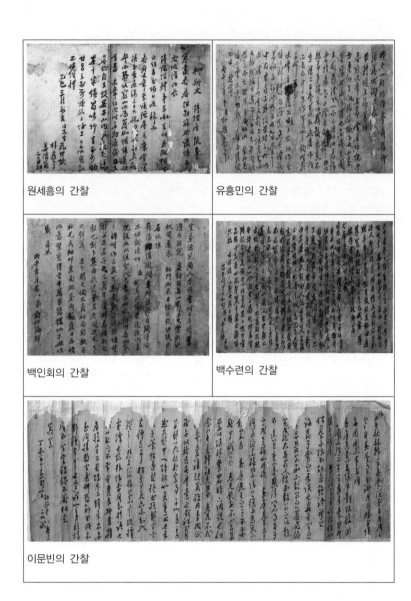

원세흠의 간찰

유흥민의 간찰

백인회의 간찰

백수련의 간찰

이문빈의 간찰

홍암자의 간찰

신기선의 간찰

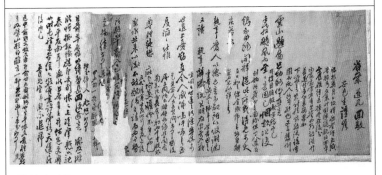

정윤영의 간찰

附錄 2: 의암 관련 유물

유의석의 간찰

이택선의 간찰

서상렬의 간찰

김평묵의 간찰

의암 류인석의 교육철학

서상렬의 간찰

이진응의 간찰

어정선의 간찰

정윤영의 간찰

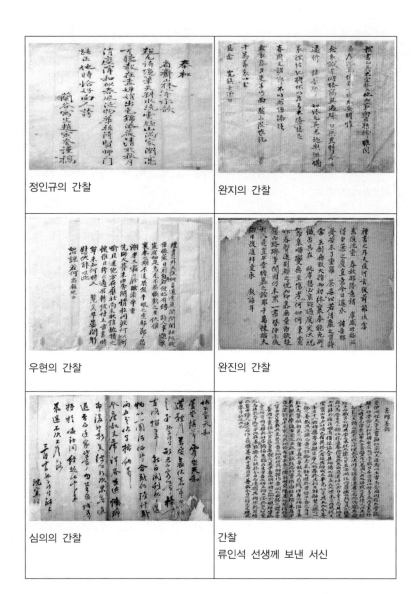

정인규의 간찰

완지의 간찰

우현의 간찰

완진의 간찰

심의의 간찰

간찰
류인석 선생께 보낸 서신

의암 류인석의 교육철학

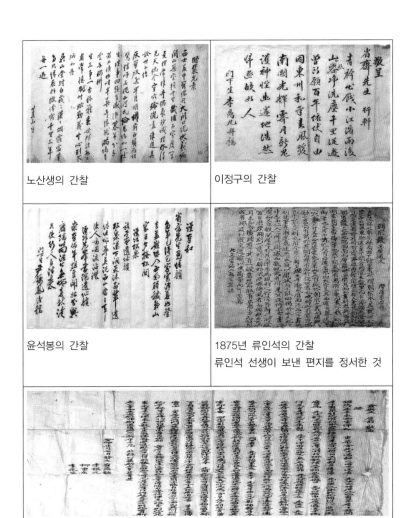

노산생의 간찰

이정구의 간찰

윤석봉의 간찰

1875년 류인석의 간찰
류인석 선생이 보낸 편지를 정서한 것

통문

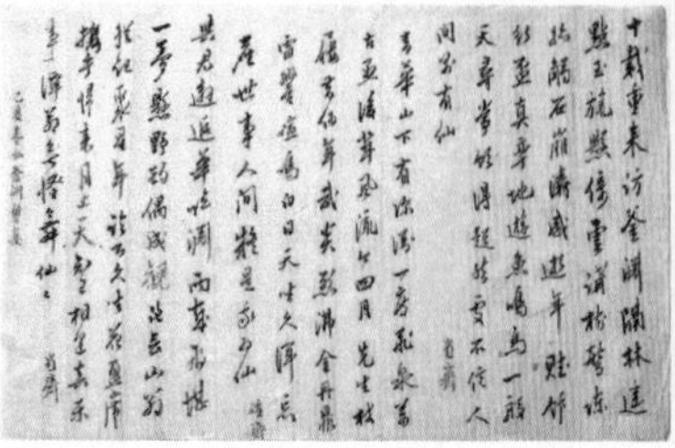

유중교와 홍대헌의 시문

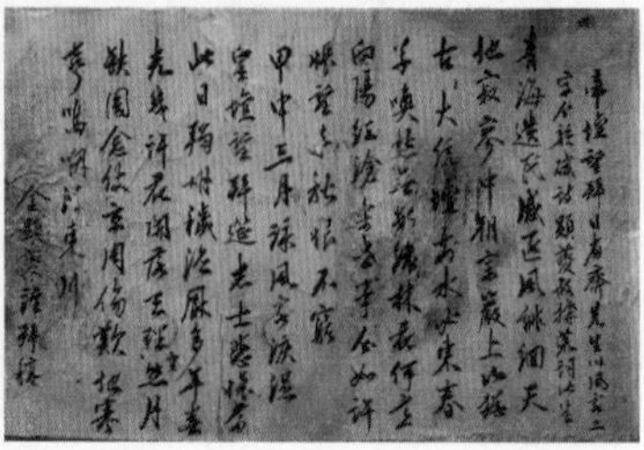

김현기의 시문

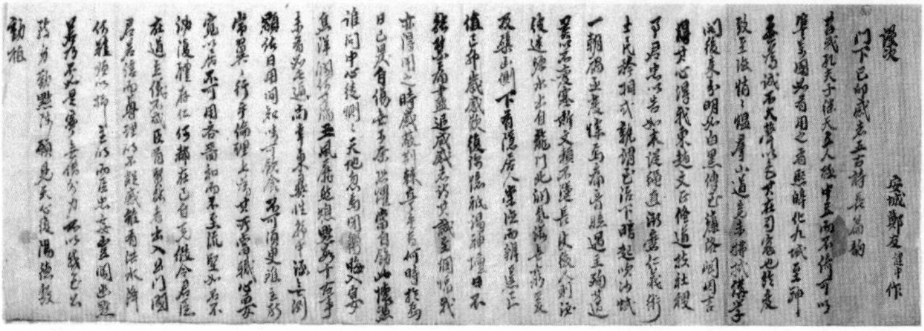

정화용의 시문

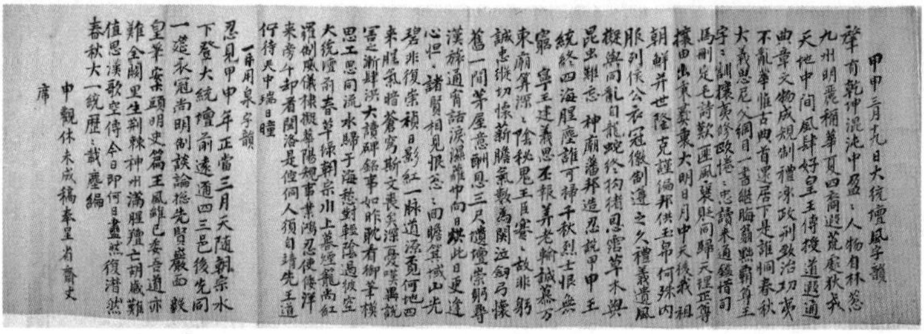

신관휴의 시문

김현기의 시문

이광교의 시문

이지영의 시문

치원의 시문

김평묵의 시문

서상렬, 서상규의 시문

송응수의 시문

유기일의 시문

유봉희의 시문

유경환의 시문

의암 류인석의 교육철학

윤경의의 시문

敬次
省齋先生庭壇韻

洞闢江開村色佳杳烟
縐歟小鑪茶　先生書
籍盈積古聖籤圖蒲屋
斜始識靜中持一敬不憂
海外歔千邪野人深傀長
無術激義方知汕北家
瀟浴一泒汕水間襄岭幸
得謾遊問前来風物開新甓
再到江山賜舊顏野老勤尋
芳草路　先生尚卧白雲間
尒邪扶正尊周說半世腥
慶芝可刪
觀海持盃入訐知海淺深莫
豎立歡息海月照余衿
　　　　梅山鄭家尹秉義謹稿

윤병의의 시문

윤소영의 시문

이복의 시문

이병식의 시문

이사영의 시문

이준구의 시문

이승건의 시문

전상진의 시문

조두남의 시문

조두환의 시문

최용의 시문

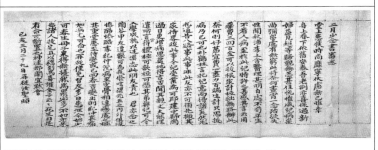

류인석의 간찰(1875): 류인석 선생이 보낸 편지를 정서한 것

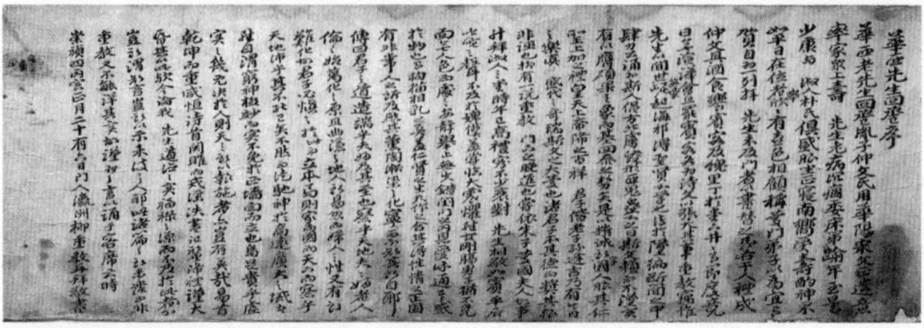

류중교의 화서 선생 회근서

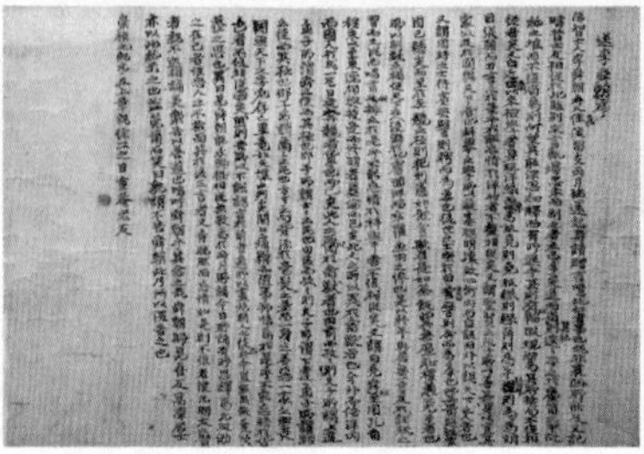

김평묵의 송이순조서

이조응의 제문

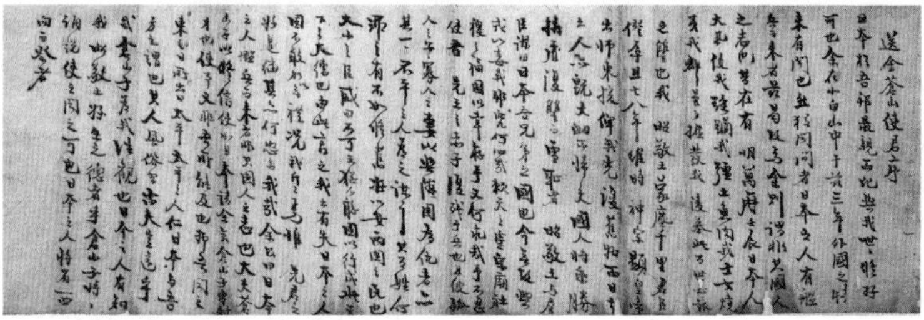

송금창산사군서

의암 류인석의 교육철학

최학역의 유별한포서사제익서

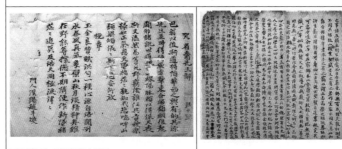

해상송구사정북귀서

조두환의 기생제서생사

홍순항의 입지설

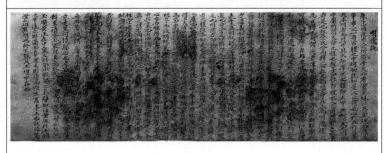

대산 이상정논차장복참설

명덕설

용설

홍순항의 입지설

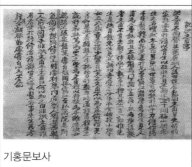

류관석자사

주림암실록

기홍문보사

사정

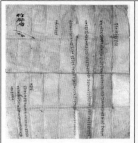
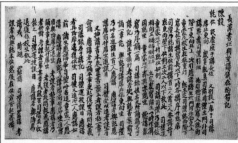

류중선의 준호구 장담서사삭망가의참작홀기

태백노초의 신필영에 관한 글

만동묘액복설의 외

의암 류인석의 교육철학

남양 홍씨 보첩설

약혼설

토에 관한 문목

호남유생이태우도소

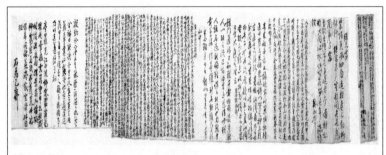

연광정 외

곡운구곡시

신종황제제요동백김장군문

조보

문목 외

의암 류인석의 교육철학

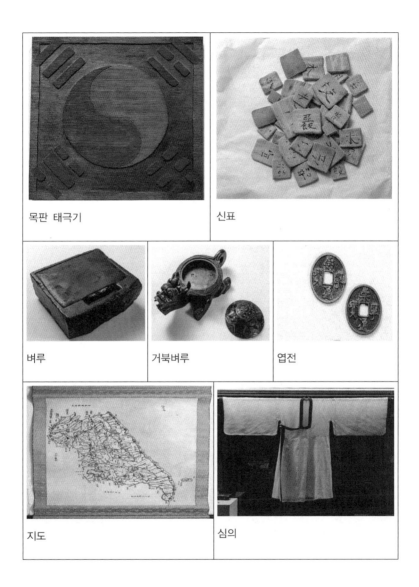

목판 태극기

신표

벼루

거북벼루

엽전

지도

심의

※ 유물 출처

유물명	시대	출처	크기
류인석상소문	1896	독립기념관	26×256
류인석 의병 격문	1896	독립기념관	24×102
주용규재적전황문	1896	제천의병전시관	30×42
의병임명장	1896	류연익	37.8×48.8
재격백관문미부	1896	제천의병전시관	29.6×25.3
정사부고	1900	독립기념관	25.5×41
봉시동반제현	1897	독립기념관	24×44
운현맹질	1911	류연수	31×108
의암선생 묘표	1935	류연창	30×23.5
답가야	근대	류연수	23.5×76.5
옥산려사	근대	류연수	24×31
숙주전상서	근대	류연수	23×79
축문	1935	류연익	30×36.2
김구선생고유문	1947	류연창	22.5×83
의암류인석 친필간찰	1899	류연창	26×55
군자금 명단	1907	강원대 중앙박물관	18.5×99
주일당 중수기	1956	류연창	23×81.5
정화용의 간찰	1864	춘천문화원	24.8×30.3
김평묵의 간찰	1865	춘천문화원	24.7×102.3
홍대헌의 간찰	1869	춘천문화원	24.2×39.8
김평묵의 간찰	1869	춘천문화원	23.1×34.5
이응림의 간찰	1870	춘천문화원	29.6×42.7
이승규의 간찰	1870	춘천문화원	30.6×40.2
이승무, 이승빈의 간찰	1871	춘천문화원	31.5×46
권익인의 간찰	1871	춘천문화원	33.6×44.8
김평묵의 간찰	1874	춘천문화원	16.5×32.2
류중배의 간찰	1874	춘천문화원	26×34.4
류중배의 간찰	1875	춘천문화원	25.9×26
류순석의 간찰	1876	춘천문화원	25.9×33.5
이진응의 간찰	1878	춘천문화원	24.5×34.8

의암 류인석의 교육철학

유물명	시대	출처	크기
류순석의 간찰	1880	춘천문화원	21.6×42.2
류종설의 간찰	1884	춘천문화원	21.9×36.3
류하상의 간찰	1884	춘천문화원	22.7×37.7
이승조의 간찰	1885	춘천문화원	21.9×43.4
류순석의 간찰	1887	춘천문화원	25.6×41.3
전용만의 간찰	1887	춘천문화원	27.7×23.8
배연백의 간찰	1888	춘천문화원	26.7×38.8
최익현의 간찰	1888	춘천문화원	24.3×66.3
권섭일의 간찰	1889	춘천문화원	26.8×23.7
윤 찬의 간찰	1889	춘천문화원	21.4×27.9
양두환의 간찰	1890	춘천문화원	20.8×48.5
신현묵의 간찰	1890	춘천문화원	23.0×40.5
홍재구의 간찰	1890	춘천문화원	22.1×47.2
심흥규의 간찰	1890	춘천문화원	19.5×24.4
서상렬의 간찰	1890	춘천문화원	24.9×64.0
김헌식의 간찰	1890	춘천문화원	19.8×37.0
박두현의 간찰	1890	춘천문화원	22.3×40.1
홍재구의 간찰	1891	춘천문화원	26.9×110.5
유진호의 간찰	1892	춘천문화원	21.7×18.3
이근원의 간찰	1893	춘천문화원	27.8×144.1
서상렬의 간찰	1893	춘천문화원	24.5×76.2
주용규의 간찰	1893	춘천문화원	22.0×41.4
변석현의 간찰	1894	춘천문화원	23.5×78.7
홍재구의 간찰	1894	춘천문화원	23.3×175.2
이범태의 간찰	1894	춘천문화원	25.6×41.2
이범직의 간찰	1894	춘천문화원	20.4×33.6
박정화의 간찰	1894	춘천문화원	27.6×116.5
유석동의 간찰	1894	춘천문화원	25.8×71.5
어중선의 간찰	1895	춘천문화원	19.6×61.2
신병옥의 간찰	1895	춘천문화원	24.0×46.0

유물명	시대	출처	크기
류중용의 간찰	1895	춘천문화원	23.4×53.0
고명익의 간찰	1895	춘천문화원	25.8×50.9
조홍규의 간찰	1895	춘천문화원	22.8×101.0
유태환의 간찰	1895	춘천문화원	23.6×51.0
원철상의 간찰	1895	춘천문화원	25.7×34.0
박정화의 간찰	1895	춘천문화원	21.9×35.8
박정화의 간찰	1895	춘천문화원	28×57.4
류인석의 간찰	1900	춘천문화원	28.7×65.7
류인석의 간찰	1900	춘천문화원	28.7×65.7
류인석의 간찰	1901	춘천문화원	22.8×42.2
간찰(簡札)	근대	춘천문화원	27.0×53.7
류인석의 간찰	1875	춘천문화원	28.7×56.2
벼루	근대	류연수	18.5×17.4×6
거북벼루	1914	류연익	24×13×9
엽전	근대	류연창	3.4Ø
심의	근대	제천의병전시관	148×185
신표	근대	독립기념관	3×3

　　　　　　　　　　　　　　　　　　　　의암 류인석의 교육철학

하윤서 ────────

한림대학교 사회복지대학원 가족치료학석사
강원대학교 법학전문대학원 법학박사수료
강원대학교 일반대학원 철학박사
現) 윤희순독립운동사연구소 연구위원
    법무부 인성교육 외래교수/대표자문위원
    법무부 교육분과 교정위원
    한중인문학회 교육이사
    江原韓國學硏究院 연구교수
前) 자격증 과정 수석교수: 심리상담사, 가족상담사, 학교폭력예방상담사,
    미술심리상담사, 아동심리상담사, 청소년진로상담사

『사회적 거리두기와 함께하는 신사임당의 가족치료』(한국학술정보, 2020)
「코로나19 확산에 대응하는 정명론(正名論) 소고」(새한철학회, 2020)
「신사임당의 가족치유(家族治癒)에 관한 실천방법 연구」(율곡학회, 2020)
「코로나19에 대응하는 유학적 가족관(家族觀) 재인(再認) 연구」(한국공자학회, 2020)
「남궁억의 유학적 교육관과 『가정교육』의 가치」(새한철학회, 2020)
「남궁억(南宮檍) 교육사상에 대한 유학적 함의 연구」(영남퇴계학연구원, 2019)
「신사임당의 가족복지관(家族福祉觀) 연구」(강원대학교 철학박사학위논문, 2019)
「묵자(墨子)의 겸애사상(兼愛思想)에 기반한 철학상담의 의의」(인문사회과학연구소, 2018) 등

정춘후 ────────

강원대학교 행정대학원 행정학석사
강원대학교 일반대학원 철학박사
現) (社)江原韓國學硏究院 연구교수
강원도숲길등산지도자협회 이사
법무부 교정위원
강원대학교 중앙도서관 사서(1983-2020)

「율곡의 친친(親親)사상 실천 연구」(동국대학교 동서사상연구소, 2020)
「毅菴 柳麟錫의 儒學 思想과 實踐 硏究」(강원대학교 일반대학원 박사학위논문, 2021)

의암 류인석의 교육철학

초판인쇄 2021년 7월 16일
초판발행 2021년 7월 16일

지은이 하윤서·정춘후
펴낸이 채종준
펴낸곳 한국학술정보㈜
주소 경기도 파주시 회동길 230(문발동)
전화 031) 908-3181(대표)
팩스 031) 908-3189
홈페이지 http://ebook.kstudy.com
전자우편 출판사업부 publish@kstudy.com
등록 제일산-115호(2000. 6. 19)

ISBN 979-11-6603-461-9 93150